rowohlt
POLARIS

PHILIP MANOW

DIE ZENTRALEN NEBENSÄCHLICHKEITEN DER DEMOKRATIE

Von Applausminuten, Föhnfrisuren und Zehnpunkteplänen

Rowohlt Polaris

Originalausgabe
Veröffentlicht im Rowohlt Taschenbuch Verlag,
Reinbek bei Hamburg, August 2017

Innengestaltung Daniel Sauthoff
Satz Concorde PostScript (InDesign) bei
Dörlemann Satz, Lemförde
Lithographie Cleeves Reprotechnik
Druck und Bindung
CPI books GmbH, Leck, Germany
ISBN 978 3 499 63277 8

Inhalt

A, B, C, D, mokratie – Vorwort

Auch wenn nicht jeder Eintrag in diesem *Wörterbuch demokratischer Nebensächlichkeiten* völlig ernst genommen werden sollte und ernst genommen werden will, so ist das Anliegen des Buches doch ein ernsthaftes. Auf zwei – miteinander zusammenhängende – Mängel in unserem gegenwärtigen Verständnis von Politik will es reagieren: auf das weitgehende Desinteresse an ihren prozeduralen, praktischen Seiten einerseits, und auf das Fehlen einer angemessenen Reflexion über «die dargestellte Wirklichkeit der Politik» andererseits. Was ist damit gemeint?

Zunächst: Wie stellt sich uns Politik dar? Uns, die wir im Regelfall nicht Politiker sind, begegnet die Politik selten, die dargestellte Politik hingegen äußerst intensiv, tagtäglich. Man kann sich ihr kaum entziehen. Es erscheint geradezu als eine Hauptaktivität der Politik, sich darzustellen: «Was als ‹Politik› in den Raum der Öffentlichkeit tritt [...] ist immer schon Produkt [einer] Ökonomie der Darstellung».[1] Diese Ökonomie erfährt allerdings – so zumindest mein Eindruck – selten eine angemessene Behandlung. Sie läuft in der journalistischen Berichterstattung so mit, in der Presse immer mal wieder erwähnt, aber selten systematisch reflektiert, im Fernsehen ja sowieso nur reproduziert und affirmiert. Von Seiten der Politikwissenschaft gibt es hierzu wenig – dort werden solche Fragen gerne ans Feuilleton delegiert, wo sie dann allerdings meist nur auf Trivialniveau abgehandelt werden: Was sagt uns Merkels aktuelle Blazerfarbe über die Einigungschancen beim EU-Ministerrat? (Einfache Antwort: gar nichts). Und wo hat sie bloß diese Halskette her?

Was das offensichtliche Desinteresse an der Politik als Betrieb anbetrifft, um Max Weber zu paraphrasieren, und zu dieser Praxis gehört ja einerseits die Ökonomie der Darstellung, darüber hinaus gehören aber eben auch Plätze dazu, auf denen sich Menschen versammeln, Urnen, in die Wahlzettel geworfen werden (die zuvor in Wahlkabinen ausgefüllt wurden), Audiofiles, auf denen Politikerstimmen mitgeschnitten werden, elektronische Abstimmungsverfahren im Parlament und vieles anderes mehr – was also das Desinteresse an dieser Betriebsseite des politischen Alltags angeht, so erklärt sie sich vielleicht so: In wessen Vorstellungswelt die Demokratie allenfalls als Stuhlkreis möbliert ist, der muss sich mit solchen Details auch nicht weiter belasten.

Das sind zwei Seiten eines Desinteresses an der Praxis der Politik, das wohl darauf zurückzuführen ist, dass Politik heute entweder nur als Anwendungsfall der Moralphilosophie erscheint oder als reines Oberflächenphänomen behandelt wird.[2] Folgt man der moralphilosophischen Perspektive, geht es in der Politik um das ethisch Gerechtfertigte oder sachlich Richtige, und wenn sich das nicht so wie vorgestellt oder gefordert realisiert, wird's halt an der Dummheit der Leute oder an den moralischen Defekten der Welt gelegen haben. Wir leben in Zeiten, in denen der Satz «Entrüstung ist kein politischer Begriff» offenbar nichts als Entrüstung hervorruft – wenn nicht, mit einem gewissen Zynismus, Politik sowieso nur als Teil der Unterhaltungsindustrie und des *celebrity*-Geweses verstanden wird.

Gegen diese Tendenzen wendet sich dieses Buch. Seine Einträge haben die Praxis demokratischer Politik zum Gegenstand. Sie wollen ein kleines, selbstverständlich nicht vollständiges Inventar demokratischer Dinge und Orte, Institutionen und Verfahren erstellen. Der Vorschlag lautet, sich vermittels der Beschäftigung mit dieser Betriebsseite der Politik dem vorherrschenden Diskurs über Politik zu entziehen. Stattdessen etwas anderes, in der Hoffnung auf neue Fragen, Sichtweisen und möglicherweise ein neues Vokabular. Ich folge dabei der Programmatik Durkheim'scher Religionssoziologie: Willst du eine Religion verstehen, schaue auf ihre Rituale, nicht auf ihre Theologie.[3] Willst du die Demokratie – oder zumindest ganz wesentliche ihrer Aspekte – verstehen, schaue auf ihre Alltagspraxis, nicht auf ihre Theorie.

Die Fragen nach der dargestellten Wirklichkeit der Politik und nach der Politik als Betrieb, wenn man sich auf sie einlässt und sie für einleuchtend hält, dann erscheinen weitere Entscheidungen ganz folgerichtig, nahezu zwangsläufig. Mir erschienen sie zumindest so und ich hoffe, der Leser, die Leserin kann dem folgen. Etwa die Entscheidung, eine Antwort oder Antworten auf diese Fragen über die möglichst exakte Betrachtung und Beschreibung politischer Einzelphänomene zu suchen: Wie präsentiert sich uns die repräsentative Demokratie? Welches Erscheinungsbild hat sie? Konkreter: wie sprechen Politiker und warum sprechen sie so, wie sie es tun? Wie gehen Politiker? Was ziehen sie an – und warum? Was essen sie – oder was behaupten sie üblicherweise zu essen? Wer darf wann und wo wie lange zu wem reden? Welche politische Topographie präsentiert sich uns, im Parlament mit seiner Sitzordnung (unter einer Parlamentskuppel und mit einer vorgelagerten Bannmeile), im Wahllokal mit Wahlkabine und Urne, in den internationalen Verhandlungen mit ihren festgelegten Sequenzen aus Ankunftsstatement, dem formellen und informellen Zusammenstehen, der Verhandlung «hinter verschlossenen Türen», der Verkündigung und Bewertung der Ergebnisse vor der Presse und schließlich dem Abtritt in die Kulisse? Die Frage nach der Darstellung von Politik schließt aber auch Fragen zu unserer eigenen politischen Tätigkeit, dem Wählen, ein: wie wird gewählt, wann wird gewählt, warum wird an einem Wahltag und in Wahlkabinen gewählt? Und welche Rolle spielt die Wahlurne? Und so weiter und so fort.[4]

Mein Zugang zur politischen Praxis folgt also dem Rat, nicht «vom allgemeinen Problem» auszugehen, sondern «von einem gut und griffig gewählten Einzelphänomen». Das «kann gar nicht klein und konkret genug sein, und es darf niemals ein von […] Gelehrten eingeführter Begriff sein, sondern etwas, was der Gegenstand selbst bietet.»[5] Der Gegenstand selbst – die Evidenz der Dinge, der demokratischen Dinge, Orte und Praktiken ist das, von dem die verschiedenen Beobachtungen im Folgenden ihren Ausgang nehmen. Die intensive Beschreibung der politischen Einzelphänomene soll es ermöglichen, zunächst einmal zu fragen, was uns denn der Gegenstand selbst bietet, mit dem Anspruch, dass sich die Wissenschaft auch jedesmal ganz in jedem einzelnen Behandelten erweisen sollte. Das aber idealerweise ohne Preisgabe eines gewissen Reflexionsniveaus, und natürlich auch nicht als theorieloses oder auch nur theoriefernes Unterfangen. Aber die Theorie-Anstrengungen sollen eher nebenher laufen, vor allem in den Anmerkungen und im Literaturverzeichnis. Man kann das gerne konsultieren, aber fürs jeweilige Verständnis sollte man es nicht konsultieren müssen. Die Einzelphänomene sind dabei auch unter der Maßgabe ausgewählt worden, etwas von der Intensität der Politik vermitteln zu können, vom Willen zur kreativen Regelauslegung und -umgehung, etwas vom Unterhaltsamen und nicht zuletzt dann auch häufig sehr Komischen der Politik zu dokumentieren, das ja in gängigen Beiträgen auch kaum eine Rolle spielt.

Einer Chronologie folgen die Einträge nicht. Man kann einsteigen, wo immer man will. Schließlich: Da das Buch sein Material dem fortlaufenden politischen Geschehen entnimmt, spiegelt sich in den Beispielen und Anekdoten die Zeit. Sichtbare Spuren haben die Themen der letzten Jahre hinterlassen – die Eurokrise, die Flüchtlingskrise, Brexit, Trump. Diese Themen sind im Folgenden vornehmlich Beobachtungsanlass, nicht selbst Erörterungsgegenstand.

A

Applausminuten

Ich applaudiere dir, du applaudierst mir, wir applaudieren uns – Applaus-Deklinieren auf Nordkoreanisch.

Nun hat sich also doch jemand einmal die Mühe gemacht, nachzumessen und zu vergleichen. Die neun Minuten Beifall für Merkels Rede auf dem CDU-Parteitag vom Dezember 2015 lagen knapp über dem Mittel ihrer dreizehn Parteitagsreden aus fünfzehn Jahren. Deren durchschnittliche Beifallslänge: 7,7 Minuten. Als sich der Vorsitzende der italienischen Kommunisten, Enrico Berlinguer, 1976 in Moskau am vierten Tag des XXV. Parteitags der KPdSU vor fünftausend Delegierten zu Demokratie und Pluralismus bekannte, fand das die eisigste Aufnahme: exakt sieben

Sekunden Beifall – obwohl der Simultanübersetzer besonders provokante Passagen bereits entschärft hatte.

Was verrät der Applaus über die Politik? Das scheint nicht so eindeutig zu sein. 2012 auf dem CDU-Parteitag «nur» acht Minuten Beifall für Merkel, dann aber 97 Prozent der Stimmen bei der Wahl zum Parteivorsitz, ein – wie es etwas bösartig hieß – «sowjetisches» Ergebnis. Bei dem CDU-Parteitag 2015 dann, vor dem Hintergrund rapide sinkender Zustimmungswerte und tiefgreifender parteiinterner Konflikte über die Flüchtlingskrise: neun Minuten Applaus. Aber nur wenige Wochen nach Merkels Parteitagsrede attestierte der CDU-Abgeordnete Wolfgang Bosbach der Kanzlerin in der Bundestagsdebatte über die Flüchtlingskrise in aller Öffentlichkeit Kontrollverlust und erklärte einen grundlegenden Politikwechsel für absolut überfällig: «Wir stehen vor einer Überforderung unseres Landes [...] Deswegen brauchen wir eine politische Kurskorrektur. Diesen Kontrollverlust, den wir seit Sommer vergangenen Jahres haben, müssen wir so rasch wie möglich beenden.» Das stenographische Protokoll verzeichnet: Beifall bei der CDU/CSU. Die FAZ ergänzte: das war «ein großer Teil der Fraktion und nicht bloß eine kleine Minderheit gewesen. Schon lange werden die Verhältnisse in der Unions-Fraktion beim Koalitionspartner SPD registriert. Sogar bis zu einem ‹Eigentlich hat Merkel in ihren Reihen keine Mehrheit mehr› reichen manche Wahrnehmungen».[1] Schließlich fragte im September 2016 die Grünen-Fraktionschefin Göring-Eckardt im Plenum spitz: «Die Chefin welcher Regierung sind Sie eigentlich?» Merkel hatte für mehrere Redepassagen den meisten Applaus von den Grünen und den wenigsten von der Union bekommen. Auf dem Parteitag der CDU im Dezember 2016, als sich intern weiterer Unmut über ihre Flüchtlingspolitik aufgestaut hatte, war der Applaus nun fast schon nordkoreanisch: elf Minuten. Das Ergebnis war nun aber nicht mehr sowjetisch: Die symbolisch so wichtige 90-Prozent Grenze wurde mit 89,5 Prozent knapp unterschritten.

Applaus, so scheint es, gibt es also mal für dieses, mal für jenes, mal für diese, mal für jenen. Melissa Schwartzberg unterscheidet Ab- und Zustimmung, Aggregation und Akklamation.[2] Im ersten Fall geht es um das präzise *more* – um die Mehrheit. Im zweiten Fall geht es um ein eher unpräzises *most* – um die Einheit. Die Akklamation, die Zustimmung, gilt eher der Person, die Aggregation, die Abstimmung, eher der Sache. Früher versuchte man auch in Sachfragen die Mehrheit über die Lautstärke des Beifalls zu ermitteln, aber das erwies sich schnell als problematisch. Heute will man die Einheit über die Dauer des Beifalls signalisieren. Wenn es um die Demonstration von Einheit geht, kann die Applausdauer dann im Extremfall auch zum «sowjetischen» Dauerapplaus werden. Aus Solschenyzins «Archipel Gulag» stammt folgende Episode:

> «Eine Bezirkskonferenz ... Am Ende wird ein Schreiben an Stalin angenommen, Treuebekenntnisse und so weiter. Selbstredend stehen alle auf (wie auch jedesmal sonst der Saal aufspringt, wenn sein Name fällt). Im kleinen Saal braust ‹stürmischer, in Ovationen übergehender Applaus› auf. Drei Minuten, vier Minuten, fünf Minuten – noch immer ist er stürmisch ... Doch die Hände schmerzen bereits. Die erhobenen Arme erlahmen. Die Älteren schnappen nach Luft. Und es wird das Ganze unerträglich dumm selbst für Leute, die Stalin aufrichtig verehren. Aber: wer wagt es als *erster*? ... Denn im Saal stehen und klatschen auch NKWD-Leute, die passen schon auf, *wer* als erster aufgibt! ... Im kleinen, unbedeutenden Saal wird geklatscht ... Und Väterchen kann's gar nicht hören ... 6 Minuten! 7 Minuten! 8 Minuten! ... Hinten, in der Tiefe des Saales, im Gedränge, kann einer noch schwindeln,

> einmal aussetzen, weniger Kraft, weniger Rage hineinlegen – aber nicht im Präsidium, nicht vor aller Augen! 9 Minuten! 10! … Verrückt. Total verrückt! Sie schielen mit schwacher Hoffnung einer zum anderen, unentwegt Begeisterung auf den Gesichtern, sie klatschen und werden klatschen, bis sie hinfallen, bis man sie auf Tragbahren hinausbringt! … Und so setzt der Direktor in der elften Minute eine geschäftige Miene auf und läßt sich in seinen Sessel … fallen. Und – o Wunder! – wo ist der allgemeine, ungestüme und unbeschreibliche Enthusiasmus geblieben? Wie ein Mann hören sie mitten in der Bewegung auf und plumpsen ebenfalls nieder. … Der Bann ist gebrochen! … Allein, an solchen Taten werden unabhängige Leute erkannt … In selbiger Nacht wird der Direktor verhaftet.»[3]

Warum geht es aber überhaupt in erster Linie um die Dauer? Weil Lautstärke ein unzuverlässigeres Maß der politischen Zustimmung oder Ablehnung ist. Auf dem Nominierungsparteitag der Republikaner im Juli 2016 geraten Trump-Anhänger und -Gegner aneinander. Die Gegner wollen eine Abstimmung über die Geschäftsordnung im Plenum, die «anderen skandieren: Trump! Trump! Trump!» Die Parteitagsregie übergeht die Gegner, obwohl «viele in der Halle [bezweifeln], dass das ‹Ja› zur Geschäftsordnung tatsächlich aus mehr Kehlen kam als das ‹Nein› der Kritiker. Die Rufe nach einem ‹roll call›, bei dem die Delegationen der Staaten einzeln abgefragt worden wären, wurden in Musik ertränkt».[4] So viel hat sich über die Jahrhunderte also offensichtlich nicht geändert: Die Germanen, so kann man es zumindest bei Tacitus nachlesen, hätten auf ihren Stammesversammlungen Ablehnung durch Murren geäußert, Zustimmung durch das Gegeneinanderschlagen der Waffen signalisiert.[5] Die Lautstärke des Waffenklangs sollte allen mit hinreichender Klarheit darüber

Auskunft geben, welchen Ausgang die Sache nähme, wenn man «die Waffen sprechen» lassen würde. Für die Minderheit ist das eigentlich alles, was sie an Information benötigt. Klingt also im Abstimmungslärm der Waffenlärm nach?[6]

Das wird zumindest oft behauptet, verbunden mit der inhaltlichen Deutung, dass politische Gemeinschaften das Mehrheitsprinzip als gewaltloses und damit sozial weniger kostenträchtiges Substitut für den zuvor praktizierten Modus kollektiver Entscheidungsfindung – den blutigen Kampf – «erfinden». «Die Abstimmung ist [...] eine Projizierung der realen Kräfte und ihrer Abwägung auf die Ebene der Geistigkeit, eine Antizipation des Ausgangs des konkreten Kämpfens und Zwingens in einem abstrakten Symbole», so bereits Georg Simmel 1908 in seinem *Exkurs über die Überstimmung*. Identisch argumentiert Elias Canetti in *Masse und Macht* gut 50 Jahre später: Die parlamentarische Abstimmung sei «der Rest des blutigen Zusammenstoßes [...] die Zählung der Stimmen ist das Ende der Schlacht. Es wird angenommen, dass 360 Mann über 240 gesiegt hätten.»[7] Und das wird auch noch heute gern behauptet,[8] obwohl die These von der Geburt der Demokratie aus der Gewalt wenig plausibel erscheint.

Carl Schmitt war daran gelegen, diese These durch Inversion lächerlich zu machen. Für ihn ist gerade der Zustand der Gewalttätigkeit demokratisch: Im Hobbes'schen Naturzustand – so Schmitt – kann jeder jeden töten, «es herrscht also Demokratie». Bei Hobbes liest sich das allerdings etwas differenzierter. Nicht nur im Naturzustand, sondern auch im *civil state* herrscht Gleichheit. Die alles gleich machende Gewalt des *state of nature* ist nun überwunden durch ihre Monopolisierung im Souverän. Nun herrscht Gleichheit unter den Bürgern durch ihre unterschiedslose Macht- und Gewaltlosigkeit gegenüber der einen, vereinheitlichenden Herrschergestalt mit ihrer unbegrenzten Herrschergewalt. Ist diese Gestalt, was Hobbes durchgängig als Möglichkeit in Erwägung zieht, durch eine demokratische Versammlung («assembly of men») repräsentiert, so herrscht das Mehrheitsprinzip, und die Mehrheit wird durchaus «im Kampf» – aber einem Kampf der Stimmen – ermittelt: «Und wenn die Vertretung aus vielen Menschen besteht, so muß die Stimme der Mehrzahl als die Stimme aller angesehen werden. Denn stimmt zum Beispiel die Minderheit mit ‹ja› und die Mehrheit mit ‹nein›, dann sind mehr als genug verneinende Stimmen da, um die bejahenden aufzuheben, und dadurch wird der Überschuß an verneinenden Stimmen, der unwidersprochen bleibt, zur einzigen Stimme der Vertretung.»[9] Nachdem die Zahl der ablehnenden Stimmen die gleiche Zahl der zustimmenden «zerstört» hat, wie es in der englischen *Leviathan*-Ausgabe heißt *(enough to destroy)*, dann bleibt allein der Überschuss der ablehnenden Stimmen zur Artikulation des Willens der repräsentativen Versammlung. Das ist einerseits eine Vorstellung politischer Physik, in der ein Körper in einem Spannungsfeld widerstrebender Kräfte sich in die Richtung bewegt, in die die stärkere Kraft wirkt, aber andererseits auch die Vorstellung, dass sich die Klarheit der Entscheidung aus der Neutralisierung sich widersprechender Stimmen ergibt, sodass allein die unwidersprochenen Stimmen den Willen des Kollektivs auszudrücken vermögen. Die Mehrzahl bringt die Minderheit durch Abzug zum Schweigen.

So auch Rousseaus Sicht: die Mehrheit ergibt sich als Rest, nachdem negative und positive Stimmen sich wechselseitig cancelliert, ausgestrichen haben.[10] Das Ausstreichen aber ist ein Vorgang, der Schriftlichkeit statt Mündlichkeit voraussetzt. In der politischen Versammlung muss – wenn es um Entscheidungen geht – die Stimme zu Schrift werden, es geht ums Überschreiben, nicht Überschreien, also um Aggregation, nicht Akklamation. Denn die Kräfteverhältnisse innerhalb einer Versammlung durch

Lautstärke zu ermitteln, erweist sich als in mehrfacher Hinsicht problematisch – siehe Donald Trump und der Nominierungsparteitag der Republikaner. Die Schwierigkeit wird bereits evident, wenn Zustimmung und Ablehnung – wie bei Tacitus' Germanen – auf unterschiedliche Weise geäußert werden: «Wenn die Befürworter eines Vorschlages mit Waffenlärm zustimmten, die Ablehnenden hingegen murrten, was galt dann? Selbstverständlich ist der Waffenlärm von wenigen lauter als das Gemurre von vielen. [...] Gemurre konnte lediglich dann den Waffenlärm übertönen, wenn nur verhältnismäßig wenige die Waffen rührten. Das Verfahren privilegierte Zustimmung».[11] Und was, wenn eine Versammlung sich nicht für oder wider einen konkreten Vorschlag zu entscheiden hat, sondern aus einer Reihe von Vorschlägen auswählen soll? Als Maß *relativer* Zustimmung erweist sich der Zuruf als zu unpräzise: «Schon bei drei annähernd gleich starken Zurufen ist die Reihenfolge der Lautstärke kaum ermittelbar». Und falls «die unterschiedlichen Lautstärken nicht deutlich zu vernehmen sind, läßt sich eine solche Abstimmung nicht in gleicher Weise wiederholen. Der Zuruf strengt die Stimme an [... G]erade diejenigen, die am lautesten schreien, laufen Gefahr, daß ihnen die Stimme versagt, wenn die Abstimmung wiederholt wird. Dasselbe droht ihnen, wenn auf einer einzigen Tagung mehrere Entscheidungen per Abstimmung zu fällen sind. Ein generelles Manko beim Messen von Intensität zeigt sich: je mehr man diese ausdrückt, desto weniger ist die Wiederholung möglich».[12]

Uneindeutige Ergebnisse stellen aber schnell die Legitimität des Beschlusses in Frage, wecken Zweifel und geben den Unterlegenen Anlass, das Ergebnis anzufechten, umso mehr, als sie sich beim Verfahren nach lautestem Zuruf kaum selbst einen verlässlichen Überblick über die Verteilung von Zustimmung und Ablehnung verschaffen konnten. Wer laut ruft, hört sich in erster Linie selbst und kann daher die Lautstärke des Gegners nicht abschätzen – auch das nährt Misstrauen am Urteil. Wird nach Lautstärke entschieden, «zerstören» die Pro- nicht einfach die Kontra-Stimmen, sie «cancellieren» sich auch nicht einfach. Im Gegenteil – sie addieren sich eher: zu einem zunehmend ununterscheidbaren Lärm.

Dann also eher Dauer statt Lautstärke, Zustimmung statt Abstimmung und Beifall statt Zuruf. Auf dem Nominierungsparteitag der US-Demokraten tritt Bernie Sanders auf die Bühne: «Der Applaus nimmt kein Ende – und der Senator aus Vermont macht keine Anstalten, mit seiner Ansprache zu beginnen. Zigmal bedankt er sich. Am Donnerstag werden die Stoppuhren laufen, um zu messen, ob Clinton genauso lang bejubelt wird.»[13] Denn demokratischer, weil hinsichtlich des Lautstärkevermögens gleichmäßiger verteilt als die Stimme, ist die *voix des mains*, die Stimme der Hände, also der Applaus: Die «Demokratie der Hände» setzt sich gegen die «Aristokratie der Lungen» durch, denn dass die parlamentarischen Entscheidungen nach *viva voce* erfolgen, rief schon frühzeitig Bedenken gegen die potenzielle Verletzung des Gleichheitsprinzips hervor. Dann könne sich ja derjenige durchsetzen, der über die stärkere Stimme verfüge.[14] Heute aber misst man nicht mehr nach Händen, sondern zählt nach Köpfen – Aggregation statt Akklamation, denn – wie gesagt – der Applaus ist unzuverlässig, launisch und manchmal auch nur höflich, wird also trotz innerer Ablehnung quasi aus Höflichkeit gespendet. Applaus kostet nichts – so wie das «feine Schweigen». Nach Merkels Regierungserklärung zur Flüchtlingskrise im Oktober 2015 war im Bundestag der «Beifall aus den Reihen der Unionsfraktion … zwar ausreichend lang. Laut und kräftig aber war er nicht. Andreas Scheuer, der CSU-Generalsekretär, klatschte in solchen Abständen, als wolle er sich von Horst Seehofer nicht erwischen lassen.»[15]

Der stenographische Dienst des Bundestags hat ungeschriebene Regeln, um die feinen Abstufungen der Zustimmungsintensität, die sicherlich auch den Fraktionssprechern und Geschäftsführern nicht entgehen, im Protokoll festzuhalten: Beifall, lebhafter Beifall, starker Beifall, allgemeiner starker Beifall, stürmischer Beifall, langanhaltender Beifall, oder aber: Heiterkeit, Lachen, Unruhe usw.[16]

B

bunt

Lässt sich die Krise der Politik an der Krise der politischen Sprache ablesen?

Ist die «Krankheit der Politik vor allem die Krankheit der Wörter»?[1] Lässt sich die Krise der Politik an der Krise der politischen Sprache ablesen (→ **Soundbites**; → **Kinsley gaffe**)? Oder ist das nur eine dieser typischen Studienrat-a.-D.- und *Die Zeit*-Leserbriefschreiber-Obsessionen? Heutzutage werden im Dienste der politischen Sprachoptimierung Wörter an Fokusgruppen ausgetestet und dann den Politikern zur weiteren Verwendung angeboten.[2] Toleranz – für, Intoleranz – gegen. Was die Intoleranz anbetrifft, kann folglich nur gelten: Null Toleranz! Oder auch: Ungleichheit – schlecht, Diversität – gut. Aber viel zu verkopft. Dann lieber bunt.

Was noch in den 1990er Jahren die «Bunn'zreplik» (Helmut Kohl) war, wird daher 2010 als «bunte Republik Deutschland» (Christian Wulff) ausgerufen. Auch Peter Tauber bekennt sich im Dreiklang zu «jünger, bunter, weiblicher». Bis es schließlich Alexander Gauland zu bunt wird.

Aber was wäre denn der Gegensatz von bunt? Grau. Und wer bitte soll das wollen, außer vielleicht der «mittelalte weiße Mann»,[3] eben die Gaulands des Landes? Das sind also die asymmetrischen Gegenbegriffe unseres politischen Alltags, Begriffe mit «suggestiver Eigenkraft», mit Polen, die auf ungleiche Weise konträr sind.[4] Es sind die Gegenbegriffe einer Zeit, die sich für endgültig frei von ihnen erklärt hat. Aber wehe, wenn der eine Begriff doch den anderen als seinen polaren Gegensatz aus sich heraustreibt. Dann sind wir ganz schnell bei: Braun.

Die politische Wortwahl will, dass wir gar keine Wahl mehr haben. Die politischen Wörter produzieren die Sehnsucht nach einer politischen Aussprache, die aber nie stattfindet. Am Ende gewinnt der mit den besten Wörtern: «I'm very highly educated. I know words, I have the best words» (Donald Trump).

Burg Wulffenstein («die Gaube des Grauens»)[1]

Klinker-Brutalismus à la Burgwedel, circa 2008.

Es entspricht der Ästhetik des Mittelmaßes, die unsere Demokratie dominiert (→ **Flechtslipper**), dass auch die Häuser unserer Politiker die elementaren Prinzipien architektonischer Spießigkeit berücksichtigen. Oggersheim, Burgwedel, Goslar, schon die Standorte sind Versprechen auf gediegene Provinzialität. Hannover, Zooviertel: Schröders Reihenhaus, nebenan die Edeka-Filiale und ein «Getränkemarkt, dessen Gebäude der Talstation einer Seilbahn ähnelt».[2] Und Sigmar Gabriel fährt zu Hause Aufsitzrasenmäher. Dass sich das Haus, für das Christian Wulff jenen Kredit aufnahm, dessen Bekanntwerden das Ende seiner Bundespräsidentschaft einleitete, als «x-beliebiges Herr-Mustermann-Haus im Burgwedeler Eigenheimbrei» qualifiziert, ist also nicht unbedingt einem persönlichen Stildefekt zuzurechnen – oder wenn doch, dann ist es ein politisch erfolgreicher, weil repräsentativer Defekt, ein Defekt, für den es in der Demokratie Prämien gibt.[3]

Was sehen wir? Einen «Klinkeralbtraum [...] Chiffre niedersächsischer Neogotik [...] Hinter dem Zaun mit zinnenartigen Postamenten erhebt sich ein eingeschossiger Gebäuderiegel mit bunkerhafter Anmutung und vier kleinen, auf retro getrimmten Fenstern. Eine Garage und eine Pergola rahmen das Ensemble ein.»[4] Die *taz* fragte: «Krüppelwalmdach, Sprossenfenster und Harzer Pfanne: Für dieses Haus lieh sich Bundespräsident Wulff eine halbe Million Euro. [...] was sagt es uns über ihn?» Richtig hätte die Frage lauten müssen: Was sagt es über uns aus, über die Demokratie und ihre medialen Verwertungszwänge, über jene geschmacksprägende Kraft des Medianwählers mit seiner Ästhetik des Mittelmaßes? Im Vorwort von *Zu Besuch bei Diktatoren*, ein Band, der die Privathäuser der Despoten des 20. Jahrhunderts der Betrachtung unterzieht, wird notiert: «Man mag die Interieurs grässlich oder, insgeheim, eher inspirierend finden, eines ist sicher: die Farbe Beige taucht nirgends auf. Irgendwo darin steckt eine Lektion für uns alle».[5] Die Farben der Demokratie sind gedeckt, ihr Auftritt ist langweilig, tendenziell spießig, aber wir haben eigentlich keinen Grund zur Klage.

Aber Trump, what's the matter with Trump?, könnte man jetzt berechtigterweise fragen. Wie passt sein Großkotz-Protz, seine unnachahmliche Mischung aus Macht, Neureichtum und schlechtem Geschmack in dieses Bild?[6] Nichts ist hier zurückgenommen, ganz bestimmt nicht sein 100-Millionen-Dollar-Penthouse im eigenen New Yorker Trump Tower: «Gold so weit das Auge reicht [...] es funkelt, blitzt, glänzt und schillert überall.» Dazwischen cremefarbener Plüsch und rosa Marmor, Leder und falsches Holz, Wasserfälle über mehrere Etagen hinweg, viel Spiegelfläche und antike Möbel, die schrille Inszenierung des Überflusses, der Übertreibung, eine einzige Interieur-Rache an der dezenten Ostküsten-Ästhetik oder dem sachlich-kühlen, minimalistischen Design der globalen Elite. Trumps pompöser Stil der Maßlosigkeit, des demonstrativen *too much*, erinnert «verblüffend an Saddam Husseins Paläste» beziehungsweise an den «sogenannten Sankt-Moritz-Russengeschmack».[7] Oligarchen- oder eben Autokratenopulenz, wie sie auch im neuen türkischen Präsidentenpalast Gestalt gefunden hat, in Erdogans kitschiger Düznü-Wörld-Variante eines Sultanpalasts – pseudoosman, aber authentisch megaloman.

Trump stammt ganz offensichtlich aus Vulgärien und ist unübersehbar das komplette Antiprogramm zur demokratischen Zier der Bescheidenheit und der Unauffälligkeit: Könnte man sich Angela Merkel «in einem Mini-Neuschwanstein vorstellen»? Hinsichtlich seines Zweitwohnsitzes *Mar-a-Lago* in Palm Springs ergibt sich im Wesentlichen derselbe Befund: ein Zuckerbäckerpalast, in dessen Innern die reinste Kitschorgie – «Louis Quatorze auf Acid». Wieder Marmor, Gold, Gold, Spiegel, Gold, noch mehr Spiegel, Deckengemälde, Barockmöbel und sonstiger dekorativer Exzess: «Hauptsache von allem viel, geteilt wird nichts».[8]

Damit stellt sich die Frage, wie die schamlose Demonstration des teuren schlechten Geschmacks mehrheitsfähig werden konnte innerhalb einer sich abgehängt fühlenden unteren Mittelschicht, abgehängt von ebenjenem weitgehend regelfreien Kapitalismusmodell, für das ein Geschäftsrüpel wie Trump prototypisch zu stehen scheint? Zum einen findet man die Antwort wohl dort, wo man in seiner Person eine Mischung aus Aggression *gegen* und Über-Identifikation *mit* dem Establishment erkennt, und ein glaubhaftes Versprechen, jede Eliten-Nase, die sich da rümpft, auch gern noch persönlich platt zu hauen. Denn den Trump Tower wird man ja auch als einen dem Establishment unübersehbar entgegengestreckten «goldenen Mittelfinger» verstehen können, sein Penthouse als «die Rache des Typen, der immer als Bridge-and-Tunnel-Guy belächelt wurde», der eben nicht aus Manhattan, sondern nur aus Queens kam.[9] Was hier als Signal an die Wähler wichtig ist, ist Ambivalenz. Einerseits: «Ich bin einer von ihnen» – der äußerst erfolgreiche Geschäftsmann. Und andererseits: «Ich bin keiner von denen» – ich mische diesen Laden mal ganz gewaltig auf, und ich habe meinen Erfolg ja sowieso nur als Außenseiter gemacht, der sich an keine Regeln hält.

Zum anderen korreliert der exzentrischen Politik die exzentrische Erscheinungsweise: Geert Wilders, Gianni Varoufakis, der bei seinen Interviews ja auch am liebsten immer den Motorradhelm aufbehalten hätte (→ Locken im Wind), Boris Johnson, Pablo Iglesias … dass man weit außerhalb steht, soll sich im Zweifelsfall wohl auch in der Erscheinung widerspiegeln.

C

Chlorhühnchen

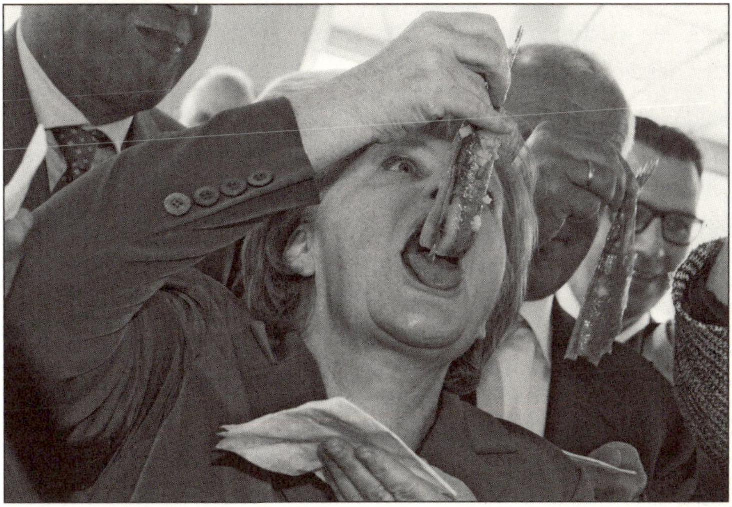

Ja, auch das Essen ist politisch codiert.

Gauche caviar, freedom fries, Chlorhühnchen – Carl Schmitt hatte recht: Das Politische ist substanzlos, es markiert nur eine Intensität (einer Assoziation oder Dissoziation). Alles kann urplötzlich in dieses Kraftfeld hineingezogen werden – auch das Essen. Oder das Trinken. Zum Kaviar-Linken gesellt sich dann der *Champagne* bzw. *Chardonnay Socialist*, oder der *Bollinger Bolshevik* (→ Hard work, Softdrink).[1]

Das Politische ist nicht besonders wählerisch, es holt sich seine Abgrenzungen dort, wo es sie gerade findet. Wenn nicht das Essen, dann vielleicht der Wohn- oder Urlaubsort? Was in

England ein *Hampstead Liberal* ist, ist in Dänemark ein *Kystbanesocialist*, benannt nach einer exklusiven Wohngegend an der dänischen Ostseeküste. In Deutschland gehört man zur Toskana-Fraktion, was eine Aussage über den entsprechenden Konsum von Rotwein und Trüffelpasta gemeinhin einschließt. Früher, als der Salon noch nicht seinen über den Zwischenhalt des Friseursalons führenden Distinktionsniedergang angetreten hatte, war man Salonmarxist. In den USA dient bezeichnenderweise das Auto als politischer Marker doppelter Standards: *limousine liberal*. Aber auch in Deutschland manifestiert sich am Porsche des ehemaligen Linken-Vorsitzenden und WASG-Gründers Klaus Ernst zweifellos ein politisches Glaubwürdigkeitsproblem.[2]

Ein sozialdemokratischer Kanzlerkandidat schoss vor kurzem aus der Bahn, als er über seine *Pinot-Grigio*-Kaufgewohnheiten plauderte. Eine ganze Partei nahm sich aus dem Rennen, als sie den Deutschen einen wöchentlichen *Veggie-Day* zwangsverordnen wollte. Sahra Wagenknecht versuchte zu verhindern, dass Fotos von ihrem Hummeressen in einem Brüsseler Spitzenrestaurant an die Öffentlichkeit geraten (es hat nichts genutzt: «mit Hummer und Sichel» klebt nun als Etikett an ihrer Form des Edelmarxismus). Ohne Zweifel – das Essen ist eine politisch delikate Angelegenheit. Dabei scheint es in der Links-Rechts-Codierung asymmetrisch, denn wie könnte man die Ess-, Trink- oder Wohngewohnheiten eines Konservativen als heuchlerisch entlarven? Es ließ sich nicht so richtig skandalisieren, dass Nicolas Sarkozy seinen Wahlsieg 2007 mit Familie und Freunden im Sterne-Restaurant *Fouquet* auf den Champs-Élysées feierte, auch wenn dies ihm und seiner Entourage die bleibende Bezeichnung *bande du Fouquet's* eintrug.[3] *Droite saumon*, Lachs-Rechte,[4] ist die müde und auch reichlich einfallslose Retourkutsche auf den Kaviar-Linken-Vorwurf, und sie scheint in der politischen Auseinandersetzung höchstens dann zu funktionieren, wenn sie auf die neue populistische Kleine-Leute-Rechte gemünzt ist.

Allenfalls kann es sich für einen Rechten als politisch verhängnisvoll erweisen, wenn ihm erfolgreich eine «dann lasst sie doch Kuchen essen»-Einstellung angehängt werden kann.[5] Doch der öffentliche Eindruck, den Kontakt zum «gemeinen Mann» bereits vollständig verloren zu haben, wäre für einen Politiker der Linken nicht weniger verheerend. Auf die Frage, ob er wisse, wie hoch die wöchentliche Lebensmittelrechnung eines durchschnittlichen britischen Haushalts ausfalle, half es dem britischen *Labour*-Oppositionsführer Ed Miliband nicht wirklich, als er antwortete: «Well, it depends how much you're spending.»[6] Hier geht es sichtlich um etwas anderes als um die Frage, ob Politiker wirklich den aktuellen Preis von einem Paket Butter, einem Liter Milch oder von einem Schoko-Croissant[7] wissen müssen, um gute Politiker zu sein.

Es lässt sich am Essen ebenso wie an der Kleidung (→ **Flechtslipper**) unseres politischen Führungspersonals ablesen, dass tendenziell alle Verhaltensweisen, die in der Lage sind, *sozial* eine Unterscheidung zu markieren, in der voll demokratisierten Gesellschaft *politisch* unter Verdacht geraten können. In der Demokratie lässt sich keine Karriere auf Extravaganz gründen. Man tritt eher als MdB Solms denn als MdB Prinz zu Solms-Hohensolms-Lich auf (→ **Frau XY**).[8] Es ist politisch vorteilhaft – zumindest bis knapp diesseits des öffentlichen Eindrucks vollständigen Mittelmaßes –, als ein Mann oder eine Frau ohne weitergehende *soziale* Eigenschaften zu erscheinen, weil jede soziale Distinktion ein potenzielles politisches Ausschließungskriterium ist, während der Repräsentationsanspruch in der Demokratie ja immer ein unbegrenzter sein muss. Soziologische Theorien des Elitendistinktionsverhaltens – von Simmel bis Bourdieu – wären daher politisch als Vermeidungskatalog zu lesen.

Bei den politischen Essgewohnheiten signalisiert folglich die erklärte Vorliebe für die einfache Küche Volksnähe und Bodenständigkeit. Politisch herrschen daher Landesküche und Hausmannskost vor, es geht vergleichsweise rustikal zu. Regionale Gerichte bieten die Gelegenheit, mit einem zusätzlichen Bekenntnis zur jeweiligen Herkunft zu punkten. Am deutschen Beispiel: dicke Bohnen (Konrad Adenauer), Pichelsteiner Eintopf (Ludwig Erhard), Saumagen (Helmut Kohl).[9] Schließlich mit leichtem Schlag ins Prollige: Currywurst (Gerhard Schröder). Sofort steht das Bild des SPD-Kanzlers als Politmalocher im Maschinenraum des deutschen Regierungssystems vor Augen: hier die Reformschraube ein wenig weiterdrehen, dort die Fraktionsdisziplin etwas nachfetten – und nach der Schicht dann zu Konnopke's. Die Currywurst diente wohl auch dazu, Schröders vorheriges «Cohiba-Brioni-Image», nun ja, wohl nicht gerade «glattzubügeln», wie die *Süddeutsche Zeitung* schrieb (→ **Flechtslipper**), sondern eher schnell wieder vergessen zu machen.[10] Nach Schröder ging es dann wieder etwas dezenter, nämlich einfach und regional zu: Uckermärker Kartoffelsuppe mit Einlage. Im jährlichen Sommerurlaub auf Ischia hingegen die «gute traditionelle neapolitanische Küche», denn die Kanzlerin liebe ja schließlich, wie man wissen lässt, die einfachen Dinge *(è amante delle cose semplici)*.[11]

Die typische politische Klischeespeise ist also im Inland wie im Ausland eine glatte, gediegene Sache, die sich gut in eine Zeichenordnung des Soliden, Bewährten und Bescheidenen einfügt und damit auch eine Sehnsucht nach Herkunft und Identität erfüllt, auf ein nostalgisches Bedürfnis antwortet: sie soll zur Assoziation jeden und zur Dissoziation keinen Anlass bieten.[12] Peter Altmaier twittert an einem heißen Sommertag ein einziges Wort: «Erdbeerkuchen». Das scheint eher unkontrovers zu sein. Politisch an der politischen Speise ist eben, dass sie Ausdruck einer Abwehr ist, die in der Regel den Konflikt niederhalten will und durch diesen Reflex das Politische naturalisiert. Eine Farce, über die keiner lacht, weil sich jeder an ihr beteiligt. Man mag das zunächst für einen Ausdruck pragmatischer Vernunft halten: Lasst uns das schnell abräumen, damit wir uns auf das Wesentliche konzentrieren können. Aber dieser vorgebliche Pragmatismus ist doch nur Teil der mitlaufenden Zeichenordnung, denn das Wesentliche wird ja in der Demokratie meist nicht anders als das Nebensächliche behandelt, also beispielsweise als die äußere Erscheinung oder das tägliche Essen. Für beide gilt das Leitmotto der Demokratie gleichermaßen: *pro bono, contra malum* – Hass ist schlecht und Liebe gut, man ist für Toleranz und gegen Intoleranz (→ **bunt**), gegen Arbeitslosigkeit und für soziale Gerechtigkeit, für Frieden und gegen Krieg, und ist dann im Zweifel auch für Wurstbrot und gegen *Veuve Clicquot*. In der Demokratie kleidet sich das Interesse immer in das Gewand von maximaler Zustimmungsfähigkeit, *common sense* und Normalität. Es ist ein gängiger Irrtum, anzunehmen, im Zentrum der Politik stehe der politische Streit. Im Zentrum der praktizierten Politik steht vielmehr der beständige Versuch seiner Vermeidung – die eigene Position soll als fraglos gelten.

So erklärt sich auch, wie die Bratwurst – laut *Süddeutscher Zeitung* – zum «kleinsten gemeinsamen kulinarischen Nenner der deutschen Politik» avancieren konnte. Auch wenn es eine besondere Herausforderung darstellt, sie in der Öffentlichkeit unfallfrei zu essen, geben ihre anderen Qualitäten politisch den Ausschlag: einfach, billig, ohne jeden Distinktionsanspruch, d.h. ohne jedes Konfliktpotenzial, dabei regional variantenreich. Schließlich spricht auch ihre ubiquitäre Verfügbarkeit gerade an denjenigen Orten für sie, die man als räumliches Komplement zur Bratwurst verstehen muss: die Fußgängerzone, der Parkplatz vor dem Baumarkt oder Möbelhaus, beim sonntäglichen Fußballspiel der Vereinskiosk leicht abseits des Spielfeldrands. Bratwurst im Brötchen eignet sich per se für das öffentliche Essen, weil man keine weiteren Hilfsmittel braucht. Man kann sie im Gehen (→ Walks, silly) und in Gruppen essen und dabei vielleicht sogar noch fortfahren, Hände zu schütteln.

Das Essen zeigt den politischen Menschen öffentlich privat, und die Bratwurst ist dabei das ideale kulinarische Darstellungsmittel.[13] Der schnelle Imbiss ist aus identischen Gründen auch anderenorts besonders demokratiekompatibel: «Barack Obama hat im US-Wahlkampf in nahezu jede Art von Fastfood mindestens einmal gebissen. Hot Dogs, Pizza, Burger [...] Von Mitt Romney hingegen gibt es keine Bilder, wie er in einen Taco beißt», denn damit wäre automatisch das für die Republikaner heikle Thema der Einwanderung aus Lateinamerika aufgerufen.[14] Um die zurückgelegte Strecke in der Darstellung politischer Herrschaft abzumessen, reicht es zu fragen, ob Herrscherporträts der Vormoderne den Herrscher jemals essend gezeigt haben.

Auch Merkel auf Türkeireise weiß: «Bloß kein Bild mit Döner» – sonst mault die CSU wieder.[15] Das zeigt: Neben dem Wahlkampf ist der zweite hervorgehobene Anlass zum politischen Essen der Staatsbesuch (→ Gullydeckel). Auch dieses Essen, zumindest wenn es sich nicht um ein offizielles Staatsbankett, sondern um ein Arbeitsessen[16] handelt, steht unter dem Imperativ des Schlichten. Im Kanzleramt, so heißt es, geht es «wie immer unter Merkel bodenständig» zu. Etwa: Nordseekrabben, Roulade, Vanilleeis (Samaras, August 2012). Oder: Büsumer Krabben, Beelitzer Spargel mit Kalbsmedaillons, Früchtecrêpes (Obama, Juni 2013). Oder: Rinder-Consommé, Schweinefilet mit Spargel aus Beelitz und einer Erdbeer-Nachspeise, dazu Soft-Getränke und deutscher Wein (Hollande, Mai 2012). Das liest sich so bieder, wie es sich wohl auch lesen soll – eine Allerweltsküche von geradezu theatralischer Langeweile, ein fortgesetztes kulinarisches Understatement. Man muss / soll zu dem Schluss kommen, der

Gang in die nächste Bahnhofsgaststätte sei aus rein pragmatischen Gründen verworfen worden. Aber hätte man wirklich lesen wollen, Merkel habe mit dem griechischen Ministerpräsidenten Samaras bei Sauté von Milchkalbsbries und Langostino, Chicorée und Grapefruit, gefolgt von gebratenem Seeteufel mit karamellisierten Endivien und Japanrettich und einem Jus von Blauem Spätburgunder mit Kalbsknochenmark über ein zweites Rettungspaket verhandelt?[17]

Geht es einerseits darum, keine Angriffsfläche für die in der repräsentativen Demokratie allgegenwärtigen «Ihr da oben, wir hier unten»-Vorwürfe zu bieten – keine Opulenz, kein Anschein der Dekadenz –, steht beim Staatsbesuch zusätzlich im Vordergrund, diplomatische Schnitzer des kulinarischen Fachs zu vermeiden.[18] Dazu gehört auch ein «internationales Küchenregime», das gewährleistet, dass trotz der erwünschten regionalen Einsprengsel keine Zumutungen wie Schafshoden, saure Kutteln, Blutpudding oder Milbenkäse aufgetischt werden.[19] Es war in einem doppelten Sinne keine gute Idee, Staatspräsident Hollande bei seinem Antrittsbesuch in Berlin Spargel mit Sauce hollandaise zu servieren. Zum einen hätte man im Vorfeld des Besuchs in Erfahrung bringen können, dass der französische Präsident keinen Spargel mag, zum anderen nährte der Menüplan die vor dem Hintergrund der zunehmenden ökonomischen Ungleichgewichte und der wachsenden Verstimmung zwischen den beiden Staaten ohnehin vorhandene Vorstellung, hier stünde eigentlich der eine auf dem Speiseplan des/der anderen. Den französischen Journalisten, besorgt um das deutsch-französische Verhältnis angesichts von Merkels Unterstützung für Nicolas Sarkozy im französischen Präsidentschaftswahlkampf und angesichts der antideutschen Wahlkampfäußerungen aus der *Parti Socialiste*, konnte man aus Kreisen des Kanzleramts zumindest versichern: «Sie werden sehen, dass nichts so heiß gegessen wird, wie es gekocht wurde».[20] Ob Merkel nach dem ersten Treffen wohl bestätigen konnte, was man Hollande zu Hause nachsagt, dass er nämlich den Charme eines feuchten Baguettes habe?

In Frankreich hat sich durch die Revolution historisch ohnehin eine völlig andere «politische Grammatik» des Essens entwickelt.[21] Die Republik verwirklicht den universalisierten Zugang zur kulinarischen Raffinesse des Adels, das feine Essen als Objekt adeliger Prestigekonkurrenz wird vom Bürgertum nachgeahmt, das Schleifen des Gildemonopols der französischen *traiteurs* und die Freisetzung von Köchen aus den Diensten ihrer adeligen Herren im Zuge der Französischen Revolution sorgen in Paris am Ende des 18. Jahrhunderts für die Geburt des modernen Restaurants.[22] Das Gleiche betrifft, nebenbei gesagt, auch die erotische Raffinesse, also die adelige Libertinage (→ Verlobungsringe), und im Vergleich mit den USA würden sich dann sowohl das US-amerikanische Unverständnis für die französische Libertinage wie auch die schlechte amerikanische Küche daraus erklären, dass in der Neuen Welt nie einer heimischen Aristokratie nachgeeifert werden musste. Man eiferte dort allenfalls französischen Republikanern nach, die dem französischen Adel nacheiferten. Thomas Jefferson verfügte über eine exklusive Sammlung französischer Weine.[23]

Was nun aber die politische Rolle der Küche nach der Französischen Revolution anbetrifft, so trafen die aus adligen Diensten entlassenen Köche auf der Nachfrageseite auf die aus der französischen Provinz nun zahlreich in die Hauptstadt strömenden revolutionären Abgeordneten, die – in Privatpensionen untergebracht – sich angewöhnten, zusammen in den zahlreichen neuen Restaurants in der Umgebung des Palais Royal und der Rue Richelieu zu speisen. Sie brachten auch die regionale Küche in die Hauptstadt, die nun ebenfalls eine entscheidende Verfeinerung erfuhr. Müssen wir den historischen Zusammenhang aus politischer Emanzipation und bürgerlicher Öffentlichkeit also anders erzählen? Wer hat in der «Verbindung zwischen parlamentarischem Leben [...] und dem Leben der Kneipen und Caféhäuser» eigentlich für wen Modell gesessen?[24] Habermas' Version dieser Geschichte, dass nämlich das Parlament dem Kaffeehaus nachfolgt und nicht umgekehrt, ist bereits öfter mit guten Gründen angezweifelt worden.[25]

Seit der Französischen Revolution gilt also: Auch Frankreichs *politische* Seele ist die Sauce.[26] Im Zuge der Revolution wurde die französische *Haute* nationalisiert zur *Grande Cuisine*, und diese nimmt bis heute weltweit kulinarische Hegemonie für sich in Anspruch. Im nationalen Selbstverständnis ist Frankreich die Wiege kulinarischer Kunst, ein Selbstbild, das sich durch den UNESCO-Kulturerbe-Status der *cuisine française* bestätigt sieht. An ausgewählten Momenten, etwa als Frankreich 1989 – zum 200-jährigen Revolutionsjubiläum! – G7-Gastgeber war, wird aufwendig inszeniert, dass es sich die Republik im Mobiliar der Monarchie mittlerweile recht gemütlich gemacht hat. Der Louvre oder das Schloss Versailles werden zu Orten üppiger republikanischer Schauessen, wie im März 2015, als allen in Frankreich akkreditierten Botschaftern, 650 an der Zahl, im Zuge einer «Gastrodiplomatie»-Initiative[27] des französischen Außenministeriums ein Menu aus Foie gras, Lachs-Tartar, Seebarschfilet, Milchlamm, schließlich Käsespezialitäten und einem «schwebenden» Schokoladendessert serviert wurde, begleitet von 18 Kilogramm Trüffeln und fünf Kilogramm Kaviar, dazu selbstverständlich französischer Wein und Champagner in ganz großem Stil (→ **Hard work, Softdrink**).

Es fällt nicht weiter schwer, sich das habituelle Protestspektrum vorzustellen, das ein solches Ereignis in Deutschland provoziert hätte: PETA – wegen Stopfleberpastete, Claudia Roth – wegen Milchlämmchen, die Linke – wegen Champagner. Daniel

Cohn-Bendit, Wanderer zwischen den politischen Kulturen Frankreichs und Deutschlands, betont den Unterschied zwischen der deutschen «Nehmt den Reichen die Austern weg»-Linken und der französischen «Austern für alle»-Linken. Der Hedonismus der französischen Linken weist sie als wahre republikanische, antiklerikale Erben des katholischen *ancien régime* und seiner kulinarischen Überbietungskonkurrenz aus, während die protestantische Verkniffenheit der deutschen Linken geradewegs in das Bionade-Biedermeier der Grünen führt, in ihr Neo-Spießertum aus «Dinkel und Dünkel» (Peter Richter).

Das Essen ist immer politisch codiert, aber überall anders.

D

Delaberation[1]

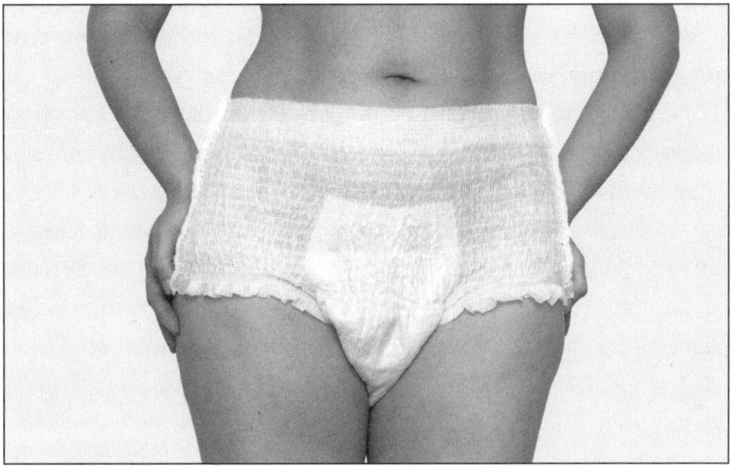

Inkontinenzkompensationskompetenz: Zumindest beim Filibuster im US-Senat wird das zu einer wichtigen politischen Fähigkeit.

So, so – Parlament kommt also von *parlare* oder *parler*, und deswegen sei das Parlament vor allem und zuallererst Ort politischer Debatte: Als Etymologie getarnte Ideologie. Gegen sie spricht u. a., dass man ein Gesetz wohl ohne Aussprache, nicht aber ohne Abstimmung verabschieden kann.[2] Die parlamentarische Debatte dient der parlamentarischen Entscheidung, das Reden und Reden – der Filibuster[3] ist hingegen gerade ein Mittel politischer Sabotage, traditionsreiches Instrument parlamentarischer Obstruktion, antiparlamentarisches Mittel par excellence. Wer Carl Schmitt darin folgt, das «Wesentliche des Parlaments» im «öffentliche(n) Verhandeln von Argument und Gegenargument, (in) öffentliche(r) Debatte und öffentliche(r) Diskussion» zu sehen, wer gar mit ihm meint, die parlamentarische Demokratie gehe im Kern in «government by discussion» auf, wie etwa Jürgen Habermas, der sich ja Volkssouveränität nur noch als «diskursives Verfahren» vorstellen kann,[4] der hat gegenüber dem Schmitt'schen Antiliberalismus bereits verloren.

Natürlich musste Carl Schmitt als Theoretiker der Dezision in seiner Liberalismuskritik alles daran setzen, jedes Element der Entscheidung vom Parlament weit fernzuhalten, um es stattdessen in Diskreditierungsabsicht «mit der romantischen Vorstellung des ewigen Gesprächs» und der «endlosen Diskussionen» in Verbindung zu bringen.[5] Aber nichts könnte unparlamentarischer sein als ein ewiges Gespräch. Im Parlament manifestieren sich politische Mehrheiten, hier werden die in der Wahl ermittelten Mehrheiten in die eine, aktuelle politische Mehrheit übersetzt, was sich allein schon deswegen oft als nötig erweist, weil aufgrund des in den meisten westlichen Ländern vorherrschenden Verhältniswahlrechts aus der Wahl selber ja im Regelfall keine unmittelbaren Mehrheiten resultieren. Natürlich stehen politische Entscheidungen mit Allgemeinverbindlichkeit unter Rechtfertigungszwang und sollen und müssen öffentlich begründet und kritisiert werden, aber eben nur insoweit diese Rechtfertigung und Kritik auf die Entscheidung zuläuft und von ihr begrenzt wird, ist sie parlamentarisch.[6]

Im Parlament entscheidet sich, wer gewinnt und wer verliert, welches Interesse sich durchsetzt, wer herrscht und wer beherrscht wird.[7] Die Legitimation und Moderierung dieser Herrschaft resultiert wesentlich aus ihrer zeitlichen Begrenzung, nicht aus ihrer permanenten Begründung, die auf einen sich irgendwann womöglich einstellenden Konsens hoffen muss. Die parlamentarische Debatte ist einer Debattenordnung unterworfen, deren zentrales Merkmal die Regeln zu ihrer Beendigung sind,[8] damit man zu einer Entscheidung kommen kann, damit man zur Abstimmung schreiten kann. Und in dieser Abstimmung wird die Mehrheit über die Minderheit siegen. Dadurch ist jeder weitere Austausch von Argumenten beendet.

Das hat auch – ganz anders als der ohnehin illusionäre Konsens – eine befriedende Wirkung: Nicht die unablässige Behauptung, im Recht zu sein, führt zum Frieden, sondern die Entscheidung macht dem Streit ein Ende. Und dann lässt sich sehen, wer letztlich recht hatte. Unter anderem für diese retrospektive Kontrolle auf die Triftigkeit vorgebrachter statt nur vorgeschobener Argumente gibt es Wahlen. Und erst die Verbindung mit der Entscheidung und der Gelegenheit ihrer nachträglichen Überprüfung in Wahlen macht überhaupt die vorgängige politische Rede ernsthaft. Denn jetzt kann man nicht mehr alles behaupten, ohne befürchten zu müssen, im Nachhinein unglaubwürdig zu erscheinen.[9]

Das Wichtigste an den Diskursregeln sind deswegen jene zur Diskursbeendigung. Es muss gegen das romantische Demokratieverständnis, polemisch bei Schmitt, naiv bei Habermas, gelegentlich daran erinnert werden, dass es in der Politik nicht um Wahrheit geht, der man sich im zwanglosen Austausch der Argumente schrittweise nähern könnte,[10] sondern um Herrschaft,[11] und in der parlamentarischen Demokratie ist das Parlament der Ort, in dem sich diese politische Herrschaft manifestiert. Denn wie ewig muss man sich ein Gespräch vorstellen, bis auch Millionäre bzw. die von ihnen gewählten Repräsentanten finden, dass eine Millionärssteuer eigentlich eine ganz prima Idee sei? Und wer je das Vergnügen einer Diskussion mit Vertretern universitärer K-Gruppen hatte, dem dürfte auch die Formel vom «zwanglosen Zwang des Arguments» wenig, hingegen die Formel vom «Zwang des zwang- und deswegen endlosen Argumentierens» stark einleuchten. Bekanntlich reden die Leute viel, wenn der Tag lang ist – weswegen man den Tag kurz halten sollte, wenn man überhaupt irgendetwas erreichen will. Mit der unbegrenzten Rede lässt sich jedes noch so abstruse gesellschaftliche Interesse, jede ideologische Verstiegenheit auf ewig verteidigen. Die Spieltheorie prognostiziert, dass bei einer Verhandlung derjenige die höchste Auszahlung erhält, der die Zukunft am geringsten abdiskontiert – und Spinner haben vor allem eins: ganz viel Zeit.[12]

Das Parlament ist daher tatsächlich ein dezisionistischer Ort, wie es ihn in der Demokratie kein zweites Mal gibt.[13] Die Regierung mag bestimmen, welche Vorlagen zur Abstimmung gestellt werden, die Parlamentarier entscheiden per Abstimmung, welche Vorlagen Gesetzeskraft erhalten. Deswegen sind, nebenbei gesagt, die Abgeordneten der Mehrheitsfraktionen ja auch nicht – wie es eine gängige Denunziation will – reines Stimmenanhängsel der Regierung, denn diese muss antizipieren, was bei jenen durchsetzbar ist, was sich wiederum nach deren Wiederwahlchancen bemisst. Die Regeln, die Debatte zu beenden, um dann parlamentarisch entscheiden zu können, gehören daher zu den machtvollsten, wichtigsten parlamentarischen Regeln. Wer die Zeitagenda des Parlaments kontrolliert, kontrolliert das Parlament selber.[14] Und hier zeigt sich auch exemplarisch, wie sich entlang einer ganz konkreten und praktischen Frage: «Wie und wann wird die Debatte beendet und wer entscheidet darüber?», die Theorien der Politik auffächern. Einerseits in eine sich selbst als liberal verstehende Theorie, die es für zentral hält, gegen jeden Versuch, die Debatte zu beenden, vehement zu protestieren (so etwa Hannah Arendt), und andererseits in eine Theorie, für die die Beendigung der Debatte eine logisch zwingende Konsequenz des antagonistischen Charakters der Politik ist (so etwa Chantal Mouffe).[15]

Redezeitbegrenzungen sind also zentraler Bestandteil der parlamentarischen Agendakontrolle. Es kann Zeitobergrenzen für parlamentarische Reden geben wie im Bundestag, ungefähr nach Fraktionsstärke proportional zugeteilt, zudem vom Regierung / Opposition-Gegensatz bestimmt. Die Zahl der Redebeiträge zu einem parlamentarischen Vorgang pro Abgeordneten kann beschränkt werden, wie im britischen *House of Commons*, wo ein Abgeordneter nur einmal zur Sache sprechen darf. Oder die zeitliche Begrenzung folgt aus Vorschriften, die den strikten Sachbezug der Rede fordern und das endlose Wiederholen bereits vorgebrachter Argumente verbieten, wie etwa im US-amerikanischen Repräsentantenhaus.[16] Heutzutage lassen sich Redezeitbeschränkungen letztlich technologisch durchsetzen: der Parlamentspräsident schaltet dem Redner einfach das Mikrophon ab, die Stenographen – oder die Dolmetscher im Europäischen Parlament – können bzw. dürfen nicht mehr weiter protokollieren bzw. übersetzen (→ **Parlamentari pianisti**). Auch wenn eventuell weiter gesprochen und gestritten werden sollte, zumindest in der Schrift ist die Rede getilgt.

Im US-amerikanischen Senat hingegen werden der Rede allein durch die Grenzen der körperlichen Belastbarkeit zeitliche Grenzen gesetzt: «no sitting, no walking, no bathroom breaks».[17] Letztlich erweist sich der dritte Teil dieser Vorschrift als wirklich bindend. Katheterisierung ist eine praktizierte Lösung, Inkontinenzwindeln sind eine andere, das schlichte Urinieren in einen Mülleimer während der Rede (so 2001 die Stadtverordnete von St. Louis, Irene Smith) kann hingegen eine Anzeige nach sich ziehen – abgesehen davon, dass unklar ist, wie dieses Verhalten letztlich auf die Wählerschaft wirkt. Die politische Dimension der Blasenkontrolle wirft dann zusätzlich Fragen der Geschlechtergerechtigkeit auf. Anlässlich eines 11-stündigen Filibusters der texanischen Senatorin Wendy Davis stellt sich der Gynäkologe und Urologe Dr. Tyler Muffly der University of Colorado den Fragen der Journalisten: Wie lange kann eine 50-jährige Frau, die zwei Kinder auf normalem Weg entbunden hat, den Urin halten? Frage: Herr Dr. Muffly, wenn Sie sagen, dass das Filibustern im Wesentlichen ein Pinkelwettbewerb *(peeing contest)* ist, sind dann Männer im Vorteil? Dr. Muffly: Ja, das können Sie in diesem Fall so sagen.[18] Der Sachbezug der Rede tut hingegen nichts zur Sache: Beim Filibuster des republikanischen Senators Ted Cruz gegen Obamas Gesundheitsreform las er dem Senat aus dem Kinderbuch *Green Eggs and Ham* vor.

Die funktionale, der Entscheidung dienende Rolle der Rede im Parlament lässt sich auch an der ihres Pendants, dem Schweigen, studieren. In der Geschäftsordnung des *House of Commons* stand zunächst die Freiheit der Rede als traditionelles parlamentarisches Privileg allen Versuchen der Einschränkung von Rede- und Vorschlagsrechten entgegen.[19] So hatten Abgeordnete auch am Ende des 19. Jahrhunderts noch viele Möglichkeiten, durch Debattenbeiträge eine Entscheidung zu blockieren. Waren zunächst die Bemühungen einer Parlamentsreform darauf gerichtet, das legislative Programm der Mehrheit der Abgeordneten gegenüber den vielen unzähligen Gesetzesentwürfen Einzelner zu privilegieren,[20] also der Mehrheit die positive Agendakontrolle zu sichern, so ging es nun darum, die Verhinderungsmacht einzelner Abgeordneter einzuschränken, also deren negative Agendakontrolle zu beschneiden. Im Lichte der fortgesetzten parlamentarischen Obstruktion irischer Abgeordneter wurden 1882 und 1887 verschiedene Anläufe zur Einführung der *closure*, also des per Mehrheitsbeschluss herbeigeführten Debattenendes, gegen vehementen Widerstand nicht nur der irischen, sondern auch der konservativen Abgeordneten unternommen. Umstritten war das Quorum, mit dem das Ende einer Debatte beschlossen werden konnte, und die Frage, ob der Speaker selber zuzustimmen habe, um zu gewährleisten, dass der Beschluss dem «offensichtlichen Sinne des Parlaments» *(evident sense of the House)* entsprach.

Dabei wurde das Schweigen zu einem Instrument der Herstellung von Mehrheiten: Das Schweigen auf den Rängen der Mehrheit war das Signal, dass man den Gegenstand für hinreichend besprochen hielt. Wann dieser Zeitpunkt gekommen war, wurde nun allerdings zunehmend von den Parteiführern entschieden.[21] Das Schweigen also, nicht das Sprechen, sicherte dem Parlament seine Entscheidungsfähigkeit. Entsprechend kam der Widerstand gegen das Recht zur Debattenbeendung eher von den Hinterbänklern der Regierungsfraktion als von der Opposition. Der 1902 unternommene Versuch, die Stimmen bei *divisions* nicht offiziell zu berichten, wurde hingegen zurückgewiesen. Abgeordnete wollten ihren Dissens wenigstens mit ihrer Stimme sichtbar dokumentieren können, wenn sie es schon nicht mehr durch ihre Reden vermochten.[22]

E

E-Democracy

Die Klick-Demokratie steht unter dem Zeichen der Fetischisierung eines vereinzelten Elementes der antiken Demokratie, des Abstimmungsverfahrens.

Den Traum der Piratenpartei hatte Carl Schmitt bereits vor etwa 90 Jahren – als Albtraum: «Es ließe sich ausmalen, daß eines Tages durch sinnreiche Erfindungen jeder einzelne Mensch, ohne seine Wohnung zu verlassen, fortwährend seine Meinungen über politische Fragen durch einen Apparat zum Ausdruck bringen könnte, und daß alle diese Meinungen automatisch von einer Zentrale registriert würden, wo man sie dann nur abzulesen brauchte», so Schmitt in seiner Verfassungslehre. Was 1928 noch reine *science fiction* war, ist heute zu einer wahren Dystopie geworden: Die Aussicht, von Nerds, russischen Hackern und Sascha Lobo regiert zu werden, während denis_deinemuddaXXL@, bunny_chekker92@ und Konsorten aus den Mülltiefen des Internets den politischen Diskurs befeuern – der ja aber vielleicht schon nicht mal mehr eine schlichte Pöbelei ist, sondern nur noch ein Austausch unter ausländischen Trollfabriken oder gar bereits das traute Gespräch von Bot zu Bot. Die Demokratie ist immer noch analog, obwohl sie – was die technischen Voraussetzungen angeht – mittlerweile sicherlich digital sein könnte und einige, wie etwa die Piratenpartei, sich wünschen, dass sie es wäre. Man kann daher fragen, warum sie es noch nicht ist. Ist mal wieder Angela Merkel («das Internet ist für uns alle Neuland») schuld?

Es könnte auch durchaus andere Gründe haben. Die Vision einer vollständig elektrifizierten Demokratie scheint sich vor allem aus der Illusion einer direkten, unvermittelten, nichtrepräsentativen Politik zu nähren, aus der Illusion der Unmittelbarkeit einer «Doppelklick-Kommunikation» (Bruno Latour), die meint, auf alle intermediären Instanzen, etwa Parteien und Abgeordnete, verzichten zu können: partizipative Technokratie. Der Computer steht für die technische Variante des Versprechens direkter Demokratie, die ja – trotz Brexit – viele, vor allem an den beiden Enden des politischen Spektrums, weiterhin umtreibt. Ob es die Autonome ist, die ohne Beschluss der Aktivist_innen-Vollversammlung keine eigene Meinung haben will, oder der AfDler, für den Volksvertreter ja eigentlich nur Volkszertreter sind, weswegen man Wege brauche, auf denen *das* Volk ganz unvermittelt, unmittelbar, unverfälscht seinen wahren Willen ausdrücken kann: in ihrer Ablehnung demokratischer Repräsentation finden sich beide Extreme vereint. Die technologische Variante dieser Vision lautet, per Internet könnten wir nun endlich dauernd und zu jedem Anlass in einem virtuellen Appenzell auf der Wiese stehen (neben uns grasen elektrische Schafe) – und dass wir das als gute Demokraten ja auch nur wünschen sollten.

In einem solchen elektronischen Appenzell, so das Versprechen, entfallen endlich technisch die rein praktischen Beschränkungen, die bislang einer echten, einer wirklichen, einer wahren Demokratie entgegengestanden hätten. Es entfällt nun das *difficilitas conveniendi*-Argument, mit dem bisher viele für das Prinzip einer repräsentativen Demokratie im Sinne einer zweitbesten Lösung plädiert hatten: «Eigentlich müßte das Volk in seiner wirklichen Gesamtheit entscheiden, wie das ursprünglich der Fall war, als sich noch alle Gemeindemitglieder unter der Dorflinde versammeln konnten; aber aus praktischen Gründen ist es heute unmöglich, daß alle zu gleicher Zeit an einem Platze zusammenkommen; auch ist es unmöglich, alle wegen jeder Einzelheit zu befragen; deshalb hilft man sich vernünftigerweise mit einem gewählten Ausschuß von Vertrauensleuten, und das ist eben das Parlament. So entsteht die bekannte Stufenleiter: das Parlament ist ein Ausschuß des Volkes, die Regierung ein Ausschuß des Parlaments».[1] Aber nun hätten wir ja digitale Dorflinden, und unter die könnten sich alle jederzeit versammeln: Es ist Platz für alle da – und man muss noch nicht einmal auf gutes Wetter warten.[2] Das ist das Missionarische, die unterdrückte Demokratie endlich technologisch zu befreien: I have a stream!

Der naive Traum vom Ende der Repräsentation, von einem irgendwie direkten Zusammenlöten von Einzel- und Kollektivwillen – der anti-repräsentative Affekt ist der Begleiter der repräsentativen Demokratie seit ihrem Beginn, also seit circa 1791.[3] Er lebt nicht aus sich selbst, sondern nährt sich parasitär aus den Schwächephasen der Repräsentation. Er ist Krisensymptom, nicht Lösung, und die Gestalt, die die Demokratie in diesen Träumen annimmt, ist eine hyperindividualistische, nämlich die Vision einer Gesellschaft politischer Monaden vor ihren Monitoren: «Die Klick-Demokratie steht unter dem Zeichen der Fetischisierung eines vereinzelten Elementes der antiken Demokratie, des Abstimmungsverfahrens, und hat die Tendenz, politisches Verhalten auf bloßen Präferenzausdruck zu reduzieren».[4]

Dass die repräsentative Demokratie sich darin erschöpfe, dass man alle vier Jahre seine Stimme abgeben dürfe, ist genau die Karikatur, auf deren Basis dann die *e-democracy*-Alternative als permanente Dauerabstimmung entworfen wird. Fehlt generell das Verständnis für den zweistufigen Aufbau der repräsentativen Demokratie, erste Stufe: Wahl des Parlaments, dann zweite Stufe: Abstimmung über Politiken im Parlament, so sind auch die Gewichte zwischen Diskurs und Abstimmung in dieser Sicht der Demokratie genau falsch verteilt. Das Parlament erscheint nur als Diskurs, wo doch seine wesentliche Funktion die der Abstimmung ist (→ **Delaberation**; → **Parlamentari pianisti**), das Vorparlamentarische erscheint nur als Abstimmung, wo doch sein wesentliches Kennzeichen der öffentliche Diskurs ist. In Beppe Grillos *Movimento Cinque Stelle* findet die Listenerstellung online statt und folgt einem einfachen Muster: Wer bekommt die meisten Klicks? Ansonsten gibt der Chef ganz autoritär die Linie vor.

Der Traum einer nichtintermediären, automatischen Ermittlung eines Kollektivwillens hat mit dem Computer und dem Internet eine konkrete Form und unmittelbare technologische Plausibilität gewonnen. Und als Technik erlangt die revolutionäre Pose, die sich – wie so oft – vor allem aus der Unkenntnis dessen speist, was man sich da abzuschaffen anschickt, eine besondere Gefährlichkeit. Sie führt in einen vollkommen erinnerungslosen, dabei aber alles andere als unschuldigen Silicon-Valley-Traum: «Mit Hilfe der neuen Technologien sollten wir in der Lage sein, eine neue Demokratie zu erfinden» (Patri Friedman, Ex-Google-Manager). Was genau mag man denn in Kalifornien an der alten Demokratie nicht mehr, was an ihr gilt denn als so obsolet, dass man unbedingt eine neue erfinden muss? Etwa, dass sie asozialen Datenkraken wie Google, Amazon und Facebook, deren

Geschäftsmodell wesentlich auf Steuervermeidung basiert, durch demokratisch legitimierte Steuer- und Datenschutzgesetzgebung Grenzen setzen könnte? Die Internet-Demokratie – was kann sie mehr sein als eine «Art isoliert-unpolitische, ‹virtuelle› Tätigkeit in einem von Firmen mit starken marktbedingten Eigeninteressen strukturierten Raum»?[5]

Aber wie es in der Politik so ist: es findet sich immer jemand, der das leidlich Funktionierende gerne durch das Pathologische und Dysfunktionale ersetzen möchte. Neben der bizarren Phantasie, die Demokratie ließe sich retten, indem man die Wahlen abschafft,[6] gibt es daher auch das andere Extrem, die Vorstellung, man könne sie technologisch retten, indem man den vereinzelten Bürger zu einer Dauerpolitisierung und Dauerabstimmung zwingt. Und während die Repräsentation durch Parteien als Minderform politischer Teilhabe denunziert wird, scheint sich die Frage der Repräsentativität für jene neue Web-Aristokratie, die uns die Dauerpolitisierung durch ein permanentes *liquid feedback*-Verfahren empfiehlt, gar nicht erst zu stellen.

Auch wenn der Weg zur vollständigen Digitalisierung der nationalen Demokratie noch sehr weit erscheinen mag – ehrlich gesagt: sie hoffentlich nie eintreten wird –, so ist die Entwicklung auf der Ebene einzelner Parteien doch bereits recht weit fortgeschritten durch Anti-Parteien-Bewegungen wie *Movimento Cinque Stelle* in Italien oder auch *Momentum* in England, deren Hauptziel die Aushöhlung der repräsentativen Vermittlungsleistung von Parteien zu sein scheint. Für Grillo etwa ist klar: die Parteien sind tot oder zumindest todgeweiht, und das wird lauthals begrüßt. Stattdessen soll in den Vorstellungswelten der Digitalisierungspropheten die über Parteien vermittelte demokratische Repräsentation ersetzt werden durch eine spontane Interaktion aus Netz und Straße. Denn der Traum von der neuen *e-democracy* ist ja keineswegs rein digital. Es gilt Beppe Grillos

Schlachtruf: *non c'è web senza piazza, non c'è piazza senza web* – es gibt kein Web ohne Straße, und keine Straße ohne Web. Man kann es auch etwas direkter formulieren: Was einem Schreihals wie Grillo mit seiner «Wir sind im Krieg»-Rhetorik *(siamo in guerra)* offensichtlich vorschwebt, ist das wechselseitige Sich-Aufschaukeln von Shitstorm und (Flash-)Mob, von digitaler Lynchjustiz auf der einen und dem Krawall der Straße auf der anderen Seite. Das kombiniert nun so ungefähr die übelsten Seiten kollektiver Willensbildung: auf in die konvulsivische Erregungsdemokratie (→ Jornada de Reflexión)! Der autoritäre Chef und die digital mobilisierten Massen – im Gewand der technologischen Avantgarde ein politisches Modell des frühen 20. Jahrhunderts: Mussolini 2.0.

Momentum, die linke Graswurzel-Bewegung, die sich die *Labour*-Partei als Wirtstier ausgeguckt hat, verkündet stolz, zu jeder Zeit und in kürzester Zeit einen Flashmob mehrerer tausend Aktivisten vor dem *Westminster Palace* organisieren zu können. Derweil zerfällt die *Labour*-Parlamentsfraktion im House of Commons in ihre Einzelteile, und die Zustimmungswerte der Partei sinken dramatisch. Die Selbstdemontage der Partei, ihre Entwicklung zu einer führungslosen «Ja-Nein-Weiß-nicht»-Partei *(Spiegel)*, ist schon so weit fortgeschritten, dass sie als ernstzunehmende Opposition selbst in den turbulenten Brexit-Zeiten und angesichts der tiefgreifend zwischen Europa-Befürwortern und -Skeptikern zerrissenen Tories komplett ausfällt. Das muss man auch erst einmal schaffen. Vier Fünftel der Abgeordneten lehnen den Partei- und Fraktionsführer Jeremy Corbyn ab (→ Kinsley gaffe), der in seiner langen Dienstzeit als Abgeordneter ja immer wieder ein gesinnungsethisch begründetes Abweichlertum von der Fraktionslinie für sich in Anspruch genommen hat. Ebenjene Abstimmungsdisziplin, der sich Corbyn regelmäßig verweigerte, soll nun die Basis erzwingen, die mit Abwahl im Wahlkreis jedem droht, der sich nicht dem jeweils fallweise direktdemokratisch gewonnenen politischen Willen fügt.[7] «Digitale Konsultationen» sollen es jedem Parteimitglied – eine Mitgliedschaft, die man mit 4 £ erwerben konnte und die unter anderem das Phänomen des *entryism* mit sich brachte, das heißt den Eintritt des politischen Gegners in die Partei, um sie in den internen Abstimmungsprozessen systematisch gegen die Wand zu fahren – sollen es also jedem Mitglied ermöglichen, sowohl die Aufstellung des Schattenkabinetts zu bestimmen als auch bei größeren Entscheidungen die Position der Partei zu bestimmen. Das wäre, so schreibt der *Guardian*, eine neue Ära britischer Politik, in der die Mitglieder der Parteiführung zum ersten Mal Delegierte und nicht mehr Repräsentanten der Basis wären. Die Befürworter sehen das ganz genauso, als neue Ära der digitalen Demokratie, in der Parteien endlich wirklich partizipativ geworden seien. Es ist aber ein Irrtum zu glauben, damit die Demokratie demokratisch sei, müssten auch Parteien (basis)demokratisch verfasst sein. Marktwirtschaften funktionieren auch nicht allein durch Märkte, sondern wesentlich durch Unternehmen, die eben gerade nicht-marktlich organisiert sind.[8]

Der zentrale Unterschied zwischen der antiken Demokratie und der modernen ist, dass Letztere eine repräsentative ist,[9] und das hat wohl auch damit wesentlich zu tun, dass sie eine nationalstaatlich organisierte und keine stadtstaatliche ist. Sie organisiert u. a. 80 Millionen Bürger und nicht 40 000, also Deutschland, und nicht Erkelenz (oder das antike Athen 500 v. Chr.). Wer das zu einem reinen Problem der Technik erklären will, also zu einem reinen Problem der Zahl, hat von der modernen Demokratie und ihrer Funktionsweise nicht viel verstanden.

F

Flechtslipper

Waren es die Hauptstadtjournalisten, die sich über Kurt Becks Krawattennadeln mokierten, oder mokierten sie sich, weil sie Becks Partei«freunde» darauf hingewiesen hatten, dass er sonderbare Krawattennadeln trägt?[1]

«Kurt Beck trägt Flechtslipper!» – ein Ausruf der Empörung, ja des Abscheus, angesichts der ästhetischen Zumutung, die uns das maßgebliche politische Personal in der Regel bietet.[2] Aber diese Empörung vergisst, so scheint es, das Ausmaß an *politischer* Zumutung, die in der Feststellung «Gerhard Schröder trägt Brioni» enthalten war. Empörung ist in diesem Zusammenhang eher verfehlt, denn sie suggeriert, das ästhetische Elend rühre allein daher, dass es dem politischen Personal am Stilwillen mangele. Das jedoch ist nicht das Problem.

Nur welchen besonderen Zweck hat eine politische Kleiderordnung, wenn dieser kein ästhetischer ist?[3] Die Antwort erscheint recht offensichtlich (→ **Chlorhühnchen**): Uns soll der Politiker als prosaische Gestalt dargestellt werden, als Repräsentant des soliden Durchschnitts. Die Demokratie kehrt die gängigen modischen Imitationsanreize um: Nicht die Vielen imitieren die Wenigen, nicht mehr der Hof fungiert als modisches Avantgardezentrum, als Ort, wo die Trends gesetzt werden, sondern die Herrscherperson verwandelt sich der Menge an – oder suggeriert diese Annäherung durch modische Anverwandlung mit Spekulation auf einen politischen Gewinn aus inszenierter Nähe. Sie sagt: Ich bin einer von euch, ich bin wie ihr. Die Demokratie sorgt für eine Entwicklung vom Höflingsgeist der Menge zum Politiker als Höfling der Menge.[4]

Der durch Kurt Becks Flechtslipper ausgelöste Aufschrei vergisst: In der Massendemokratie ist der Dandy kein erfolgversprechendes politisches Rollenmodell. Repräsentiert wird gemäß dem demokratischen Prinzip das, was «mehrheitsfähig», das heißt das, was «mittelmäßig» ist (Tocqueville). In der Demokratie dominiert das kleine Format. Es gibt also auch ein modisches Medianwählertheorem, nach dem der Sinnlichkeit des Publikums in der Demokratie nur Durchschnittsreize zugemutet werden können. Normcore, allenfalls auffällig unauffällig erscheinen, das ist der demokratischste aller Dresscodes, das ist der Konformismus, mit dem sich unser politisches Personal in Form hält.

Dennoch ist die politische Kleiderordnung nicht notwendigerweise uniform, denn die modische Anverwandlung kann klientelspezifisch und daher entsprechend ausdifferenziert erfolgen. Man kann, will sich aber eigentlich nicht das Milieu vorstellen, auf das Claudia Roths schrillbunte Stickwesten zielen. Jürgen Trittin hingegen definiert den Salonmarxistenwear der 2000er. Seine eleganten Anzüge vermitteln eine versöhnliche Nachricht: Es führt ein Weg vom Kommunistischen Bund Westdeutschlands zum Bundesverband der Industrie, und sei es auch nur als Vortragsredner. Trittins Beispiel zeigt zudem, dass es in der Politik offensichtlich auch ein modisches *Nixon-goes-to-China*-Prinzip gibt: Schröders flegelhaftes Posieren mit der Cohiba als Persiflage auf das Genosse-der-Bosse-Etikett hätte man einem Mitglied der CDU-Mittelstandsvereinigung nicht gleichermaßen nachgesehen – es wäre günstigenfalls nur als armseliges Klischee wahrgenommen worden. Die Nachsicht war jedoch vielleicht auch darauf gegründet, dass Schröders Pose eine zutiefst demokratische war. Es war die Inszenierung einer Aneignung der Kleider der Macht bzw. der Mächtigen durch einen, der diese zuvor nicht getragen hatte.[5]

Je umfassender jedoch der Repräsentationsanspruch, umso unspezifischer muss das Erscheinungsbild ausfallen. Die Kanzlerin kann es sich nicht leisten, modisch eine Spezialklientel anzusprechen. Sie trägt Handtaschen von Longchamp – «Lederwaren, die politisch korrekt sind», denn an «der Hand von Politikern haben sie den Vorzug, nicht protzig zu wirken». Vorteilhaft ist darüber hinaus, dass das Unternehmen «einen breiten Kundenkreis bedient».[6] Das klingt wie eine vernünftige Verbindung zwischen Tasche und Taschenträgerin, denn genau darum, einen möglichst breiten Kundenkreis zu bedienen, muss es der Kanzlerin ja ebenfalls gehen. An ihr ist diese Primärfunktion der politischen Kleiderordnung – Massenkompatibilität – vielfach demonstriert worden, denn ihre Wandlung zur «Ikone des dezenten Schicks» *(FAZ)* hat sich ja vor unser aller Augen vollzogen. «Im politischen Alltag ist Merkels Mode nicht hässlich, sondern verlässlich. Weil: weitgehend neutral. Gemessen am Deutschen an sich guter Durchschnitt. Quadratisch, praktisch, wählbar», meint das *Handelsblatt*. Verlässlich für sie und das Publikum ist insbesondere ihr «Chamäleon-Chic»: «immer der gleiche Blazer – nur die Farben wechseln.»[7] Hier wird zumindest modisch signalisiert: Keine Experimente. «Merkels heutiges Aussehen entstand nach und nach, im Ausschlussprinzip. Alles, was Aufsehen erregte, ließ sie bleiben.»[8]

Die Bedeutung der demokratischen Kleiderordnung ist so alt wie der politische Massenmarkt, den sie reflektiert.[9] Im Tagebuch des Sekretärs von Abraham Lincoln, John Hay, wird folgender Traum des Präsidenten notiert: Lincoln träumte, er befände sich in Gesellschaft einfacher Leute, die sein Aussehen kommentierten. «Er ist ein sehr gewöhnlich aussehender Mann», sagte einer. «Der Herr bevorzugt gewöhnlich aussehende Leute», erwiderte Lincoln, «deshalb macht er so viele davon.»[10] Man müsste heute paraphrasieren: «Der demokratische Herr, also der Wähler, bevorzugt gewöhnlich aussehende Leute, deshalb wählt er so viele davon.» Für die spanische Parlamentswahl 2015 wollten seine Berater den Ministerpräsidenten Rajoy per Freizeitdress zu einem «Mariano zum Anfassen» machen.

Den ersten modischen Egalisierungsschub in Richtung einer neuen Schlichtheit der politischen Kleiderordnung[11] markierte dabei die Französische Revolution: Hosen, kurze Haare, Strickwesten – hinfort mit Perücken, Schminke und geschnitzten Gehstöcken. Die Bewegung mündete schließlich in den folkloristischen «einfache Leute»-Kitsch eines Jean-Paul Marat: Dreitagebart, Schirmmütze, Holzschuhe, betonte Nachlässigkeit der Kleidung. Dessen ferner Nachklang: Fidel Castro im Schlabber-Adidas-Turnanzug und mit jeder Menge Fusseln im Gesicht. Der Erscheinung der Revolution folgte eine Revolution der Erscheinung, die Französische Revolution «hatte mit dem Adel auch Puder, Rouge und Mouche besiegt»[12] – zumindest was die Männer anbetrifft, die nun einem neuen Uniformitätszwang unterworfen wurden. Doch dieser neue Konformismus des schlichten und uniformen Erscheinungsbildes provozierte schnell, wie das in der Politik immer so ist, eine Gegenbewegung, die den politischen Charakter der neuen Kleiderordnung klar hervortreten ließ, und natürlich auch gegen den neuen moralischen Rigorismus protestierte. Mit dem Sturz Robespierres 1794 traten die *Incroyables* oder *Muscadins* auf: «unglaublich ornamentiert waren [ihre] [...] enganliegenden Jacken [...] – wie der aristokratische *juste au corps* – mit riesigen Kragen, dazu aristokratische Kniebundhosen mit Volantspitzen [...] Spektakulär trugen sie ihre wie im Ancien Régime gepuderten Haare lang an den Seiten und kurz im Nacken *a là victime* als Erinnerung an die Hingerichteten, denen zwecks leichteren Köpfens die Haare abgeschnitten wurden».[13] Die Konterrevolution trägt Seilahiku, wie die vorherige Kritik der Aufklärer am Absolutismus ja auch eine Stil- und dabei vor allem auch Frisurenkritik war, die auf die Abdankung der *great heads of hair* zielte und insbesondere die gepuderte Perücke zum Objekt ihres Spotts machte (siehe → **Locken im Wind**).[14]

Bei unserer heutigen demokratischen Kleiderordnung, die nun schon lange die höfische ersetzt hat, geht es aber nicht nur um schlichte Anpassung, jetzt von unten nach oben, sondern um ein delikates Ausbalancieren von Distinktion und Mimikry. Einerseits gilt: Der politische «Ehrgeiz mag brennend und anhaltend sein, aber er darf in der Regel nicht hoch hinauswollen» (Tocqueville) – zumindest nicht sichtbar hoch hinauswollen. Insofern ist in der Erscheinung des Politikers immer unbedingte Wählernähe zu berücksichtigen. Wer «seine Pfründen nur auf Zeit vom Souverän» erhält, kann «sich Volksferne ... überhaupt nicht leisten».[15] Das macht die politische Kleidung so gefährlich. Seit der Französischen Revolution gilt: «Ein falscher Handschuh zur falschen Zeit kann Karrieren beenden. Deshalb sind die meisten Politiker langweilig angezogen.»[16] Doch diese Uniformität des Erscheinungsbildes kann auch schließlich zum Eindruck vollständiger Austauschbarkeit und kompletter Stromlinienförmigkeit führen. Mit Blick auf die britischen Parteiführer Cameron *(Tory)*, Miliband *(Labour)* und Clegg *(Liberal Democrats)* schreibt die *Sunday Times*: «sie seien alle etwa gleich groß, gucken aus faltenlosen Gesichtern, benutzten die gleiche glattgeschliffene Verkaufssprache, tragen ähnlich geschnittenes braunes Haar und die gleichen dunklen Anzüge. Würden sie nicht zu bestimmten Gelegenheiten farblich festgelegte Krawatten umbinden – Cameron blau, Miliband rot, Clegg gelb –, hätten gelangweilte Beobachter Mühe, einen Unterschied festzustellen».[17]

Gefragt ist also einerseits kein zu konformes Erscheinungsbild, allerdings dürfen die zur Schau gestellten Vorlieben der politischen Handlungseliten sich aber auch nicht zu sehr den gemeinsamen Regeln, dem gemeinen Geschmack entziehen. Ist der Narzissmus als persönliche Antriebsfeder nicht zu übersehen, wird man angreifbar. Noch vor seiner Plagiatsaffäre wurde Karl-Theodor zu Guttenberg bei öffentlichen Auftritten regelmäßig von einer Spaß- und Spottfraktion mit «Gutti, du hast die Haare schön!»-Transparenten begleitet (→ Locken im Wind).[18]

Der Politiker darf sich dem Durchschnittswähler natürlich auch nicht restlos anverwandeln, damit sich dieser nicht schließlich fragt: Warum eigentlich jemanden wählen, der eine genauso mediokre Erscheinung ist wie ich? Das offensive Bekenntnis: «Ich bin ein Provinzpolitiker» (Winfried Kretschmann) verfängt insbesondere in der Provinz, ist aber ansonsten politisch gefährlich. Insofern verweist die Aufregung über Becks Flechtslipper wohl auch weniger auf die geschmackliche Verirrung, die in ihnen zum Ausdruck kommt, als auf die Irritation der Codes, die dann entsteht, wenn sich einer auf ihnen auf den Weg von Mainz nach Berlin macht.[19] Im Zuge des Rollenwandels vom rheinland-pfälzischen Landeskümmerer zum Parteivorsitzenden einer Bundespartei hätte Kurt Beck die Schuhe wechseln sollen – doch einen Medien- und Stilberater *nicht* zu haben, gehörte zu eben jenem Rollenbild, das er in Mainz zu kultivieren hatte.[20]

Der Politiker muss daher das beständige Wechselspiel

zwischen Nähe und Distanz fein austarieren – wohldosierte Home-Stories erfüllen diesen Zweck besonders gut, die Mediendemokratie diktiert der Politik Verhaltenslehren der Wärme. In diesen Jetzt-aber-mal-ganz-privat-Reportagen ist allerdings darauf zu achten, dass allem, was auf das Vertraute, auf das Gewöhnliche, auf das Alltägliche der Erscheinung zielt, ein subtiles Dementi beigefügt wird. Signalisiert wird sowohl «ich bin einer von euch» wie auch «ich bin keiner von euch». Dieser subtile Hinweis lässt sich am geschicktesten in seiner Verneinung verstecken: «Wenn ich im Kochtopf rühre (→ **Chlorhühnchen**), denke ich nicht jede Sekunde: Die Kanzlerin rührt im Kochtopf» (Angela Merkel). Nicht jede Sekunde – aber vielleicht jede zweite? Und: Ich denke das zwar nicht, aber ihr doch wohl sicherlich.

Die Zeitungsnachricht in der Rubrik «Vermischtes» bringt die Überraschung. Auch Politiker machen Urlaub (und dies womöglich nicht auf Sardinien, auf Einladung von «Caro Silvio» wie Tony & Cherie Blair, sondern weniger mondän im verregneten Bath wie Gordon Brown). Solche Nachrichten suggerieren einerseits, es gebe keine Schranken, keinen Unterschied. Dass dies aber zur Nachricht taugt, ist derjenige Teil, der die Schranken sofort wieder errichtet, denn dem Leser ist andererseits bewusst, dass von seinem Urlaub keine Zeitungsnotiz zu haben wäre. Roland Barthes qualifiziert das in *Mythen des Alltags* (1957) als einen «alten Kniff sämtlicher Hagiographien». Die mitgeteilten «Vertraulichkeiten des Alltags» entrücken den Politiker «per Saldo» ein «wenig mehr dieser Erde in Richtung seiner himmlischen Wohnstätten. [...] Die spektakuläre Verbindung von so viel Noblesse und so viel Nichtigkeit bedeutet, daß man noch an den Widerspruch zwischen beidem glaubt: so phantastisch wie als Ganzes ist auch jede seiner beiden Seiten.»

Der stetige Blick auf die Popularitätswerte motiviert die Nähe zur Populärkultur, und das auch nicht erst seit heute, sondern seitdem die Zustimmung der Menge als primäres Prinzip politischer Herrschaftslegitimation etabliert ist. Wir verdanken der Nähe von Massendemokratie und Populärkultur Schlagzeilen wie von Max Goldt ausgedacht: «Umweltminister besucht Justin Biebers (→ **Kapuzineräffchen Mally**) im Tierheim».[21] Die Populärkultur «liefert der politischen Klasse die ästhetische Sprache und Identifikationsfiguren, um das von ihr verkörperte Gemeinwesen und dessen Grundwerte symbolisch wie exemplarisch darzustellen.»[22] Hochkultur geht politisch nur, wenn sie bereits massenkompatibel, also eigentlich Populärkultur ist. Hat erst Thomas Gottschalk Merkel Bayreuth-fähig gemacht? Allein bei Rudolf Scharping dürften wir annehmen, dass sein öffentliches Bekenntnis, Fan der Gruppe Pur zu sein,[23] kein Ausdruck eines auf potenzielle Wählermassen schielenden Kalküls ist, sondern authentischer Ausdruck einer Bedürftigkeit – wenn schon nicht des Geistes, dann aber mit Sicherheit des Geschmacks.

In der Demokratie folgt die politische Elite einer neuen Art des demonstrativen Konsums. Deren Adressat ist nicht mehr der Herrschernachbar, dem man im Splendor-Überbietungswettbewerb verbunden ist, sondern der gedachte ideale Gesamtnachbar als potenzieller Wähler. Dass man ihm – dem Durchschnittsbürger – verbunden ist, seine Sorgen teilt, ihn versteht, bedarf öffentlicher symbolischer Festlegungen durch Nachrichten wie jene, dass Tony Blair seine Kinder auf eine staatliche, nicht auf eine Privatschule schickt. Der Nachbar in seiner Eigenschaft als (Wahl-)Bürger ist die maßgebende Referenzkategorie des Politischen, personifiziert etwa wie in England als «Worcester woman» oder als «Mondeo man» – Stereotype, von Meinungsforschungsinstituten aus ihren Umfragedaten destilliert, oder von Politikern erfundene Mittelschichttypisierungen, die es dort abzuholen gilt, wo sie sich gerade befinden: üblicherweise vor ihrem bescheidenen Reihenhaus, mit der Wäsche ihres Ford Mondeo beschäftigt.[24] Diese Mittelschicht ist mithin auch in Geschmacks- und Erscheinungsfragen politisch maßgebend geworden, gibt die Rollenbeschreibung vor, wenn sich der Politiker als «Privatmensch» zeigen will (→ **Burg Wulffenstein**).

Damit sind sogar zunehmend die Maßstäbe für die Formen repräsentativer Außendarstellung politischer Herrschaft vorgegeben, die schrittweise unter das Primat der Innenpolitik gerät – selbst im stilbewussten Frankreich. Mit der angeordneten Versteigerung der exklusiven Weinsammlung des Élysée-Palasts will François Hollande dem Wahlvolk signalisieren, dass man die Zeichen der Zeit erkannt hat und bei Staatsbesuchen in Krisenzeiten nicht mehr Bordeaux im Preissegment von 2000 bis 3000 Euro pro Flasche ausschenkt (→ **Hard work, Softdrink**). Die hierzu passende Beobachtung, dass der Staat heute «nicht mehr nach außen gekehrte sonnenartige Macht, Fülle und Größe» ist, sondern «nach innen gekehrte undarstellbare Freiheit, Gleichheit und allgemeiner Wille»,[25] wäre aber dahingehend zu ergänzen, dass sich Gleichheit sehr wohl darstellen lässt und sie auch alltäglich politisch dargestellt wird – offensichtlich so erfolgreich, dass gar nicht mehr die Darstellungsanstrengung wahrgenommen wird. Zudem zeigt sich, dass die politische Repräsentation der Gleichheit nach innen auch zunehmend auf die Repräsentation nach außen abfärbt. Heute lautet die Maxime, möglichst unrepräsentativ zu repräsentieren – ein *low profile* der Darstellung, das aber deswegen doch nicht weniger ein Profil ist.

Die höchste Ehrerbietung dem fremden Staatsgast gegenüber (→ **Gullydeckel**) liegt daher heute nicht mehr in der Maximierung offiziellen Pomps mit Militärparade, festlichem Einzug in die illuminierte Residenzstadt, höfischem Gastmahl, Feuerwerk, Ball und Konzert, sondern in der betonten Inszenierung privater Vertrautheit. Bush gewährte ausgewählten Gästen das Privileg der Übernachtung auf seiner Prairie Chapel Ranch in Texas oder das der Einladung auf den Landsitz der Familie in Kennebunkport in Maine, mit Kanutour, Angeln und *BBQ with George Double-U*. Schröder oder Kohl luden ausgewählte Gäste in ihre gewollt unprätentiösen Hannoveraner beziehungsweise Oggersheimer Mittelschichthäuser (→ **Burg Wulffenstein**). Die Kleidung ist betont leger, das Essen regional und eher deftig (→ **Chlorhühnchen**), die Anwesenheit von Haustieren, Ehepartnern und gegebenenfalls Kindern ist erwünscht. Sie runden das private Bild ab. «Weltpolitik, ganz familiär» – so die Website der Bundesregierung anlässlich des Cameron-Besuches mit Ehefrau Samantha und den drei Kindern in Meseberg im April 2013. Donald Trump lädt den japanischen Premier Shinzo Abe ebenso wie sein chinesisches Pendant Xi Jingping nach Florida, in sein Freizeitdomizil Mar-a-Lago ein – nicht aber Merkel.

Noch in Obamas Amtszeit war Chinas Ministerpräsident in die Vereinigten Staaten zum «Gipfel der offenen Hemdkragen» gereist, damals traf man sich auf der Rancho Mirage, einer opulenten Freizeitanlage zweihundert Kilometer südöstlich von Los Angeles: Die «Vereinbarung, auf Sakkos und Krawatten zu verzichten und sich stattdessen hemdsärmelig und mit geöffnetem Hemdkragen zu zeigen, sollte Entspannung und persönliche Wärme signalisieren».[26] Es geht, so heißt es, erst einmal um gegenseitiges Kennenlernen. Mit dieser Begründung muss die Inszenierung einer «Idee der Staatsfreundschaft» allerdings rätselhaft bleiben – «als gäbe es einen Bereich des Politischen, der unangreifbar und frei ist vom Egoismus der Macht» (Henning Ritter). Es ist eine bizarre Vorstellung, bei den von riesigen Mitarbeiterstäben minuziös vorbereiteten Treffen, auf denen die wirtschafts- und sicherheitspolitischen Interessen der beteiligten Staaten einander gegenüber gestellt werden, die selbst in langwierigen internen Abstimmungsprozessen gewonnen wurden, komme es irgendwie nur auf die ganz persönliche und zufällige

Chemie zwischen zwei Personen an, die an der Spitze ihrer Staaten stehen.

Vielmehr zeigt die Vorherrschaft des Informellen, dass die symbolisch so eminent wichtige Idee der zwischenstaatlichen Gleichwertigkeit, der sogenannten Augenhöhe, heute nur noch mit der der Innenpolitik entlehnten Semantik demokratischer Gleichheit ausgedrückt werden kann – was auch das offensichtliche Paradox erklärt, dass die Gleichheitssemantik erst durch ihre ungleiche Anwendung ihre spezifische Aussagekraft erhält, ist doch das vertrauliche Treffen «ein ganz besonderes Privileg», das nur wenigen, eben ganz besonders wichtigen Staatsgästen gewährt wird.[27] Zur Anwendung kommt eine differenzierte, fein abgestufte Palette von Gesten der Vertrautheit und des Privaten: «ein Empfang im privaten Umfeld [zählt] mehr als ein Abendessen in einem offiziellen Gästehaus. Ein Treffen in einem kleinen Restaurant liegt dazwischen; dessen politischer Wert steigt mit dem Grad tatsächlicher oder vermeintlicher Spontanität».[28] Dass man per Du ist, definiert das Mindestmaß einer staatsöffentlich dokumentierten Politik der Freundschaft unter gleichrangigen Nationen.[29]

Das Primat des Lässigen, das zunehmend die internationalen Gipfeltreffen prägt (→ **Gullydeckel**), hat allerdings zu berücksichtigen, ob die mediale Rückbindung der Treffen an eine heimische Öffentlichkeit der Inszenierung privater Vertrautheit möglicherweise Grenzen setzt. Auf dem G7-Treffen im Jahr 1997 verweigerte sich Kanzler Kohl, selbst ein Meister der «Zeichenordnung des Informellen» (graue Strickjacke!), beharrlich dem Drängen Bill Clintons, zum Abschlussdiner in Cowboystiefeln zu erscheinen, in der begründeten Vermutung, dass er im Westernoutfit wohl keine besonders vorteilhafte Figur abgeben würde. Er ging als «ungestiefelter Kanzler» in die Geschichte der Gipfeldiplomatie ein.

Die Demokratie zu denken, so heißt es, bedeute, den Erstbesten, irgendwen, einen Beliebigen zu denken. In ihrer öffentlichen Erscheinung wird diese Maxime von den politischen Repräsentanten peinlich befolgt, wenn auch unter Beimischung des dezenten Signals: unter den Erstbesten sind wir die Besten. Wir ähneln – trotz unserer himmlischen Wohnstätten – den ganz normalen Menschen.

G

Gullydeckel
(und Kokosnüsse – und Kamele)

«Sie hier? Na, das nennt man aber eine Überraschung!» Im *Hospital for Overacting* gibt es eine Notaufnahme nur für sie allein: Hillary Clinton.

Der Staatsbesuch hat immer etwas von einer Eroberung, Besitz- oder Landnahme – einer Invasion eines fremden Landes. Er ist also zeremoniell ein prekärer Vorgang. Bezeichnenderweise wurde im Mittelalter der Einzug des neuen Bischofs von Rom in die Stadt zunächst *Processio* genannt und später in *Possessio* – Inbesitznahme – umbenannt.[1] Er erfolgte auch nicht auf direktem Wege, sondern in großen Kreisbewegungen, teilweise als Umrundung der Stadtmauern, die diesen Prozess der Inbesitznahme symbolisierten.

2003, beim London-Besuch des US-Präsidenten George W. Bush, sollte ein Hubschrauber Tag und Nacht über dem Buckingham-Palast schweben, in dem der Präsident untergebracht war. Der Bannkreis um den fremden Herrscher wird zu Wasser, zu Land und in der Luft gezogen, er markiert ein exterritoriales Gebiet im Gastland – und die Ausbreitung im Raum zeigt den Machtanspruch des Besuchers an. Doch dem Eindruck der Landnahme muss symbolisch entgegengewirkt werden, er muss zeremoniell entschärft werden. Bei Monarchenbegegnungen war es daher als «Milderungsritual» üblich, dass König oder Kaiser wechselseitig die (Feldmarschall-)Uniform der jeweiligen Gegenseite anlegten, die sie begleitenden Mitglieder des militärischen Stabs schmückten sich zumindest mit den Orden und militärischen Ehrenzeichen der Gegenseite.[2] Es erschien als moderne Spielart dieser Geste, als Bundespräsident Köhler und der polnische Präsident Kaczyński sich im Februar 2007 im Finale der Handball-Weltmeisterschaft zwischen Deutschland und Polen den Fanschal der jeweils anderen Mannschaft über die Schultern legten. Auch dem legendären Händedruck zwischen Mitterrand und Kohl 1984 auf dem Soldatenfriedhof von Verdun war ein solches Milderungsritual vorangegangen. Zuvor hatte nämlich der Leiter des deutschen Stabsmusikkorps spontan einen Aufgabentausch angeregt: die Bundeswehr würde die *Marseillaise* spielen, die *Garde Républicaine* hingegen die deutsche Nationalhymne.[3] Und das Versace-Kleid von Michelle Obama beim Gala-Dinner für Mario Renzi weist auf die Tradition hin, dass die First Lady des US-Präsidenten bei Staatsbanketten ein Kleid eines Designers aus dem Land des Gastes trägt.[4]

Und warum immer Kinder, Busladungen von Kindern, die den Weg säumen und mit Fähnchen schwenken? Auch dieses Zeremonie-Element hat Tradition.[5] Im Mittelalter stand am Anfang des triumphalen Einzugs des Herrschers oder Eroberers in die Stadt zunächst eine Unterwerfungsgeste: ihm wurden die Schlüssel der Stadt überreicht. Manchmal wurde dies durch eine noch dramatischere Geste überboten: der Herrscher zog nicht durch eines der Stadttore ein, sondern für ihn wurde extra ein Loch in die Stadtmauer geschlagen, durch das er einziehen konnte. Dies symbolisierte die vollkommene Wehrlosigkeit, bedingungslose Unterwerfung und Übereignung der Stadt an ihn. Das Überschreiten der Stadtgrenze war ein besonders kritischer Moment und war mit einem Reinigungsritual verbunden: einem Kleidungswechsel, denn die mit einem Triumphzug einziehende Person wurde ursprünglich als eine unreine Person angesehen, befleckt vom Blut seiner Opfer.[6] Die Einzigen, die in der Lage schienen, diese unreine, gefährliche Person zu empfangen, waren Kinder, selber unschuldig, noch vor der Pubertät und damit ohne Sünde. Dass sie ursprünglich Olivenzweige trugen, weist darauf hin, dass es darum ging, die potenzielle Gefahr rituell zu bannen.

Beim Deutschlandbesuch von US-Präsident Bush im Februar 2005 wurden in Mainz im Zuge umfangreicher Sicherheitsmaßnahmen 1300 Gullydeckel zugeschweißt. Wie es heißt, konnten die Schweißnähte mit einem einfachen Fußtritt wieder aufgetrennt werden. Es ist auch nicht bekannt, dass die Stadt Mainz nach dem Besuch 1300 Gullydeckel als zukünftig unbrauchbar entsorgt hätte. Abgehängte Papierkörbe, verschweißte Kanaldeckel, gesperrte Straßen, zeitliche Überflug- und Ausgangsverbote, abgeschaltete Mobilfunknetze, Fenster entlang der Fahrtstrecke sind geschlossen zu halten – was als Sicherheitsmaßnahme deklariert wird, hat zugleich eine offenkundige symbolische Dimension: der Ausnahme*status* des politischen Besuchs bemisst sich nach dem Ausnahme*zustand*, in den er das besuchte Land zu versetzen in der Lage ist. Dem muss sich auch die unbestechliche Natur beugen: «Barack Obama soll vor herabfallenden Kokosnüssen geschützt werden. Am Mahatma-Gandhi-Museum in Bombay, das Obama am Wochenende besuchen will, seien vorsichtshalber alle Früchte von den Kokospalmen geerntet worden [...] Die Sicherheitsmaßnahme sei mit amerikanischen Sicherheitsexperten beschlossen worden».[7]

Diese Details des Zeremoniells bei heutigen Gipfeltreffen mögen noch einen Eindruck davon vermitteln, welche delikaten protokollarischen Fragen bei Herrscherbegegnungen zu klären waren, als das Prinzip grundsätzlicher Egalität der Staaten untereinander noch nicht fraglos akzeptiert war. Hier verlangte die monarchische Statushysterie unter der Bedingung dynastischer Rivalität zwischen den europäischen Königshäusern auch schon einmal den Landschaftseingriff: Beim Treffen zwischen Heinrich VIII. und Franz I. von Frankreich im Jahre 1520 mussten am Ort des Treffens zwei exakt gleich hohe Erdhügel aufgeworfen werden, damit die Landschaft für keinerlei Vermutung der Rangdifferenz Anlass gäbe.[8] In Zeiten der Gleichrangigkeit souveräner Nationalstaaten hingegen – so scheint es – sind Fragen des protokollarischen Vorrangs prinzipiell nicht mehr zulässig und treten deshalb teilweise in Form von Sicherheitsfragen wieder auf. Der signalisierte Machtanspruch ist trotzdem unmissverständlich. Er lautet: Jenseits der völkerrechtlichen Gleichheitsfiktion herrscht eine faktische Machtordnung, die weiterhin nach repräsentativem Ausdruck sucht. Daher finden sich auch heute noch die zwischenstaatlichen Verhältnisse quasi personalisiert, und in der Form des Staatsbesuchs wird Macht – im doppelten Sinne des Wortes – *behauptet*. Dieser Eindruck zumindest vermittelte sich dem Beobachter des Bush-Besuchs in Deutschland schon bei dessen Ankunft am Flughafen Frankfurt: «In einer geradezu absolutistisch anmutenden Herrschaftsgeste machte er klar, dass er sich nicht an eingefahrene Wege zu halten gedenke, und ließ seine Wagenkolonne quer über sämtliche Rollbahnen des zu diesem Zweck gesperrten Flughafens abrauschen.»[9] Mit der variablen Handhabung der Sicherheitsmaßnahmen lassen sich auch subtile politische Botschaften verbinden. War die halbe Mainzer Innenstadt anlässlich des Präsidentenbesuchs «aus Sicherheitsgründen» evakuiert, so sprachen anscheinend einen Tag später, auf der nächsten Station des Präsidenten in Bratislava, keinerlei Sicherheitsbedenken gegen ein ausgiebiges «Bad in der Menge».[10]

Bei heutigen Treffen der *head of states* findet sich das monarchische Zeremoniell gleichsam invertiert. Die höchste Ehrerbietung dem Staatsgast gegenüber liegt nicht mehr in der Maximierung offiziellen Pomps, sondern in der öffentlichen Inszenierung privater Vertrautheit (→ **Flechtslipper**). Doch sollte der Eindruck eines unprätentiösen «privaten» Rahmens nicht darüber hinwegtäuschen, dass es sich um durcharrangierte Ereignisse mit präzisem politischen Nachrichtenwert handelt, deren theatralische Dimension viel über die Gesetzmäßigkeiten demokratischer Repräsentation aussagt. Was sich hier als Treffen privater Natur präsentiert, heißt doch nur, dass das «Privatleben» der Herrscherpersonen öffentlich ist, öffentlich inszeniert wird.[11]

Hat sich auch das zeremonielle Zeichensystem grundlegend geändert, so ist doch die angestrebte Nachricht dieselbe geblieben. Es geht um die Darstellung von Völkerfreundschaft und staatliche Gleichrangigkeit, Akzeptanz der Nation und Bestätigung der Macht. Während lange Zeit das Protokoll demokratischer Staaten gleichsam parasitär von der überkommenen Zeremonialpraxis der europäischen Höfe lebte, so bildet sich in den «privaten» Begegnungen der Staatsführer nun offensichtlich ein eigenständiges demokratisches Bedeutungssystem aus. Das Foto vom gemeinsamen Grillabend lässt sich heute einfacher deuten als der offizielle Trinkspruch anlässlich eines Staatsbanketts. 1559, in ihrem ersten Regierungsjahr, hatte Königin Elizabeth I. die Darstellung von lebenden Herrscherpersonen in Theateraufführungen verboten. Der Königshof fürchtete, dass durch die Darstellung im Theater «Größe vertraut gemacht» würde. Nichts verdeutlicht besser die Distanz, die seitdem zurückgelegt wurde, denn heute geht es in den theatralischen Aufführungen der Staatsbesuche doch vor allem genau darum: Größe vertraut erscheinen zu lassen.

Zugleich passt sich auch das höfische Zeremoniell den neuen Gegebenheiten an. 1898, als der französische Präsident Félix Faure der englischen Königin Victoria an ihrem Urlaubsort an der Riviera seine Aufwartung machte, verweigerte sie ihm eine unter den monarchischen Herrschaften selbstverständliche Ehrenbezeugung: die persönliche Begrüßung am Fuße der Treppe, denn dem Staatsoberhaupt einer Republik konnte kein gleicher Rang zugebilligt werden.[12] So war auch der Besuch von George W. Bush im Jahr 2003 tatsächlich der erste offizielle Staatsbesuch eines amerikanischen Präsidenten unter Königin Elizabeth II.! Seit Beginn ihrer Regentschaft 1952 hatte die Queen zwar alle amerikanischen Präsidenten in London empfangen. Aber diese Besuche waren ausnahmslos als Arbeitsbesuche deklariert worden. Erst George W. Bush kam in den Genuss des kompletten königlichen Protokolls, mit Salutschüssen zur Begrüßung, Übernachtung in den Räumen des Buckingham-Palastes, Einladung an die Tafel der königlichen Familie und der Fahrt in offener Kutsche über die Prachtstraße *The Mall*. Letztere musste jedoch aus Angst vor Anschlägen ausfallen.[13]

Aber welches Protokoll findet für das Verhältnis von formeller und faktischer Souveränität den angemessenen Ausdruck? Zwischen souveränen Staaten kann jederzeit die Fiktion vollständiger Statusgleichheit aufrechterhalten werden – aber weder die IWF-Chefin Christine Lagarde noch EZB-Präsident Mario

Draghi empfingen den griechischen Finanzminister persönlich vor dem Eingang des Währungsfonds bzw. der Zentralbank.

Das Wichtigste an einem Staatsbesuch ist oft das Foto von ihm: «In Genf tagt der Völkerbundkongreß. Er dient dazu, die Herren Stresemann und Briand vor dem Hoteleingang im Gespräch zu zeigen» – so notierte das Siegfried Kracauer schon 1927 in *Das Ornament der Masse.*[14] Die inhaltlichen Entscheidungen sind lange zuvor auf politischer Arbeitsebene abgeklärt. Eine solche Vorklärung ist überhaupt die Voraussetzung dafür, dass der Besuch stattfinden kann, alles andere wäre für die Beteiligten eine politisch zu riskante Aufführung. Die gemeinsamen Erklärungen sind bereits im Vorfeld Satz für Satz, Wort für Wort abgesprochen – für die Beteiligten ist das Treffen weitgehend überraschungsfrei. Doch trotzdem oder gerade deswegen liegt der Nachrichtenwert der Zusammenkunft auf einer anderen, bildlichen und symbolischen Ebene.

Der Staatsbesuch mit seinen Gesten, seiner Abfolge von inszenierten Ereignissen, seinen Vorschriften über die Bewegung des politischen Personals in Raum und Zeit ist kein leeres Ritual, sondern bedient ein eigenes Zeichensystem. Aus ihm gibt es politisch kein Entkommen. Man kann sagen: Kein Besuch ist auch keine Lösung. Die Staatsbesuche erinnern uns an die einfache Wahrheit, dass Macht ohne Selbstdarstellung schlechthin nicht vorstellbar ist: «Keine Macht, die nicht ostentativ wäre» (Claude Lefort).

So folgen die Bilder von den Treffen der Staatsoberhäupter einer eigenen Logik. In seiner Funktion als Vizepräsident besuchte George Bush senior auf seiner Nahostreise 1986 auch einige Tage Jordanien. Dabei hatte sich

> «das Bushsche Organisationsteam in Amman recht direkt um bildwirksame Sujets für die mitreisende Presse bemüht

und eine Reihe konkreter Wünsche vorgelegt: So sollte die jordanische Militärkapelle rote statt weiße Uniformen tragen; die Jordanier, die nicht genügend Hubschrauber besaßen, um alle Presseleute zu transportieren, sollten sich welche bei der israelischen Luftwaffe ausleihen; die Jordanier sollten ein Manöver in einem sicherheitsrelevanten Gebiet mit Blick auf Israel und die Golanhöhen durchführen, damit der amerikanische Vizepräsident in einem Ambiente militärischer Live-Action gezeigt werden konnte; an diesem Militärstützpunkt sollten die Jordanier die amerikanische Flagge hissen, und Bush sollte dabei fotografiert werden, wie er mit einem Feldstecher ins ‹Feindesland› hinüberspähte – eine Aufnahme, die letzten Endes vom amerikanischen Außenministerium untersagt wurde, da es sich bei dem ‹Feindesland› hinterm Fernglas um Israel handelte; und, vielleicht das verblüffendste Detail dieses Forderungskatalogs: bei jedem Halt auf dieser Reise sollten Kamele bereitstehen.»[15]

Bereits das Entstehen jenes politischen Zusammenhangs zwischen Gipfeldiplomatie und ihrer medialen Vermittlung per Pressefoto und Zeitungsbericht findet sich scharf beobachtet. In der kurzen Erzählung *Blumfeld, ein älterer Junggeselle* schildert Franz Kafka 1915, wie der Junggeselle gedankenverloren in einer «französischen Zeitschrift» blättert.

«Er findet dort ein großes Bild. … Es stellt die Begegnung zwischen dem Kaiser von Russland und dem Präsidenten Frankreichs dar. Sie findet auf einem Schiff statt. … Beide, der Kaiser und der Präsident, sind eben in langen Schritten einander entgegengeeilt und fassen einander gerade bei der Hand. Gegenüber den freudigen Gesichtern des Kaisers und des Präsidenten sind die Gesichter der Begleiter sehr ernst,

> die Blicke jeder Begleitgruppe vereinigen sich auf ihren Herrscher.»

Blumfeld, so heißt es weiter,

> «hat immer viel Sinn für solche großartige Szenen gehabt. Dass die Hauptpersonen so unbefangen, so herzlich und leichtsinnig einander die Hände drücken, findet er sehr wahrheitsgetreu. Und ebenso richtig ist es, dass die Begleiter … in ihrer Haltung den Ernst des historischen Augenblicks wahren».

Was der Leser nicht erfährt: das geschilderte Treffen auf See zwischen Zar Nikolaus II. und dem französischen Präsidenten Raymond Poincaré hat tatsächlich stattgefunden, vom 20. bis zum 23. Juli 1914. Am 23. Juli wurde das österreichische Ultimatum gegenüber Serbien bekannt, der Erste Weltkrieg brach fünf Tage später aus. Von diesem wahrhaft historischen Augenblick wie vollkommen losgelöst, wie mit ihm vollständig unverbunden erscheint das Bild vom «herzlichen, unbefangenen» Händeschütteln zweier Staatsoberhäupter, es ist die kolportierte Oberfläche einer Zusammenkunft, an der nichts «wahrheitsgetreu» und «unbefangen» ist. Die Wahrheit dieser Zusammenkunft sieht man nicht, und was in der Berichterstattung den Anschein der Wahrheit erweckt, verdeckt den Sinn des historischen Augenblicks, statt ihn offenzulegen.[16]

H

Hard work, Softdrink[1]

«Au revoir ivresse, bonjour tristesse!» Auch Nicolas Sarkozy kann sich dem Prozess der großen politischen Ernüchterung nicht entziehen. Apropos Entzug:

«Hol' mir mal 'ne Flasche Bier, sonst streik ich hier»[2] – Gerhard Schröders Macker-Sprüche (→ **Chlorhühnchen**) kann man heute aufgrund der fortschreitenden Feminisierung und Vermittelschichtisierung der SPD-Wählerschaft getrost als Audiofiles im Museum der Deutschen Sozialdemokratie archivieren. Nils Schmid, falls der Name jemandem etwas sagt, trinkt keinen Alkohol. Nie. Vermutlich trägt er stattdessen ein Fitnessarmband – und sammelt Fleißkärtchen. Die Beamten des baden-württembergischen Finanzministeriums attestierten ihm zumindest, sich in intrikaten Details des föderalen Finanzausgleichs vergleichsweise gut auszukennen. Lob von Bürokrat zu Bürokrat. Schmid – Anzugträger, Haushaltssanierer und «bekennender Volvic-Genießer» *(FAZ)*, der mit dem durchschnittlichen Kfz-Mechaniker ungefähr so viele Milieuüberschneidungen aufweist wie Judith Butler mit Heidi Klum – hat die baden-württembergische SPD in der Landtagswahl vom März 2016 erfolgreich auf ihren historischen Tiefstand geführt: 12,7 Prozent, mehr als zwei Prozent hinter den 15,1 der AfD. Und das ist vielleicht noch nicht einmal sein alleiniges Verdienst. Um die heutigen Mittelschichtfrauen konkurrieren halt irgendwie alle – die CDU, die Liberalen, die Grünen, die SPD. Da kann es schon mal etwas eng werden. Nur die biertrinkenden Männer aus den unteren Einkommensschichten, die will keiner mehr repräsentieren – ist ja eh eine zahlenmäßig abnehmende (aber zugleich wegen Bier und wegen kein Fitnessarmband gewichtsmäßig zunehmende) Klientel. Dass die zum Schluss bei der AfD landen, ist dann auch nicht mehr weiter verwunderlich. Dort dienen sie dann der SPD, wie auch allen anderen Parteien, nur noch für die Inszenierung eines billigen «Puritanismus des guten Gefühls»,[3] also für Moral als Politik-Ersatz: mit so einem Pack will man als anständiger Demokrat natürlich nicht einmal mehr reden müssen.

So trifft auch für Deutschland langsam zu, was in den meisten westeuropäischen Ländern schon seit längerem gilt: die Rechtspopulisten werden zur einzig verbliebenen Partei der Arbeiterklasse.[4] Erstaunlich, wie umstandslos sich in den Augen auch und gerade der Linken das Proletariat vom revolutionären zum höchst verdächtigen Subjekt wandeln konnte – irgendwie lag der Marxismus aber auch mit allen seinen Vorhersagen falsch. Aber vielleicht liegt ja der Ausschluss des Proletariats aus der Gemeinschaft der Recht- bzw. Linksgläubigen auch nur an der Verbürgerlichung der Linken? Die Repräsentationsleerstelle, die eine Mittelschichten-Sozialdemokratie hinterlässt, wird nun auf alle Fälle von anderen gefüllt. Deswegen zeigt sich Nigel Farage von der britischen UKIP so gerne im Pub und grundsätzlich mit Bierglas und Zigarette.[5] Es ist das Zepter dieses neuen *king of populism*. Es erhebt diesen neuen Typus des Populisten, so *The Telegraph*, über die *run-of-the-mill bores who dominate politics*, die mittelmäßigen Langweiler, die pasteurisierten Politiker, die so ängstlich um ihr öffentliches Erscheinungsbild besorgt sind, dass sie sich noch nicht mal in der Nähe eines Likörglases fotografieren lassen würden – sprich über die Nils Schmids dieser Welt. Das penetrant bekennerhafte Abstinenzlertum eines Jeremy Corbyn (→ **Soundbites**) tut ein Übriges, um britische Arbeiter aus der *Labour Party* und in die *UKIP* zu treiben. So wiederholt sich Geschichte: als die britische Temperenzlerbewegung, die im protestantischen Nonkonformismus wurzelte, um die Jahrhundertwende von der im Niedergang befindlichen *Liberal* zur aufsteigenden *Labour Party* wechselte, war der *working class tory* geboren, also der Arbeiter, der nun konservativ wählte, weil er sich von den religiösen Eiferern *Labours* nicht sein *gin & beer* und seine Hunderennen verbieten lassen wollte.

Auch in Deutschland ist der Stammtisch irgendwann zu einer politischen *no-go area* geworden, denn dort herrschen ja bekanntlich, wie eklig, Stammtischparolen. Und dann hat sich auch der Internationale Frühschoppen aus der bundesdeutschen Politik verabschiedet, und wir bekamen stattdessen den garantiert alkohol- und nikotinfreien ARD-Presseclub. Die Mittelschicht geht halt nicht mehr in Kneipen und trinkt auch keinesfalls schon zur Mittagszeit Alkohol. Sie will aber weiterhin ganz fest daran glauben, politische Absprachen würden grundsätzlich dort, in Kneipen, in – selbstverständlich stark verrauchten – Hinterzimmern getroffen (→ **Rotunda**). Die Kneipe, sie steht für einen «gewissen Lebensstil», der «in den späten achtziger Jahren [...]

vom grassierenden Lifestyle bedroht (und dann ja auch erfolgreich ins Prekariat abgedrängt) wurde.»[6] Die Mittelschicht will mit so was nichts mehr am Hut haben. Das ergibt das bizarre Bild einer Volksherrschaft, in der das Etikett populistisch zur Diskreditierung des politischen Gegners bereits völlig auszureichen scheint. Die «Lufthoheit über den Stammtischen» anzustreben, das unterstellt man heute nur noch dem politischen Gegner, und es ist tatsächlich als Vorwurf gemeint. Die SPD selber gibt sich mittlerweile mit der «über den Kinderbetten» (Olaf Scholz) völlig zufrieden. Da braucht man sich über die 12,7 Prozent Stimmenanteil in Baden-Württemberg auch nicht mehr weiter zu wundern. Es passt ins Bild, dass eine Studie über die neuen rechtspopulistischen Parteien sie mit einem «drunken guest at a dinner party» vergleicht. Sie wüssten sich zwar nicht zu benehmen, aber sprächen doch Dinge an, die allen anderen peinlich sind.[7] Der nüchterne Rest schweigt lieber.

Sarkozy repräsentiert erkennbar ein anderes Milieu, das des Emporkömmlings. Président Bling-Bling[8] mit Promi-Frau (**→ Verlobungsringe**) – ohne Zweifel: Hier wäre das Mittel der Wahl Kokain. Das würde auch so manchen aufgeputschten Präsidentenauftritt erklären helfen: «hinter einem wuchtigen Empire-Schreibtisch … ein Präsident, für den Stillsitzen eine solche Pein ist, dass er permanent seltsame Handbewegungen machen und das Gesicht verziehen musste … als leide er unter chronischem Sodbrennen»,[9] dazu «närrische Beine, die sich wie ein Perpetuum Mobile spreizen und wieder schließen»,[10] oder Füße, die so nervös auf und ab wippen, dass die Troddeln auf den Lederslippern wild herumhüpfen. Der *Spiegel* lästerte, Angela Merkel habe in Vorbereitung auf Treffen mit Sarkozy alte Louis-de-Funès-Filme angeschaut. Auch Sarkozy ist dem Vernehmen nach Abstinenzler, und man glaubt das sofort, denn was passiert, wenn man mit Putin ein paar Gläschen *Vodka Sarkoff* kippt, hatte er beim

G8-Treffen in Heiligendamm der Weltöffentlichkeit eindrucksvoll vorgeführt.[11]

Ansonsten aber weiß man über die Traumstoffe des politischen Führungspersonals relativ wenig. Gut, Clinton hat nicht inhaliert, und der ehemalige australische Labor-Premier Bob Hawke hielt den Weltrekord im Leeren eines *yard glass* Ale auf ex: 1,14 Liter in 12 Sekunden. Auch von Wolfgang Clement ist im Wesentlichen in Erinnerung, dass er ein umklappbares Zäpfchen besitzt und deswegen beim Wetttrinken faktisch unschlagbar ist.[12] Aber sonst? Reicht den anderen die Macht als Droge? Ein Drogenbericht der Bundesregierung müsste vermutlich festhalten: Alkohol deutlich auf dem Rückzug, schon lange keine CSU-Trunkenheitsfahrt mehr.[13] Stoiber («Ich will noch kein Glas Champagner öffnen»), der sich beim politischen Aschermittwoch und zu sonstigen bayerischen Bierzeltgelegenheiten Kamillentee als Bierimitat ins Glas schütten ließ, war da wohl so etwas wie eine Zäsur.[14] Dass Günther Beckstein im bayerischen Landtagswahlkampf 2008 Autofahren nach zwei Maß Bier für noch möglich erklärte, natürlich ohne das auch nur im Entferntesten für sich selbst in Betracht zu ziehen, war also nichts als die übliche bajuwarische Großspurigkeit, eine leicht sentimentale Erinnerung an eine «masculine pasttime», die verdecken soll, dass dieses Bierzeltmilieu sich selbst in der CSU mittlerweile im Rückzug befindet.[15]

Gut, ein bisschen Leistungsstimulanzien, Michael Hartmann (SPD) nahm Crystal Meth, auf den Bundestagstoiletten Spuren von Kokain,[16] aber wenn die Grünen sich für die Legalisierung von Cannabis einsetzen, gilt selbstverständlich für Ströbele als einen der Wortführer ihrer «Gebt das Hanf frei»-Kampagne: Er trinke nicht und rauche nicht und nehme auch sonst keine Drogen. Bei Cem Özdemir reicht es ebenfalls nur zum stellvertretenden Haschrebellentum. Routiniert absolviert er einen Fototermin auf einer Berliner Dachterrasse definitiv ohne inhaliert zu haben, aber mit einer strategisch im Hintergrund platzierten Hanfpflanze.[17] Aber ob die durchschnittliche Haschjule ein so subtiles Politstatement überhaupt mitbekommt? Und sich bis zur nächsten Wahl merken kann? Und überhaupt wählen geht? Na ja, jede Partei scheint so ihr eigenes Kamillentee-Äquivalent zu pflegen. Per Topfpflanze «ein politisches Zeichen setzen», das klingt schon nach grüner Kernkompetenz – aber vielleicht war das Zeichen ja auch nur selbstadressiert, gegen den inneren Oswald Metzger. Das wäre dann aber mal eine ironische Wendung: sich *wegen* Cannabis an etwas zu erinnern statt trotz, etwa, warum man eigentlich noch mal bei den Grünen und nicht bei der CDU Mitglied ist. Immerhin trinkt Özdemir Özdebier, und der Hopfen auf seiner Berliner Dachterrasse ist echt, die Hanfpflanze hingegen war nur ausgeliehen. Aber das mit dem Hopfen und dem Bier ist wohl eher als integrations- denn als drogenpolitisches Signal zu verstehen.[18] Wenn man sich um den Parteivorsitz bewirbt, muss man mittlerweile offensichtlich auch solche Mätzchen mitmachen.

Wird dann aber ein Grünen-Politiker mit echten Drogen erwischt, ist die Bestürzung groß, und das Bekenntnis, doch seit Jahrzehnten für eine liberale Drogenpolitik geworben zu haben, bringen die 0,6 mg einer «betäubungsmittelverdächtigen Substanz» auch nicht aus der Welt. Sie werden Volker Beck auch nicht als Ausweis einer bei Politikern seltenen und doch eigentlich lobenswerten Übereinstimmung von öffentlichem Reden und privatem Handeln angerechnet. In dieser Hinsicht leben wir mittlerweile, so scheint es, in Null-Toleranz-Zeiten. In anderer Hinsicht wird die Toleranz dafür anscheinend wieder größer. Der konservative US-Senator Jeff Sessions, Donald Trumps Berater in den Vorwahlen und jetzt US-Justizminister, äußert sich über sein Verhältnis zum Ku-Klux-Klan – und es war vermutlich als

Witz gemeint: «Ich fand sie ganz okay, bis ich erfuhr, dass sie Marihuana rauchen.»[19]

Täuscht der Eindruck, oder war früher nicht tatsächlich mehr los? Seit wann genau ist die Politik so bierernst geworden? John F. Kennedy hatte seinen Dr. Feelgood, der ihm Mengen an Meth-Amphetamin spritzte, von denen ein Volker #breakingbeck nur träumen kann.[20] Obendrauf gab es dann nach einem harten präsidialen Arbeitstag zum Entspannen abends auch gern mal eine Marihuana-Zigarette und auch den einen oder anderen Trip, alles das vor dem Hintergrund einer wirklich atemberaubenden Medikamentation: Phenobarbital gegen eine chronische Magenreizung, Kortison und Steroide gegen *Morbus Addison* (Nebenniereninsuffizienz), Schmerzmittel gegen die Rückenschmerzen, eine Reihe von Schlafmitteln gegen die Schlaflosigkeit, reichlich Antibiotika, schließlich Testosteron, das Kennedy in Kombination mit dem Amphetamin quasi dauerspitz machte. Und: «He enjoyed drinking, too», wie einer von JFKs Ärzten lakonisch vermerkte.[21] Substanzen in dieser Menge und Kombination lassen den durchschnittlichen Berghain-Besucher unserer Tage schon etwas blass aussehen.

Dass Kennedy nach einer Überdosis im Amphetamin-Vollrausch nackt auf einem New Yorker Hotelflur herumturnte, verdeutlicht den entscheidenden Unterschied zur heutigen Zeit: Man konnte das damals noch, im direkten Wortsinne, unter der Decke halten, obwohl eine ganze Reihe von Leuten vom Secret Service und einiges medizinisches Personal involviert waren, um den Präsidenten wieder unter Kontrolle zu bekommen,[22] in unseren Zeiten des Handyvideos ein völlig unvorstellbarer Vorgang. Nixon galt ebenfalls als eifriger *pill-popper* und ordentlicher Trinker. Aber der Exzess und Rausch der 1960er und 1970er führten dann mit einer gewissen Folgerichtigkeit zur verkaterten Tristesse der 2000er, also zur Diät-Cola für den trockenen Alkoholiker, *born-again christian* und Kriegsverbrecher[23] George W. Bush.

Das ist eine Entwicklung, die offensichtlich nicht auf die USA beschränkt ist: Ist man hinsichtlich der politischen Rauschmittel an verlässlichen Vergleichsindikatoren interessiert, könnte man den Prozess der großen politischen Ernüchterung auch an den Haushaltsreden des britischen Finanzministers rekonstruieren. Sein Privileg, dessen Ursprung nicht mehr so genau zu ermitteln ist: Er und nur er darf zu diesem und nur zu diesem Anlass im *House of Commons* Alkohol trinken. Der Trend bei den historisch verbürgten *despatch box drinks*, also den Getränken am Redepult des *House of Commons*, ist recht eindeutig: Sherry mit geschlagenem Ei (William Ewart Gladstone), Brandy und Wasser (Benjamin Disraeli), Gin Tonic (Geoffrey Howe), Spritzer (Nigel Lawson), Whiskey (Kenneth Clarke), Wasser (Gordon Brown), Wasser (Alistair Darling), und: Wasser (George Osborne).

Das Einsetzen der großen politischen Ernüchterung ließe sich demnach ungefähr auf die 1980er datieren,[24] die Zeit des Aufstiegs von Margaret Thatcher und des Endes des *long liquid lunch*. Es war die Zeit, in der die lange, lange Nachkriegsparty nun endgültig zu Ende gegangen, der Traum immerwährender Prosperität ausgeträumt war, und vielleicht wollte sich die politische Handlungselite, die nun nicht mehr Zuwächse, sondern Verluste zu verteilen hatte, ja nicht dem «Sie predigten öffentlich Wasser und tranken heimlich Wein»-Vorwurf ausgesetzt sehen. Die Zeit von Politikern wie dem Ulster-MP Gerry Fitt neigte sich nun ihrem Ende zu, der als ersten Drink des Tages immer einen Gin Tonic *ohne* Eis trank, weil er aufgrund seines Katers das Gegeneinanderschlagen der Eiswürfel im Glas nicht ertragen konnte. Es war auch die Zeit des Aufstiegs des Parlamentsfernsehens, dem weniger Dezenz im Umgang mit betrunkenen Parlamentariern möglich war als dem stenographischen Protokoll. Als der *Labour*-Abgeordnete Edwin Wainwright 1983 so betrunken war, dass er im *House of Commons* nur noch zusammenhanglos lallen konnte, vermerkte noch der Hansard, das Parlamentsprotokoll, mit bewunderungswürdiger britischer Zurückhaltung: «Mr. Wainwright machte eine Reihe von Beobachtungen».

Es gehörte aber ohnehin zum Comment des britischen Parlaments, dass Abgeordnete sich nicht untereinander der Trunkenheit bezichtigten, eine Regel, die sicherlich dem höflichen Umgang untereinander und der Reputation des Hauses dienlich war, obwohl die Einschätzung etwas übertrieben scheint: «Wäre ihnen erlaubt gewesen, auf ihr Betrunkensein hinzuweisen, hätten sie wohl wenig Zeit für irgendwas anderes gehabt.»[25] Aber insgesamt handelt es sich zweifellos um einen historischen Entzugsprozess! Eine neuere Churchill-Biographie – bezeichnenderweise mit dem Titel «No more champagne!» – listet im Jahr 1949 für Churchills Landsitz Chartwell allein für den Monat Mai, den Konsum von 454 Flaschen Champagner, 58 Flaschen Brandy, 56 Flaschen Black Label Whisky und 69 Portweinflaschen auf.[26] Churchills Enkel, (Sir Arthur) Nicholas (Winston) Soames, *Tory*-MP für Mid-Sussex, dem man seinen Hedonismus schon von weitem ansieht, erklärt hingegen, dass er das Trinken aufgegeben habe.[27]

Die historische Linie ließe sich natürlich auch noch weiter nach hinten verlängern. Fing nicht alles irgendwie mit Robespierres Tugendterror an und setzte sich dann im 19. und 20. Jahrhundert in der US-amerikanischen Temperenzlerbewegung fort, mit der Prohibition als Höhepunkt. Schon damals hatten die Mittelschichtfrauen irgendwie ihre Finger im Spiel, für die in der Prohibition Party das Wahlrecht für Frauen und das Alkoholverbot (für Männer) eng beieinanderliegende Forderungen waren.[28] Auch in England wurde für ein auf Meritokratie setzendes aufstrebendes Bürgertum der Zusammenhang zwischen herrschender Nichtsnutzerklasse und fehlender Selbstdisziplin sprichwörtlich: *Drunk as a Lord*. In der zweiten Hälfte des 19. Jahrhunderts traten Demokratie und Alkohol dann langsam auseinander. Das sogenannte *treating* der Wähler im Wahllokal (!), also ihre Versorgung mit Essen und insbesondere mit Getränken, war zentrales Element in der Praxis amerikanischer, britischer und französischer Wahlen. 1842 wurde diese Praxis in England als Wahlkorruption verboten. Bis in die 90er Jahre des 19. Jahrhunderts galt für Frankreichs Dritte Republik die grobe Regel: ein Parlamentssitz = 500 Gläser Wein. Das Verbot des *treating* wurde schließlich in einer Reihe von Staaten zu elektoralen Karenzregeln verallgemeinert, die für gewisse Zeiträume vor und nach der Wahl die Schließung von Kneipen verordnen und jeden Ausschank von Alkohol verbieten (→ Jornada de Reflexión),[29] um den exzessiven Alkoholkonsum vor der Wahl und die obligatorischen Schlägereien nach der Wahl zu verhindern. In einer gängigen Erzählung war es die Ausweitung des Wahlrechts, durch die Alkohol seine Rolle als effektives Wählermobilisierungsinstrument verlor,[30] vor allem, weil eine wirkliche Wählerbeeinflussung nun recht teuer wurde – wem man da alles einen Drink hätte spendieren müssen. Aber vielleicht war es ja auch nur so, dass steigende Löhne und sinkende Alkoholpreise es nun den Wählern auch der unteren Einkommensschichten erlaubten, mit dem Besäufnis nicht bis zur nächsten Wahl warten zu müssen.

Heute, in Zeiten der WHO-Trinkmengenempfehlungen, in denen die Mittelschicht vollauf mit Selbstoptimierung beschäftigt ist, ist der Alkohol, und sind auch andere Drogen, aus der Politik weitgehend verschwunden – auf Seiten der Wähler, aber natürlich umso mehr auf Seiten der Repräsentanten, die uns bekanntlich ja nur von unserer besten Seite repräsentieren sollen. «Order, Order!»-Rufe im Westminster Palace kommen heute nicht mehr aus der Parliament's Stranger Bar (die ein «Way out»-Schild auch auf Fußhöhe anbrachte, zur Orientierung derjenigen Abgeordneten, die die Bar auf allen vieren verlassen wollten). Theresa May betonte in ihrer Bewerbungsrede für die Cameron-Nachfolge, dass sie abends keine Westminster-Bars aufsuche, und es war eindeutig als Pluspunkt gemeint: Politik ist zu einer ausgesprochen nüchternen Angelegenheit geworden.

I

Isoloir

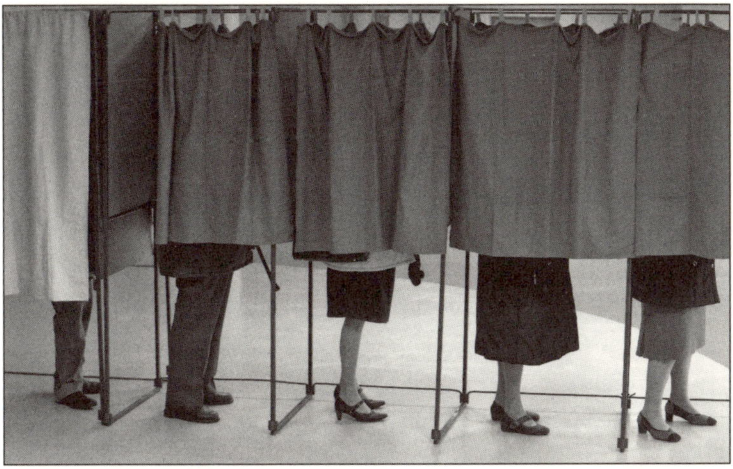

Die Wahlkabine ist eine große Gleichmachermaschine. Frei nach Dante: «Lasciate ogni differenza, voi ch' entrate!» – «Lasst alle Unterschiede hinter Euch, Ihr, die Ihr eintretet!»

Die Wahlkabine ist ein magischer Ort. Hier vollzieht sich, so will man uns zumindest glauben machen, in regelmäßigen Abständen ein wundersames Massenkonvertieren. Hinter dem Vorhang der Wahlkabine finden angeblich im großen Stil komplette Persönlichkeitswechsel statt: Die Wähler, so Anthony Downs in seinem Klassiker «Ökonomische Theorie der Demokratie», gehen aus bürgerlichem Pflichtgefühl, aus *civic duty*, zur Wahl, aber sind sie im Wahllokal erst mal angekommen, überwältigt sie doch wieder ihr Eigeninteresse.[1] Der Wähler kommt also als Citoyen, wird dann aber zum Bourgeois. Nach Downs springt das Eigeninteresse den

Wähler im Verborgenen der Kabine förmlich an und bemächtigt sich seiner, wie hehr seine Motive zuvor auch gewesen sein mögen.

Die «Isolierung in der Wahlzelle» – so heißt es auch anderswo ganz übereinstimmend – mache den Bürger «zu dem Privatmann [...], der er als Wähler gerade nicht sein soll».[2] Welche wunderbare Wandlung: als Bürger in die Wahlkabine rein und als Privatmann wieder raus. Es war also durchaus treffend, wenn die Wahlkabine im Reichstag bei der Debatte um ihre Einführung im Jahre 1906 von ihren Gegnern als *camera obscura* bezeichnet wurde.[3] Die Frage ist dann nur: stellt diese *camera* die politischen Dinge, so wie sie sein sollten, auf den Kopf, oder stellt sie nur – wie Marxisten sagen würden – den verkopft-idealistischen Wahlbürger auf seine materialistisch-bourgeoisen Füße?

Im abgeschlossenen Raum der Wahlkabine, so lautete und lautet immer noch die Kritik, vollzieht sich ein Konvertieren zum Schlechten. Die Wahlkabine, die schon so oft mit einem Beichtstuhl verglichen wurde, bringt, so scheint es, das genaue Gegenteil eines Läuterungseffekts mit sich, sie fungiert vielmehr als Schutzraum für unlautere Motive. Das erscheint auch ganz logisch, denn die Annahme, dass Präferenzen durch ihre öffentliche Artikulation von Interessensverunreinigungen gereinigt würden,[4] impliziert ja, dass die nichtöffentlich zum Ausdruck gebrachten Präferenzen weiterhin schmutzig bleiben. Das waren schon die Befürchtungen in den britischen Debatten über die Einführung der Geheimwahl im 19. Jahrhundert. Befürchtet wurde die nachteilige Wirkung einer neuen Art von elektoralem Besitzindividualismus: Durch die geheime Wahl komme der einzelne Wähler plötzlich in den Besitz *seiner* Stimme und nutze sie nun für sein persönlich-privates statt für das öffentliche Interesse – was eine einigermaßen erstaunliche Uminterpretation der tatsächlichen Effekte der Geheimwahl darstellt, die den Stimmenkauf und damit also auch -verkauf, die elektorale Korruption, erheblich erschweren sollte und das auch letztlich tat.[5] Die in der Stille der Kabine verborgen bleibenden Wahlmotive begründen aber die bis heute weit verbreitete Einschätzung, es gehöre zu den Widersprüchen der Demokratie, dass eine öffentliche Pflicht geheim ausgeübt wird.[6]

Der Vorhang der Wahlkabine ist in dieser Deutung das genaue Gegenstück zum «Schleier des Nichtwissens», dem der Philosoph John Rawls eine das Eigeninteresse abmildernde Funktion zugeschrieben hatte. Er ist dies, weil es sich nicht wie beim sogenannten Schleier des Nichtwissens um die (fiktive) Ignoranz des Bürgers hinsichtlich seiner Position im gesellschaftlichen Einkommensgefüge handelt, die nach Rawls zwangsläufig seine politische Präferenzformulierung moderater ausfallen ließe, sondern stattdessen um unsere tatsächliche Ignoranz hinsichtlich der innersten Wahlmotive des wirklichen Wählers: Da kann man doch nur das Schlimmste vermuten! Es ist und bleibt für unsere Rousseauisten eine ständige Provokation, dass sich die Wahlhandlung ihrem Imperativ der schonungs- und grenzenlosen Transparenz (→ **Rotunda**) so beharrlich verweigert.[7]

In dem Sammelband *Orte der Moderne – Erfahrungswelten des 19. und 20. Jahrhunderts* wird die Wahlkabine ganz folgerichtig zusammen mit den Einträgen «Kleinstadt», «Kleingarten», «Appartment» und «Couch» unter der Überschrift «Sich zurückziehen – Orte der Befreiung» abgehandelt. Die Wahlkabine als privates Refugium, als Parzelle einer politischen Kleingartenkolonie, als Sehnsuchtsort für Politeskapisten?[8]

Carl Schmitt sah das in etwa so: «[N]ach demokratischer Auffassung [ist] der wählende oder stimmende Staatsbürger nicht Privatmann […], sondern [tritt] in öffentlicher Funktion auf […] Aber nach der heutigen Regelung der Methoden geheimer Einzelabstimmung verwandelt er sich gerade im entscheidenden Augenblick in einen Privatmann; das Wahlgeheimnis ist der Punkt, an welchem diese Verwandlung eintritt und die Umbiegung der Demokratie in den liberalen Schutz des Privaten stattfindet. Vielleicht liegt hier eines der *Arcana* der modernen bürgerlichen Demokratie.» Und weil das so sei, sei die Demokratie laut Schmitt zur permanenten Selbstlüge gezwungen, denn es muss «fingiert werden [...], dass der einzelne stimmberechtigte Bürger als ‹citoyen›, nicht als Privatmann und Privatinteressent auftritt».[9] Das ist ein Jahr später noch zugespitzter und polemischer formuliert: der Souverän «verschwindet in der Wahlzelle», und damit wird «die staatliche Willensbildung zu einer Summierung geheimer und privater Einzelwillen, das heißt in Wahrheit unkontrollierbarer Massenwünsche und -ressentiments» herabgewürdigt.[10]

Schmitts Sicht[11] findet sich achtzig Jahre später fast identisch formuliert: «Nichts stellt übrigens das Paradox der Demokratie prägnanter vor Augen als die Institution des allgemeinen Wahlrechts. Denn genau in dem Moment, wo die Souveränität des Volkes sich manifestieren und das Volk seinen Willen zum Ausdruck bringen soll, werden die gesellschaftlichen Solidaritätsbeziehungen aufgelöst, der politische Bürger aus allen Handlungszusammenhängen freigesetzt, in denen sich das gesellschaftliche Leben entfaltete, um gewissermaßen in eine ‹Recheneinheit› verwandelt zu werden. Die Zahl tritt an die Stelle der Substanz.»[12] Ach ja, die Wahl und die Zahl[13] und die vorgebliche demokratische «supremacy of ignorance over instruction and of numbers over knowledge» (Walter Bagehot):[14] Das ist die bekannte Elitenarroganz, die den *counter*, den Zähler, einerseits und den *talker*, den Sprecher, andererseits als prototypische Demokratiegestalten gegenüberstellt und nie Zweifel darüber aufkommen lässt, bei wem ihre Sympathien denn wohl liegen mögen. Kalkulation vs. Konversation – nun raten Sie mal, wofür die Mitglieder der *chattering classes* in der Regel optieren.[15]

So erlebt denn auch die beliebte, aber recht angestaubte Diagnose vom «falschen Bewusstsein» ihre Wiederauferstehung im Zuge der modernen Kritik an der Geheimwahl in Form paternalistischer Zweifel, ob denn der durchschnittliche Wähler überhaupt in der Lage sei, *richtig*, das heißt mit «sozial anerkannten und berechtigten Präferenzen» (!) bzw. in einer «diskursiv vertretbaren Art» (!)[16] zu wählen. Um den Wähler dazu in die Lage zu versetzen, bedürfe es doch zunächst erst einmal einer «Staatsbürgerqualifikationspolitik»[17] – natürlich einer, die dem Herrn Rechtsprofessor zuvor direkt aus dem Kopf gesprungen ist. Denn es ist ja völlig offenkundig und für jeden Vernunftbegabten glasklar: Wer für den *Brexit* stimmte, kann nur ein kompletter *Bridiot* gewesen sein, und die mit ein wenig Restverstand müssen sich am nächsten Morgen in politischer Katerstimmung alle im Lager des *Regrexit*-Lagers wiedergefunden haben, wo sie dann zusammen mit den *Remoaners* ihr Schicksal beklagen: sich so getäuscht zu haben![18]

Ist also dem Wähler eigentlich so wenig zu trauen und so wenig zuzutrauen, ruft das förmlich nach sozialpädagogisch-präventiver Intervention, denn – auch dies ein Paternalismus, der in letzter Zeit wieder häufiger formuliert wird – Demokratie sei ja schön und gut: Aber was, «wenn die Falschen gewinnen?», fragte *Die Zeit* am 30. Juni 2016. Das ist Ausdruck reinsten Elitendünkels: Wir sollten doch «nur den Vertretern der wahren Demokratie politische Rechte» zubilligen, und es ist doch «ganz konsequent, daß die Demokratie nur für ein wahrhaft demokratisch denkendes Volk eingeführt werden darf». Dieser Dünkel findet sich häufig kombiniert mit einer nach Fünfzigerjahre muffenden Polemik gegen die Anonymität der moderne Massengesellschaft, den sozialen Atomismus, die Reduzierung der Person auf eine Zahl – sei es auf die Steuernummer oder auf die Personenkennziffer der militärischen Erkennungsmarke oder eben auf die einzelne Stimme in einer demokratischen Wahl. Letztlich werden wohl auch noch demokratische Wahlen unter das Verdikt von der «Kolonialisierung der Lebenswelt» fallen. Aber auch hier gilt: der Konflikt über die Sache schließt den Konflikt über die Regeln, nach denen die Sache zu entscheiden ist, üblicherweise ein. Es steht daher zu vermuten, dass die Verächter des Wahlgeheimnisses vor allem auf ihr bei offener Wahl höheres Diffamierungspotenzial setzen, sind sie es doch, die sich zugleich das Letzturteil darüber anmaßen, was denn im Einzelfall eigentlich «sozial berechtigt» (siehe oben) und «diskursiv vertretbar» sei.

Es ist auch das Nebeneinander oder das Gegeneinander der Zeichen, aus dem sich die Kritik an dem «klandestinen Akt des Wählens» in der Wahlkabine nährt. Die Wahlkabine bekommt vornehmlich dadurch ihren politischen Sinn, dass sie nicht Agora ist – ein Vergleich, bei dem sie eigentlich immer nur verlieren kann und wohl auch soll. Dort: Metaphysik der Präsenz, die Behauptung sozialer Authentizität durch die Anwesenheit der Vielen auf einem öffentlichen Platz, sichtbare Konstituierung des Kollektivs. Hier: Isolierung des Einzelnen in einer Wahlkabine. Dort: freier Himmel – hier: geschlossener Raum, bewusstes Ausblenden der Umwelt und aller weiteren Umstände. Schließlich dort: Mündlichkeit und Öffentlichkeit,[19] also in der und durch die Öffentlichkeit geläuterte Motive – oder sagen wir wenigstens, politische Präferenzäußerungen mit Prämien auf professionelle Heuchelei. Stattdessen hier: Schriftlichkeit und Geheimnis, also die nur im Verborgenen offenbar werdenden und daher vermutlich unlauteren Motive.

Die in der Wahlkabine ermittelte Mehrheit erscheint als «schweigende Mehrheit»,[20] als Wille einer Gruppe separierter Individuen, die für ihre Wahl keine verallgemeinerbaren Gründe angeben muss und daher auch nicht kann, da es sich bei der geheimen im Gegensatz zur öffentlichen Wahlhandlung ja ohnehin um eine reine «Privat- und Geschmackssache» (Rudolf Smend) handele. Die geheime Wahl beruhe daher, so heißt es, auf einer «nicht-interaktiven» bzw. atomistischen Vorstellung des demokratischen Prozesses und sie erübrige schon im Vorfeld das politische Gespräch unter den Bürgern, lasse die politische Gesellschaft also bereits vor der Wahl austrocknen.[21] Die Wahlkabine – in dieser Sicht steht sie für eine «Kultur der Lüge, des Egoismus und des Mißtrauens».[22] Um zu dieser Einschätzung zu gelangen, wird der gesamte Authentizitäts-, Präsenz- und Transparenzkitsch einer angeblich emphatischeren, partizipativeren, irgendwie politischeren Politik der Straße in Anschlag gebracht (→ **Urne**; → **Rotunda**). Aber warum genau sollte einem Demonstrationszug eine höhere demokratische Dignität zukommen als einem Wahlresultat?[23]

Es ist wohl schließlich auch die Schriftlichkeit des Wahlakts selber, die diese wahlskeptische Sicht nährt: nur ein Kreuz hinter dem Namen eines Kandidaten oder einer Partei auf dem Stimmzettel. Der Wahlakt ist kein Sprechakt, meine Stimme keine Stimme, sondern – so heißt es – lediglich *une opinion sans voix*. In der Demokratie ist die Stimme stumm. Warum aber, so lautet dann unvermeidlich immer wieder die Frage, wird «auf dem politischen Terrain ... die Stimme und ihr semantisches Umfeld [nur] metaphorisch» genommen, «wenn die Stimme beim Wahlverfahren nach einer vorformulierten Frage lediglich in einer Stimmabgabe besteht»?[24] Statt der eigenen Stimme – einzigartig, individuell, unverwechselbar, ist sie in der politischen Erscheinungsform nur ein Kreuz, das auch alle anderen Wähler im Ritual der Wahl gleichförmig machen. Jeder Versuch, dieses Kreuz, und sei es auch nur marginal, abzuändern, mit ihm gar eine «politische Meinungskundgebung» zu verbinden, so der Standardkommentar zur entsprechenden Vorschrift des Bundeswahlgesetzes,[25] droht meine Wahl ungültig zu machen. Nur als ununterscheidbare ist meine Stimme gültig, nur ohne *eigene* politische Meinungskundgebung zählt die demokratische Meinungskundgebung. Die Wahl ist also schließlich, so scheint es, auch noch auf Seiten der Wähler ein ent-individualisierender Unterwerfungsakt unter ein rein formalistisches, arithmetisches Verständnis der Politik, auf Seiten der Herrschenden ein Mittel der Disziplinierung, der Bändigung chaotischer politischer Energien, der Unterwerfung des vielköpfigen Volks und der Diskreditierung wilder Formen politischer Beteiligung.[26]

Das also ist die eine Sicht – die, die die Wahlkabine mit einer «Kultur der Lüge, des Egoismus und des Mißtrauens» assoziiert und die ätzt: in der Urne tragen wir die Demokratie zu Grabe, auf der Straße halten wir sie lebendig (→ **Urne**). Das bleibt nicht unwidersprochen, auch wenn die Gegenerzählung weniger prominent verbreitet und zunehmend in der Defensive erscheint. Als leerer Ort ist die Kabine zwangsläufig mit ganz unterschiedlichen Deutungen aufgefüllt. Aber wie lautet nun die Gegenerzählung? In ihr erscheint das Wahllokal als Ort, der uns erst dazu bringt, von unseren Leidenschaften, Vorlieben und Abneigungen, unseren privaten Interessen, unserer Herkunft und unserem Ehrgeiz, von allen persönlichen Erwägungen abzusehen.[27] Aus dieser Sicht hat die Isolierung des Einzelnen im Ritual der Wahl nichts mit seiner Transformation in eine Privatperson zu tun. Das exakte Gegenteil ist der Fall: die Wahl transformiert das gesellschaftlich Partikulare in das politisch Gleiche, der Wähler wird erst in der Kabine zum wirklichen Citoyen. Erst die Isolierung macht die Wählerin zur politischen Person, denn sie macht aus sozialer Ungleichheit – für den bedeutenden Moment der Wahl selber – politische Gleichheit. Die Vereinzelung in der Wahlkabine erzwingt eine temporäre Trennung von der eigenen sozialen Existenz, sie löst den Einzelnen aus seinen gesellschaftlichen Zusammenhängen, macht ihn dadurch aber nicht zu einem isolierten Wesen, sondern zum gleichwertigen Mitglied einer politischen Gemeinschaft. Die Wahl ist zuerst Kommunion der Bürger, dann Kommunikation der Wähler.[28] Und erst die kontrafaktische Gleichheit ermöglicht die Kommensurabilität der Stimmen, und damit auch ihre Zählbarkeit. Dieser Vorgang ist natürlich ein öffentlicher, für alle sichtbarer. § 31 Satz 1 des Bundeswahlgesetzes «Die Wahlhandlung ist öffentlich» ist zu keinem Moment verletzt, was etwa für die Briefwahl nicht gilt – und sie daher problematisch macht.

Die Wahlkabine führt uns sinnfällig vor, dass demokratische Gleichheit im Wesentlichen Anonymität meint: «Selbst wenn die Gründer repräsentativer Institutionen in einer Sprache der Gleichheit sprachen, meinten sie etwas anderes, das man am besten verstehen kann als Anonymität, ein politisches Absehen von sozialen Unterschieden.»[29] Mit dem Wahlakt wendet sich die Demokratie gegen alle Distinktionen: «Die einzige Eigenschaft der demokratischen Person ist, dass sie keine hat. Der Bürger ist schlicht ohne Besonderheiten. Nicht gleich, nicht homogen, nur anonym. [...] Der demokratische Bürger ist schlicht ein Individuum außerhalb der Gesellschaft.»[30] Mit dem Schritt in die Wahlkabine macht er/sie einen Schritt aus der Gesellschaft in eine politische Gemeinschaft der Gleichen. Diesen Abstraktionsvorgang braucht man sich weder als narzisstische Kränkung aufgrund der nun eigenen Zählbarkeit noch als pure Ideologie einreden zu lassen, denn es ist ja nicht so, dass wir uns bereits darüber einig wären, ob und gegebenenfalls wie weit wir auch über die politische Gleichheit hinaus *soziale* Gleichheit herstellen wollen. Um unter anderem auch über diese Frage Klarheit zu erlangen, wählen wir ja überhaupt. So bleibt als allgemein zustimmungsfähiges Minimalerfordernis: «Alle individuellen Besonderheiten werden an der Tür demokratischer Politik abgegeben; sie sind irrelevant für den Status als Bürger. [...] die Anonymität ist ein Schleier über der Ungleichheit, die in der Gesellschaft herrscht.»[31] Das hat selbst einen eminenten politischen Forderungscharakter, denn es ist die praktizierte Absage an eine Politik, die Gleiches ungleich behandelt. Es ist eben nicht so, dass die Wahlkabine Ort des Partikularen sei, sondern im Gegenteil, dass die soziale Anonymität, d. h. Gleichheit der Wahl, sichtbarster Ausdruck der Forderung nach der Gleichheit vor dem Gesetz ist: denn es ist «die natürliche Folge der willkürlichen Macht, daß alle Geister partikular werden.»[32]

Der Vorhang der Wahlkabine ist also kein Gegenstück zum *veil of ignorance*, sondern ein *veil of indifference*: Der Vorhang wischt diese Ungleichheiten hinweg. Nicht der Einzelne ist sich (fiktiv) im Unklaren über seine soziale Stellung, sondern wir sind es mit Hinblick auf ihn, und zwar, weil wir uns entschieden haben, es zu sein.[33] Der Vorhang bewirkt ein Absehen von den individuellen Besonderheiten, um den Wählern politisch den gleichen Status zuzugestehen. Dies ist die mächtige intrinsische Überzeugungskraft[34] der geheimen Wahl, die sie universal unmittelbar plausibel werden lässt. Daher stellt es auch kein tatsächliches Problem dar, zumindest kein Problem für die Demokratie, dass das eigentliche Wahlgeheimnis heute oft nicht mehr besteht. Zumindest in den USA verfügen die Parteien mittlerweile über so umfangreiche individualisierte Datensätze, dass sie das Wahlverhalten einzelner Personen verlässlich vorhersagen können: «Obamas Analytiker prahlten vor zwei Jahren [...], dank der Präzision ihrer Prognosen würden sie praktisch die Namen aller 69456897 Amerikaner kennen, die den Präsidenten 2008 gewählt hatten.»[35] Doch dieses reiche Wissen um die sozialen Determinanten der Wahlentscheidung ist irrelevant in Hinblick auf den Egalisierungsvorgang, der sich in der Wahlkabine sichtbar vollzieht – denn von diesen Faktoren wird durch ihn ja gerade abgesehen. Das Wissen ist für die Parteien von zentraler Bedeutung, für die Demokratie unbedeutend.

Die Wahlkabine ist dabei vielleicht ein monologischer, aber

trotzdem ein deliberativer Ort. Sie gibt dem ruhigen Abwägen Raum nach der intensiven Wahlkampfphase, in der die Argumente öffentlich ausgetauscht wurden. Das Forum, vor dem hier die Argumente noch einmal Revue passieren, ohne Konformitätsdruck, ohne Demagogie oder rhetorische Manipulation, ist das Gewissen.[36] Die demokratische Wahl verbindet eine Phase öffentlicher Debatte mit der anschließenden bewussten Vereinzelung, und um diese zu erreichen, versetzen viele Demokratien ihre Wähler mit Hilfe sogenannter Blackout-Regeln, die die Veröffentlichung von Meinungsumfragen für einen gewissen Zeitraum vor der Wahl verbieten, sogar in einen künstlichen Zustand der Unwissenheit (→ **Jornada de Reflexión**). Die Autorität der Wahl entsteht zwar aus der sozialen Verbindung zwischen den vielen Personen, die an einem Wahltag, in einem klar abgegrenzten Zeitraum, in die Wahlkabine ein- und austreten, und durch die die soziale Pluralität in eine politische Einheit transformiert wird.[37] Aber über deren genaue Ausprägung wird der Wähler bis zuletzt im Ungewissen gehalten. Er soll die Verantwortung für seine Entscheidung nicht an eine vermutete Mehrheit delegieren können, sich nicht angeblichen Trends anschließen und ernsthaft, nicht taktisch wählen, also so wenig wie möglich Koalitions- oder Wahlhürdenkalküle in seine Entscheidung einfließen lassen.

Die Befreiungswirkung der Isolierung ist eine doppelte, der Austausch zwischen dem Innen und dem Außen der Wahlkabine ist in beide Richtungen unterbrochen – weder die Beeinflussung von außen, noch die Mitteilung der politischen Meinungsäußerung nach außen. Das «Nicht-Interaktive» der Kabine antwortet auf das Problem der «korrelierten Stimmen»[38]: Trends, Gruppendruck, Kollektivhysterien, die evidente Schwarmdummheit, Konformitätszwang, Harmoniebedarf, Erpressung et cetera.

Der Vorhang vor der Wahlkabine symbolisiert also den Schleier, den die Gleichheit in der Demokratie über die soziale

Ungleichheit der Gesellschaft *und* über den Pluralismus ihrer politischen Präferenzen legt. Der Vorhang verdeckt beides, Individuum und Gesellschaft, für einen Moment, für diesen besonderen Moment der Wahl, der für die nächsten vier oder fünf Jahre bestimmt, wer politisch herrscht. Das Motto, das über jeder Wahlkabine als einem Ort demokratischer Hoffnung unsichtbar leuchtet, lautet – frei nach Dante: *Lasciate ogni differenza, voi ch' entrate*.

J

Jornada de Reflexión

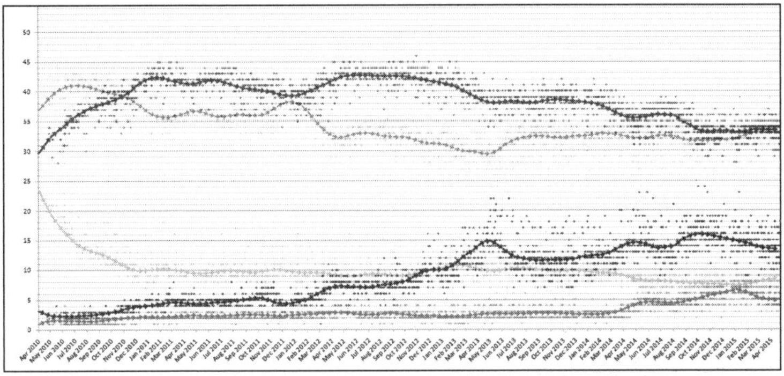

Warum stellt sich die Demokratie manchmal künstlich dumm? Meinungsumfragen im Vorfeld der britischen Parlamentswahl von 2015.

Es heißt ja, Wahltag ist Zahltag. Na ja, – er ist auf alle Fälle erst mal Zähltag. Aber es gerät gerne in Vergessenheit, dass eine Wahl logistisch eine alles andere als triviale Angelegenheit ist, und dass es nicht unbedingt selbstverständlich ist, und auch nicht immer schon so war, dass unmittelbar nach Schließung der Wahllokale im Fernsehen die erste Hochrechnung kommt und man eine Stunde später dann auch schon fast das amtliche Endergebnis kennt und ins Bett kann, um in die Kissen zu heulen. In England dauerte eine Wahl vor der Wahlreform von 1918 vier Wochen.[1] Selbst als nach 1918 nun an einem einzigen Wahltag gewählt wurde, gab es das Ergebnis nicht immer sofort. In der ersten Wahl nach dem Zweiten Weltkrieg wurde das Ergebnis am 26. Juli 1945 verkündet, obwohl schon am 5. Juli gewählt worden war.[2]

Wenn aber heutzutage schon kurz nach Wahlschluss, wie von Zauberhand, die Balken- und Tortendiagramme auf den Bildschirm fliegen, mag man sich das ganze praktische Klein-Klein dahinter gar nicht mehr so richtig vorstellen. Und dann neigen wir vielleicht auch dazu zu vergessen, dass die Praxis des Stimmenzählens grundlegenden Regeln unterworfen ist, deren Missachtung schnell dazu führen kann, dass die gesamte Wahl ungültig wird. Zu diesen Regeln gehört üblicherweise das Verbot, vor Schließung der Wahllokale Zwischenergebnisse, «Wasserstände» mitzuteilen, denn die Wahl selbst soll die Wahl nicht beeinflussen (die Wahlbeteiligung selber darf hingegen durchaus berichtet werden). Mit Beschluss vom 1. Juli 2016 ordnete der Österreichische Verfassungsgerichtshof eine Wiederholung der Präsidentenwahl an, unter anderem mit der Begründung: «Es verletzt den Grundsatz der Freiheit der Wahl, wenn staatliche Stellen (das Innenministerium) Informationen über eingelangte Auszählungsergebnisse vor Wahlschluss [...] weitergeben, gleich, unter welchen Auflagen (‹Sperrfrist›)».[3] Dass es zwischen den Kandidaten van der Bellen und Hofer knapp werden würde, hätte man zwar auch schon vorher ahnen können. Am Schluss betrug der Abstand 30 863 Stimmen, 0,6 Prozent der gültigen Stimmen. Aber als Information am Wahltag mit Zwischenauszählungen unterlegt konnte diese Information die Mobilisierung der Lager beeinflussen. In keinem westeuropäischen Land war seit 1945 eine nationale Parlaments- oder Präsidentenwahl für ungültig erklärt worden – was eine ungefähre Vorstellung vom Ausmaß der Blamage vermittelt.

Erste Prognosen dürfen erst nach Schließung der Wahllokale präsentiert werden, und vielerorts sind die Informationsverbote anlässlich einer Wahl noch weiter gefasst. Sogenannte *Campaign Silence*- oder *Blackout*-Regeln verbieten in vielen Demokratien bereits für einen gewissen Zeitraum vor einer Wahl die Veröffentlichung von Wahlumfragen. Und zum Verbot der Mitteilung von Zwischenständen gehört es auch, dass in einigen Ländern Ergebnisse von Exit-Polls, also Umfragen unter denjenigen, die gerade gewählt haben, für Regionen, in denen die Wahl bereits abgeschlossen ist, nicht berichtet werden dürfen, wenn in anderen Regionen die Wahllokale noch geöffnet sind. Das soll das vermeiden, was in den USA als sogenannter *West-Coast Effect* bezeichnet wird:[4] Das Wissen um das Abstimmungsergebnis an der Ostküste beeinflusst die Wähler an der Westküste. Wären in der US-Präsidentschaftswahl im Jahr 2000 mehr Republikaner in Floridas äußerstem Westen, in dem Wahllokale eine Stunde später schließen, zur Wahl gegangen, hätten nicht Radiosender und Fernsehstationen bereits nach Schließung der weiter östlich gelegenen Wahllokale Gore zum Sieger erklärt? Dass Briefwahlstimmen erst nach Schließung der Wahllokale ausgezählt werden und nicht schon vorher, dient demselben Informationszurückhaltungszweck und der Absicht zur Vergleichzeitigung des Ungleichzeitigen im Rahmen der künstlichen Zeitspanne «Wahltag». *Early voting* geht, *early counting* nicht. Auch die Verletzung dieser Regel trug zur Annullierung der österreichischen Präsidentenwahl 2016 bei.

Die klar abgegrenzte Zeit einer demokratischen Wahl – an einem Tag, von morgens 8 bis abends 18 oder 20 oder 22 Uhr – ist uns heute selbstverständlich geworden, war es aber historisch durchaus nicht. Wie und vielmehr warum hat sich der Wahltag historisch herausgebildet – zumeist an einem Sonntag, manchmal aber auch an einem anderen Tag in der Woche? Das wird selten gefragt.[5] Und welchen Sinn haben die elektoralen Schweigeregeln und Informationsverbote? Ist es nicht immer besser, mehr als weniger zu wissen? Anders gefragt: Wieso stellt die Demokratie sich manchmal künstlich dumm?

Campaign-Silence-Regeln dienen wohl im Wesentlichen drei Zwecken.[6] Zunächst geht es offensichtlich um Distanzermöglichung, um eine Gelegenheit zum Herunterkühlen der politischen Leidenschaften, darum, nach dem lärmigen Wahlkampf etwas Ruhe einkehren zu lassen. Im Spanischen wird dieser Zeitraum vor einer Wahl *jornada de reflexión* genannt, Tag der Reflexion.[7] Der Wähler kann die erhaltenen Informationen in Ruhe bewerten, um dann zu einer ausgewogenen Entscheidung zu gelangen – so zumindest die Hoffnung. In gewisser Weise ist das die Gelegenheit zur «deliberation from within».[8] Die öffentliche Debatte wird beendet, damit die innere beginnen kann. Es wird ein Zeitraum, in dem Parteien und Kandidaten die Wähler mit ihrem Programm konfrontieren, in dem die öffentliche Diskussion über diese Programme geführt werden kann, abgegrenzt von einem Zeitraum des Nachdenkens über die verschiedenen politischen Optionen, vor denen die Wähler sich gestellt sehen. Die öffentliche Debatte und die geheime Wahlentscheidung (→ **Isoloir**) gehen nicht direkt ineinander über, *Deliberation* führt nicht direkt zur *Aggregation*, sondern erst über eine Zwischenzeit der *Reflexion*.[9] Die Wahl findet mit Zeitverzögerung statt, denn zwischen kollektiver Debatte und individueller Entscheidung ist noch eine Zwischenzeit gespannt.[10]

«While voting continues, politics ceases», während der Wahl ist die Politik suspendiert[11] – schon richtig, aber die Politik setzt häufig schon vorher aus, bevor das Wählen und Zählen überhaupt begonnen hat. Eine Demokratietheorie, die nur auf den öffentlichen Charakter der politischen Debatte schaut (→ **Delaberation**), übersieht also offensichtlich etwas, denn die öffentliche Debatte führt nicht direkt zum politischen Wahlakt, sondern indirekt, über die private Vereinzelung – räumlich in der Wahlkabine (→ **Isoloir**), aber auch zeitlich, durch die eingefügte Zwischenzeit zwischen Wahlkampf und Wahlakt.

Neben der zeitlichen Isolierungswirkung zum Herunterkühlen der Emotionen gibt es aber auch eine soziale. *Blackout*-Regeln trennen den Wähler von seiner Umgebung, nicht nur von der öffentlichen Debatte, sondern auch von den anderen Wählern. Das wäre dann ihr zweiter Zweck. Vielleicht kann man sagen, dass diese Regeln die Wahlstimmen ent-korrelieren[12] und sie «autonomisieren» sollen. Meine Wahlentscheidung sollte idealerweise unbeeinflusst von den Wahlentscheidungen anderer sein, wie auch umgekehrt deren Entscheidung nicht von meiner Wahl beeinflusst sein sollte. Die *Blackout*-Regeln teilen diese Absicht mit der geheimen Wahl,[13] ohne dass beide üblicherweise in einen Zusammenhang gebracht werden. In der Wahl wird Geheimhaltung nämlich auch durch Gleichzeitigkeit gewährleistet, und der Wahltag ist nichts anderes als das Herstellen einer künstlichen Gleichzeitigkeit: alle Handlungen zwischen dem Öffnen und dem Schließen des Wahllokals werden als gleichzeitig behandelt, und auch Handlungen, die weit vor dem Wahltag erfolgt sind – wie die Briefwahl –, werden dieser künstlichen Zeitordnung unterworfen. Das war nicht immer schon so. Englische Parlamentswahlen im 19. Jahrhundert waren beispielweise wie Wettrennen organisiert, bei dem der jeweils aktuelle Unterstützungsstand für die miteinander konkurrierenden Kandidaten *(tally)* am Wahllokal für alle sichtbar mitgeteilt wurde.

Das Wahlgeheimnis, abgesichert durch Vorrichtungen wie die Wahlkabine (→ **Isoloir**) oder den Wahlumschlag, aber eben auch durch die Gleichzeitigkeit der Wahl, schützt also nicht nur vor Einschüchterung und «electoral terror»,[14] sondern schützt auch mich davor, von Informationen über das Wahlverhalten anderer beeinflusst zu werden, wie es auch die anderen vor Beeinflussung durch Informationen über mein eigenes Wahlverhalten schützt. Während die US-amerikanischen Vorwahlen, *Primaries*, noch diese Zeitdimension besitzen – erst Iowa, dann New Hamsphire, dann Nevada usw., mit einem dann als *frontloading* bezeichneten Drang der Einzelstaaten zu einem für sie immer früheren, weil dadurch selbst einflussreicheren Abstimmungstermin – hat die eigentliche Kongresswahl diese Zeitstruktur selbst nicht mehr. Aber auch das ist eine relativ neue Entwicklung. Es dauerte bis zur Mitte des 20. Jahrhunderts, bis die Kongress- und Präsidentschaftswahlen in allen US-amerikanischen Bundesstaaten tatsächlich an ein und demselben Tag abgehalten wurden.

In diesem Isolierungssinne sind *Blackout*-Regeln Ausdruck des prinzipiellen Individualismus der Demokratie, denn die demokratische Grundsatzentscheidung lautet, Stimmen zu *zählen*, *jede einzelne* Stimme zu zählen, und jede einzelne Stimme *gleich* zu zählen.[15] Damit man also einen Kollektivwillen konstatieren kann, muss man erst einmal einen Einzelwillen konstituieren. Der Wähler muss zunächst als abstraktes, aus seinen sozialen Bezügen gelöstes, daher anonym gleiches Individuum erscheinen. Der politischen Assoziation ist die soziale und zeitliche Dissoziation vorgelagert: dem dienen Wahlkabine (→ **Isoloir**) wie *Blackout*-Regeln.

Als dritten, mit dem zweiten eng verbundenen Grund für die *Blackout*-Regeln kann man schließlich das demokratische Gleichheitsprinzip anführen: Genauso wie die Anonymität der Wahl vor allem Ausdruck ihrer Gleichheit ist, so sind die Informationsverbote Ausdruck einer Gleichheit des Zugangs zu Informationen. Anders formuliert: Die Gleichheit der Wahl bedingt die Gleichzeitigkeit der Wahl, denn sie garantiert den für alle gleichen Zugang zur politischen Information. Der wäre verletzt, wenn einige Wähler abstimmen könnten mit dem Wissen, wie andere schon abgestimmt haben. Zum einen gibt es so etwas wie ein *vote accompli*, einen *first voter advantage*, genau das, was den Wettlauf zwischen den US-Bundesstaaten um die möglichst frühe Terminierung der *Primaries* motiviert. Die ersten Stimmen erscheinen wichtiger als die letzten. Selbst bei der Wahl an ein und demselben Tage beträfe das die Reihenfolge der Stimmabgabe, wenn Zwischenergebnisse mitgeteilt werden oder die Abstimmung offen erfolgt, wie etwa beim preußischen Drei-Klassen-Wahlrecht: die zuerst abgegebenen Stimmen geben die Richtung vor. Zum anderen hat der spätere Wähler die Chance, auf den früheren zu reagieren, aber nicht umgekehrt. Die spätere Stimmabgabe im Lichte der früheren erhöht dann auch die Wahrscheinlichkeit des strategischen gegenüber des «authentischen» Wählens. Auch dass soll durch die Isolierung der Einzelwillen vermieden werden. Wie gesagt: Die Wahl soll nicht auf die Wahl wirken.

Die Entscheidung zur frühen Stimmabgabe ist hingegen eine freiwillige «Ich habe genug gehört»-Entscheidung. Der Einzelne verzichtet willentlich auf die Möglichkeit, seine/ihre Wahlentscheidung im Lichte späterer Erkenntnisse noch zu revidieren. Dieser Verzicht auf spätere Informationen ist aber eine individuelle Entscheidung, kollektiv bleibt das frühe Abstimmen folgenlos, weil ja sein Ergebnis eben bis zur Wahl nicht öffentlich werden kann, weil die Briefwahlstimmen überhaupt erst nach der Wahl ausgezählt werden. Das demokratische Gebot eines gleichen Zugangs zu Informationen wird jedoch offensichtlich nicht dadurch geschützt, dass es allgemeine Verbote für Veröffentlichungen von Umfragen vor Wahlen gibt, denn diese betreffen ja alle gleichermaßen – und alle hätten vor einer Wahl potenziell den gleichen Zugang zu solchen Informationen ohne solche *Campaign-Silence*-Regeln. Diese Verbote zielen also offensichtlich auf etwas anderes, eben auf die Entkorrelierung der Stimmen. Der Aggregation der Stimmen geht ihre Isolation voraus – sowohl räumlich als auch zeitlich.

K

Kinsley gaffe

Nicht nur die Sätze, die in die Mikrophone gesprochen werden, sind heutzutage für immer in der Welt, sondern häufig auch die, die eigentlich nie in sie gesprochen werden sollten.

Alle politischen Zeichen unterliegen dem stetigen Verschleiß und der Abnutzung und sind Gegenstand eines sich ewig fortsetzenden Abgrenzungsspiels. Das gilt auch für die politische Rede. Bestimmte Formeln überleben sich, sie hatten ihre Zeit, und dann ist sie vorbei. Auf «Wir schaffen das» wird nicht mehr mit «Das Boot ist voll» geantwortet, denn das wäre ja «voll Neunziger» oder «so was von yesterday» – wie man heute, aber hoffentlich auch nicht mehr sonderlich lange sagen würde. Stattdessen:

«Wir sind am Limit», «Mehr geht nicht» oder «Wir kriegen den Stöpsel nicht mehr auf die Flasche» (→ **Soundbites**). Subjekt, Prädikat, Objekt – die barrierefreie Rede sichert weitestmögliche Zirkulation und Einprägsamkeit, aber bereits vor dem Punkt maximaler Ausbreitung gibt es erneut den Anreiz, die Formel zu variieren oder sich von ihr abzugrenzen. In der demokratischen Aufmerksamkeitsökonomie besitzt die neue Formulierung des bekannten Sachverhalts einen enormen Wert, entweder weil die alten Formeln durch Übernutzung entwertet oder weil sie durch die Umstände kontaminiert und damit auf absehbare Zeit völlig unbrauchbar geworden sind. «Lupenrein» (Schröder), «alternativlos» (Merkel), «Demut» (Guttenberg) – diese Wörter taugen bis auf weiteres nur noch für den höhnischen Sprachgebrauch, und Beschwörungsformeln wie «Griechenland ist auf einem guten Weg» (Schäuble) oder «Die Rente ist sicher» (Blüm) wechseln nach einer gewissen Zeit ihrer kontrafaktischen Wiederholung das Register: zur Realsatire.

So war es auch nur eine Frage der Zeit, bis jemand aus der Zeichenordnung von *New Labour* ausbrach. Ed Miliband wollte noch unbedingt zeigen, dass die Linke nun endlich seriös geworden ist. Seine Auftritte auf dem jährlichen *Labour*-Parteitag in Brighton auf einer extra gezimmerten Rundbühne waren professionell choreographiert, mit Musik, Video und freier, aber bis in jeden Nebensatz durchkomponierter Rede. «Von derartigen Spielereien» will sein Nachfolger, Jeremy Corbyn, «nichts wissen. Mit ihm geht es zurück zum Frontalunterricht: ein Mann, ein Pult, eine abgelesene Rede.»[1] Ein Anhänger fragte: «Ist das nicht aufregend, dass Jeremy das Medienspiel nicht mitspielt?» Medieninkompetenz is the new Medienkompetenz, da sie irgendwie für Authentizität zu stehen scheint. Alt-Linke wie Corbyn und Sanders, Zeitreisende aus den 1970ern, als die ideologischen Frontstellungen noch übersichtlicher waren, genießen in diesem

Kontext plötzlich einen gewissen Retro-Chic. Wähler, die für Jeremy Corbyn stimmten, kauften auch: Billy Bragg *A new England*, *Dr. Who*, die komplette erste Staffel, und Bop Jessop *The Capitalist State*.

Vielleicht kommt aber auch die Medien-Unbeholfenheit bei den Modernisierungsverlierern als einer der zentralen *Labour*-Zielgruppen tatsächlich besser an, als Auftritte, die sich in ihrem Inszenierungsstil an genau jenem Managertypus orientieren, der diese Zielgruppe erst zu Verlierern gemacht hat. Aber natürlich läuft sich auch dieser Hype schnell wieder leer. Bereits nach hundert Tagen fiel die Bilanz recht nüchtern aus: «Mit den Wochen breitete sich durch Corbyns drögen Vortragsstil und seine Verachtung jedweder Schlagfertigkeit eine gewisse Langeweile aus.» Seine neuen Markenzeichen: «Humorlosigkeit, Selbstgerechtigkeit und ein Schuss Moralinsäure […] die wiederum mit seiner strikten Ablehnung von Fleisch und Alkohol zu korrespondieren scheinen» (→ **Hard work, Softdrink**). Jeremy Corbyns Initialen werden «mittlerweile mit Jesus Christus übersetzt» (→ **Frau XY**).[2]

Unter umgekehrten politischen Vorzeichen beobachten wir in den USA eine andere Art der Abgrenzungsrhetorik. Ihr wesentliches Kennzeichen ist, dass überhaupt keine zusammenhängenden Sätze mehr gesprochen werden: «You know, they stomp on our neck, and then they tell us, ‹Just chill, OK just relax.› Well, look, we are mad, and we've been had. They need to get used to it» – so eine durchaus typische, wirklich unübersetzbare Passage aus Sarah Palins offizieller Unterstützungsrede für Donald Trump vom 19. Januar 2016. Der *Guardian* sprach von «I Have a Dream-speech for idiots» und fragte völlig entgeistert: Wie kann es sein, dass jemand, der wie die Kommentarzeile unter einem Youtube-Video spricht, in den USA als ernstzunehmender Politiker durchgeht?[3]

Auch Trump selber steht für diese neue Art des politischen

Sprechens: assoziativ, fahrig, hoch subjektiv, ohne Spannungsbogen, von Anekdote zu Anekdote springend, wie ein etwas wirrer Monolog über den Gartenzaun hinweg – dreißig Minuten lang strukturloses Ankumpeln. «Können wir sicher sein, dass der Typ, der den Teleprompter bedient, die Seiten in der richtigen Reihenfolge hatte?», ätzte die republikanische Senatorin Lindsey Graham in Reaktion auf Trumps außenpolitische Grundsatzrede vom April 2016 unter dem Hashtag #notmakinganysense.[4] Aber das *Keinen-Sinn-ergeben* ergibt politisch natürlich durchaus Sinn – es ist Teil einer Antirhetorik-Rhetorik im Dienste einer Antipolitik-Politik, die natürlich nicht erst mit Trump in die Welt gekommen ist, sondern eine lange Tradition hat:

> «Ich bin kein Redner, wie es Brutus ist,
> nur, wie ihr alle wisst, ein schlichter Mann»
> (Antonius in Shakespeare *Julius Caesar*, 3. Aufzug, 2. Szene).

Trump und seine «*To hell with it*»-Kandidatur steht für die bewusste Verweigerung der rhetorischen Gesetzmäßigkeiten der Großen Amerikanischen Rede.[5] Die Anti-Establishment-Attitüde soll offensichtlich durch weitgehenden Sinnverzicht beglaubigt werden: «Und sie sagen, die Sonne geht auf, und der Mond geht unter, alle möglichen schönen Dinge werden passieren. Und die Leute sagen: Was geht hier vor? Ich will nur einen Job. Gib mir nur einen Job. Ich brauche keine Rhetorik. Ich will einen Job. Und das ist, was passiert. Und es wird immer schlimmer, denn – denkt daran – Obamacare wirkt erst so richtig in 2016. Obama spielt vielleicht Golf. Es könnte auf einem meiner Plätze sein. Ich würde ihn einladen. Was ich ihm sagen würde, ist: Ich besitze die besten Golfplätze der Welt, würde ich sagen, weißt du, wenn er will – ich habe einen ganz dicht am Weißen Haus, direkt am Potomac ...» – und so weiter und so fort. Ein Oligarch, der sich –

im Rücken seine eigene Boeing 757 auf dem Rollfeld – als wahrer Interessenrepräsentant der kleinen Leute geriert, das hatte man bislang auch noch nicht gesehen (nicht dass die Clintons, die seit dem Ende von Bill Clintons Präsidentschaft ein Privatvermögen von 230 Millionen Dollar angesammelt haben, in dieser Hinsicht nur eine Spur glaubwürdiger wären). Aber auch aus dem Trump'schen «We've tried sane, now let's try crazy»-Albtraum werden wir wohl hoffentlich irgendwann wieder aufwachen.

Aus Sicht der Wähler manifestiert sich das ewige Wechselspiel der Zeichen, der Gesten, der Worte und Politiken oft als das, was Franzosen das politische Gesetz der Schlaflosigkeit nennen: Man kann auf der linken Seite nicht einschlafen und dreht sich folglich auf die rechte. Es zeigt sich jedoch, dass man auf der Seite auch nicht richtig schlafen kann, und dreht sich also wieder zurück auf die linke, und so weiter und so fort, um dann schließlich übelgelaunt den Tag zu beginnen. Im Englischen ist die Rede von *stop-and-go-politics*, einer ewigen Abfolge von Privatisierungen unter den *Tories*, Verstaatlichungen unter *Labour*, dann wieder Re-Privatisierungen, und danach wieder Zurück-Verstaatlichungen, die auch etwas schärfer als «*Dr. Jekyll and Mr. Hyde*»*-politics* bezeichnet werden (wobei die Rollen des Jekyll und Hyde dann je nach politischem Standpunkt zugewiesen werden können).

Wir prozessieren die Politik also offensichtlich über Schemata: Regierung / Opposition, rechts / links, Freund / Feind, dafür / dagegen, progressiv / konservativ, wir / sie, gut / böse, Hell- / Dunkeldeutschland, Fa / Antifa, Villarriba / Villabajo.[6] Eine simple Wählerheuristik lautet: Versuche es mal mit der anderen Seite, wenn die gegenwärtige nicht mehr so richtig funktioniert. Die Systemtheorie, deren – zumindest was das «politische Teilsystem» angeht – kümmerlicher Erkenntnisertrag in keinem Verhältnis zum betriebenen Jargonaufwand steht, hat immerhin so viel verstanden: Politik ist binär codiert.[7]

Die politischen Codes müssen aber immer wieder neu formuliert, mit neuen Inhalten gefüllt und die Abgrenzung muss immer wieder neu markiert werden. Die Variationen in der Formulierung der Abgrenzung verdankt sich also einer doppelten Wettbewerbskonstellation: des Wettbewerbs zwischen den politischen Positionen einerseits und des internen Wettbewerbs um deren jeweilige Formulierung andererseits. Letzterer steht aber unter der Maßgabe programmatischer Konsistenz. Jeder individuelle Sprechakt ist daher zugleich immer kollektives Sprechen: es gibt gemeinsame Beschlusslagen, die man – ohne internen Zwist und öffentliche Verwirrung zu provozieren – nicht in Frage stellen kann. Jede einzelne politische *parole* muss deswegen immer auch als grundsätzliche Bestätigung, als höchstens marginale Korrektur der jeweiligen ideologischen *langue* wiedererkannt werden können.

Dies umso mehr, als das politische Sprechen heute unter den Bedingungen seiner unendlichen technischen Reproduzierbarkeit und medialen Dauerpräsenz steht (→ **Soundbites**). In Zeiten, in denen ein falsches Wort zur falschen Zeit, ein *brutto* dort, wo eigentlich ein *netto* hingehört hätte, oder sprachlicher Amok vor laufenden Kameras («gludernde Lot, in die gludernde Flut, … in die lodernde Flut, wenn ich das sagen darf» [Edmund Stoiber]) eine politische Karriere beenden können, in Zeiten, in denen die kleinsten begrifflichen Nuancen sofort auf ihre politischen Weiterungen durchleuchtet werden, wird es unabdingbar, zeitgleich mit dem Parteibeschluss die Bewertungsformulierungen zu beschließen, mit denen er öffentlich dargelegt werden soll, oder neudeutsch: sich zugleich verbindlich auf ein *wording* zu einigen. Die inhaltlichen Absprachen schließen daher zugleich Absprachen über die konsistenten Verlautbarungen ein, mit denen sie kommuniziert werden sollen. Leitend ist das Ideal der *one voice policy* – alle sagen jederzeit und überall das vollkommen Identische.

In der Demokratie legen die Grenzen des Kommunikationsfähigen nämlich die Grenzen des Beschlussfähigen fest. Das verwandelt den Streit um die Sache in einen Streit um die Wörter (und die Bilder), die mit Hinblick auf ihre Wirkungen politisch unter Verdacht geraten. Historisch setzen sofort ab dem Moment, in dem die Öffentlichkeit zur legitimierenden Letztinstanz der Politik eingesetzt wurde, die Klage über den *abus des mots*, den Missbrauch der Wörter und die Warnungen vor den allgegenwärtigen Sprachfallen ein. 1790 heißt es: Aristokrat, «dieser Begriff hat in unseren Tagen sein Glück gemacht. … jeder wendet es auf das an, was ihm nicht gefällt».[8] Man hätte vor kurzem hierfür noch «neoliberal» einsetzen können, dann: «populistisch». Und nun ist schon «postfaktisch» das neue populistisch. Der Aristokratie aber wird wiederum gerade vorgeworfen, «die Menschen durch die Worte zu beherrschen»,[9] weswegen man eine vollkommen neue, revolutionäre Sprache brauche.

Die Französische Revolution führte unmittelbar zum Nachdenken über die Rede und die Sprache und ihre Rolle in der Politik, und neben einem neuen Zeit- und Raumregime (der revolutionäre Kalender, *départments*) brauchte es nun auch ein neues Sprachregime und neue Begriffe. Die neue Regierung verlangte auch ein neues *government of the tongue*. In Deutschland ist die Frage nach dem politisch richtigen Sprachgebrauch, man kennt das von seinem korporatistischen Produktionsmodell, an eine Art TÜV ausgelagert, in diesem Fall also an einen sprachlichen Überwachungsverein, der *Jury für das Unwort des Jahres*, die gern mal die sprachliche «Moralkeule» (Unwort 1998) schwingt im Namen eines «Gutmenschentums» (Unwort 2001 und (!) 2015), das aber natürlich nicht so benannt sehen will. Als Bundespräsident Gauck im Jahr 2015 Dunkeldeutschland ächtete, wäre ein Mitarbeiter des Präsidialamtes doch besser vorher noch mal die Jury-Beschlüsse der jüngeren Vergangenheit (hier: 1994) durchgegangen.

Wenn man das, was man nicht sagen kann, auch nicht entscheiden kann, setzt sofort der Streit darüber ein, was man noch sagen darf – und wer was sagen darf. Statt einer Debatte bekommt man daher regelmäßig erst mal eine über die Debattenordnung. Es werden zunächst Teilnahmeberechtigungszertifikate verteilt: Wer darf eigentlich wann wozu sprechen? Wird hier instrumentalisiert, bekommt man dort Applaus von der falschen Seite, darf man sich überhaupt jetzt schon äußern, oder muss man warten, bis alle Umstände bekannt sind? In diesem politischen Meta-Spiel wird dann schnell auch noch das «Man wird doch wohl noch sagen dürfen» zu diskreditieren versucht, sodass man es möglichst nicht mehr sagen dürfen soll.[10] Im Namen der Einsicht, dass Sprache Herrschaft ist, sucht die eine Seite politische Herrschaft via Sprachregeln auszuüben, bis die andere sie durch beständige Regelverletzung in Frage zu stellen sucht. Die Kandidatur Trumps für die US-Präsidentschaft war die Geschichte des fortgesetzten Durchbrechens dieser eigentlich etablierten Grenzen zwischen dem Aussprechlichen und dem Unaussprechlichen, weil die etablierten Grenzen mit dem diskreditierten Establishment identifiziert wurden. Die zentrale Nachricht all dieser Provokationen war: *Look, he is getting away with it!* Unsere politischen Tabuisierer und Enttabuisierer sind eine recht symbiotische Beziehung miteinander eingegangen, wobei sie natürlich die Letzten wären, das zuzugeben. Im Netz erscheinen sie schließlich, zwar aus diametralen politischen Lagern, doch wie einträglich vereint hinter dem trollistischen Manifest: Choleriker aller Ränder, beleidigt euch!

Dass man nur das entscheiden kann, was man sagen kann, fällt mitunter auf die Rede zurück, denn muss dann schließlich doch etwas beschlossen werden, das – auch wegen vorheriger Festlegungen – so nicht kommuniziert werden kann, umso schlechter für die Begrifflichkeit. Sprachliche Bizarrerien aus dem Europa von 2016, die die politischen Bizarrerien recht getreu widerspiegeln: «Es ist ein Verstoß gegen das Schengen-Abkommen, dass Österreich am Übergang Spielfeld einen Grenzzaun errichtet!» «Da liegen Sie jetzt aber völlig falsch, denn das ist ja kein Zaun, sondern lediglich eine ‹Tür mit Seitenteilen›» (Werner Faymann, SPÖ). Wenn man einen Zaun partout nicht Zaun nennen kann oder darf oder will, dann kann man ihn auch als «besondere bauliche Maßnahmen» (Innenministerin Johanna Mikl-Leitner, ÖVP) oder als «technische Sicherung» (Vizekanzler Reinhold Mitterlehner, ÖVP) bezeichnen. Wenn man «Transitzonen» ablehnt, weil die ja in Wirklichkeit «Haftzonen» (Heiko Maas) seien, dann nennt man sie besser «Aufnahme-Einrichtungen» (CDU), auch weil das weniger einladend klingt als «Einreisezentren» (SPD).[11] Oder: Es ist ein großartiger diplomatischer Erfolg der Kanzlerin, in dem Schlusskommuniqué des Europagipfels vom 8. März 2016 den Satz «Die Balkanroute ist geschlossen» verhindert zu haben. Wie unbeschreiblich die Erleichterung darüber, dass dort jetzt stattdessen steht: «Bei den irregulären Migrationsströmen entlang der Westbalkanroute ist nun das Ende erreicht»! Wir sind auch dankbar für Merkels Klarstellung: «Es wurde nie eine Grenze aufgemacht. Es wurde nur nie eine Grenze zugemacht.»[12] Auch diese Semantik der Realitätsverleugnung lässt sich natürlich politisch noch verleugnen: Man nennt das dann Deutungshoheit.

Entlang der politischen Begriffe sortiert sich das ganze Spektrum politischer Positionen. Sie dienen der Markierung von Standpunkten und werden daher schnell zu Kampfbegriffen in der zwischen- und innerparteilichen Abgrenzung. Hat man sich auf sie verständigt, gilt es, sie konsequent durchzuhalten, auch gegen eine Realität, die sich ja bekanntlich den Beschlusslagen nicht immer vollständig und umgehend unterwirft. Der Eindruck des Hermetischen und Verholzten der Politikerinterviews verdankt sich vor allem dem Umstand, dass sie oft reine begriffliche Durchhalte- und Belastungstests sind. Die alles entscheidende Frage, auf die das ganze Gespräch im Jahr 2016 hinsteuert, lautet dann: Sagt sie das O-Wort, oder stattdessen Kontingentlösung, Richtwert, Richtgröße, Limit, Kapazitätsgrenze, Ortientierungsgröße oder gar – noch eine Spur unverfänglicher – Größenordnung, oder, und jetzt wird es endgültig absurd: atmender Deckel? Dass damit so ungefähr nichts in der Frage selber gewonnen ist, vielmehr einiges verloren geht, dürfte auch den Beteiligten klar sein, denn die sind ja – entgegen einem verbreiteten, dümmlichen Vorurteil – alles andere als dumm.

So wird das Interview zum *gaffe spotting* vor Zuschauern: Kommt es möglicherweise zum Formulierungsausrutscher? Kann der Journalist eine *gotcha question* landen, erwischt er den Politiker auf dem falschen Fuß? Aber in dem Wissen eben um dieses wechselseitige Belauern ziehen sich Politiker immer mehr hinter Standardfloskeln zurück, das Interview wird *boring snoring*, zum Gähnen langweilig, sodass schon der Tod des politischen Interviews ausgerufen wurde.[13] Das Zeitungsinterview ist hingegen als politische Gesprächsform so beliebt, weil es ja die Illusion der Gesprächssituation bedient, aber der «Totenwäsche» (Barthes; → **Soundbites**) bei der Übersetzung von Sprache in Schrift viel Raum lässt. In der schriftlichen Fassung eines Gesprächs geht es nicht mehr darum, was wirklich gesagt wurde: «Es gilt nicht das gesprochene Wort, sondern natürlich der gemeinte Sinn. Was ich gesagt habe, [...] ist egal, das wird anschließend auf das hin hingeschrieben, was ich meine, oder noch präziser: was ich meinen möchte.» Die politische Rede im Interview wird dadurch zum «Gegenteil zum Reden im Gespräch»,[14] bei Aufrechterhaltung der Gesprächsillusion gegenüber dem Publikum.[15]

Das alles macht die politische Rede zu einer ganz eigentümlichen Kunstform. In Musils *Mann ohne Eigenschaften* heißt es: «Das war, sobald er zu solchen Ausführungen den Mund öffnete, wie wenn man einen Kontaktstöpsel herausgezogen hätte, und er floß in einem anderen Stromkreis. Übrigens geht es den meisten Menschen so, wenn sie sich öffentlich äußern.»[16] In der heutigen politischen Rede scheinen so manche Kontaktstöpsel gezogen. Aber dann stellt sich der Kontakt zur Wirklichkeit manchmal ganz unvermittelt und unbeabsichtigt, für alle überraschend doch wieder her. Hierfür hat sich im Englischen ein Fachbegriff etabliert, der *Kinsley gaffe*: ein sprachlicher Ausrutscher, der eine Wahrheit ausspricht, die der Politiker nicht zugeben wollte.[17] «Facts are stupid things» – Ronald Reagan versucht John Adams «Facts are stubborn things» zu zitieren.[18] In Zeiten der Richtmikrofone, der allgegenwärtigen Aufnahmegeräte und von Youtube sind diese Ausrutscher immer öfter Dokumente eines eigentlich beabsichtigten Beiseite-Sprechens: «Netanjahu ist ein Lügner.»[19] Upps, waren die Mikros doch schon eingeschaltet?

Der wohl bekannteste der aktuellen *gaffes*: «You can grab them by the pussy!» Sein lockerer Sexismus sei doch nur *locker room talk* gewesen, verteidigt sich Donald Trump: willkommen in einer Welt, in der sich keine Äußerung mehr wegschließen lässt. Teil des politischen Kampfes sind jetzt die sogenannten *Tracker*, die sich auf Parteiversammlungen oder anderen vorgeblich geschlossenen Gesellschaften des politischen Gegners unter die Leute mischen, um skandalisierungsfähiges Material mitzuschneiden. Sie lauern auf den Schiffbruch vor Zuhörern. Das Lachen der *Trackerin*: Es gibt kein *off-the-record* mehr.

L

Locken im Wind

Die Dialektik des politischen Protesthaars – lang und lange geföhnt.

Der *Spiegel* leitete 2013 einen Artikel über Anton Hofreiter ganz programmatisch ein: «Es ist Zeit, die politische Geschichte der Frisuren fortzuschreiben.»[1] Eine solche Geschichte ist aber – Anton Hofreiter, Donald Trump oder Geert Wilders zum Trotz[2] – vornehmlich eine Geschichte vom Aufstieg der Frauen in der Politik, denn Männer haben gemeinhin keine Frisuren, sondern lediglich Haare und manchmal ja auch die nicht.

Männerhaare mögen lang sein, wenn man eine Anti-Establishment-Attitüde sichtbar pflegen will, aber müssen zugleich gepflegt sein, wenn man trotz dieser Attitüde ins politische Establishment hineingewählt werden möchte, gemäß der «Nichts gegen lange Haare, aber gepflegt müssen sie sein»-Kompromissformel, mit der in Westdeutschland Frieden mit der 68er-Protestbewegung geschlossen wurde. Die langen und gepflegten Haare Hofreiters verhalten sich übrigens zu dieser deutschen Protestgeschichte des Langhaars dialektisch, denn der Grünen-Sprecher erinnere «mit langen Haaren und Krawattenskepsis an den rebellischen Urkern der Partei», und breche doch gleichzeitig «mit dem Radikalmachismo der Gründerväter Fischer, Trittin, Ströbele», wenn er verrät, dass «er die langen blonden Haare bei kaltem Wetter besonders lange föhnt» – das meint zumindest *Die Welt*.[3] Vielleicht hat ja aber hier auch nur ein *Welt*-Journalist morgens ein bisschen zu lang und zu heiß geföhnt.

Oder aber die Männerhaare sind sehr kurz (Stoppelschnitt), wenn man beispielsweise als CDU-Abgeordneter den biographischen Eintrag «Offizier der Reserve» in Kürschners Volkskalender per Erscheinungsbild beglaubigen möchte. Aber darüber hinaus ist für männliche Politiker der Spielraum frisurentechnisch eher begrenzt, wenn sie nicht Gefahr laufen wollen, die demokratische Kardinaltugend zu verletzen, grundsätzlich uneitel und unprätentiös zu erscheinen (→ **Flechtslipper**; → **Chlorhühnchen**).[4]

Diesem Imperativ des Unprätentiösen entspricht, dass sich die politische Relevanz der Frisur in erster Linie danach zu bemessen scheint, wie aufwendig zu pflegen, wie praktisch und alltagstauglich sie ist: «Wie ein frisch geföhnter Afghane am Fuß des Five-o-clock-Teetischs präsentiert sich Familienministerin Ursula von der Leyen mit ihrer neuen Frisur. […] Nicht lang, nicht kurz, also pragmatisch. Trotzdem schwierig: immer föhnen, jeden Morgen, bis in die Spitzen».[5] Dass die Frisur immer und überall «sitzt», ist daher sowohl für die politischen Frisurenträger wie auch fürs Publikum, das sie genau beobachtet, wichtig als Zeichen dafür, dass man immer Herr / Frau der Lage ist und nie die Fasson verliert. Genau darin liegt dann aber oft auch ein grundsätzlicher Vorwurf. Legendär die Schlagzeile der *taz* zum überraschenden Truppenbesuch Karl-Theodor zu Guttenbergs in Afghanistan: «Kundus, 13.30 Uhr, die Frisur sitzt».[6] Die Drei-Wetter-Taft-Referenz erschien dabei offensichtlich als so gelungen und entlarvend, dass sie 2010 – geringfügig variiert – für Ursula von der Leyen als Amtsnachfolgerin recycelt wurde, etwa beim Rückblick auf ihre ersten hundert Tage als Bundesverteidigungsministerin: «Kundus – Bombenwetter, die Frisur sitzt».

Ähnlich kritisch wurde 2013 auf Christian Lindners Haartransplantation reagiert, die ohnehin in fataler Weise an den in Deutschland ja nicht sonderlich geschätzten Politikstil Berlusconis und seine diversen *operazioni di lifting* erinnerte. Wo bei Lindner «jahrelang Geheimratsecken geschimmert hatten, wuchs jetzt plötzlich wieder schönstes Blondhaar […]. Die Lebensfreude ist ihm nun auf den Kopf getackert». Aber: «Kein normaler Mensch glaubt, dass Politiker die plakative Schönheit […] brauchen, um erfolgreich zu sein. […] In Christian Lindners Gesicht, dem neuen Gesicht der FDP, steht gar nichts. Dahinter liegt etwas Drohendes» – und dann als Schlusspointe der schwerste aller Vorwürfe: «Die Frisur sitzt».[7]

Das Haar besitzt offensichtlich erhebliches politisches Entlarvungspotenzial, insbesondere im Fall der FDP. Ihren Bundestagsabgeordneten Martin Lindner, den Roger Willemsen aufgrund seiner Debattenäußerung «Es gibt in Deutschland eine Zunahme an Armutsberichten, aber keine Zunahme an Armut» für bereits endgültig diskreditiert hielt, traf er am nächsten Tag zufällig am Bahnsteig: «Er ist in Begleitung, das gegelte Haar schillert. […] In einem ICE begegnet Herr Lindner der Armut nicht.»[8] Die schockartige Einsicht, dass der Kapitalismus tatsächlich soziale Ungleichheit produziert, zudem das schlechte Gewissen des Bürgerintellektuellen, dass die Gesellschaft nicht für jeden eine renovierte Altbauwohnung und eine Jazzplattensammlung bereitstellt: dafür wird man doch jemanden verantwortlich machen können – die FDP, den Neoliberalismus, gegeltes Haar.[9]

Aber ist dieser Wunsch, den Neoliberalismus sozusagen auch physiognomisch zu fixieren, mehr als ein Ausdruck der Neigung, jemanden, dessen politische Einstellungen man verachtet, auch insgesamt als Person verächtlich zu machen, also: Politik als besonders intensive Form der Dissoziation?[10] Lehnt man das, was man politisch ablehnt, tatsächlich auch ästhetisch ab (→ **Flechtslipper**)? Und spiegelt die Kritik an der angeblichen glatten Werbeoberfläche und dem «blanken Gesichtsschema» unseres politischen Personals mehr als eine Schizophrenie des Publikums wider?

Einerseits ist es vom Glatten und Uniformen der Erscheinung angewidert, von dem, was die Engländer *pasteurized politicians* nennen, und empfindet eine seltsame Sehnsucht nach dem Unverbrauchten, dem Ungeschliffenen und Individuellen. In heftiger retrospektiver Idealisierung erscheint dann plötzlich selbst ein unmäßig schwitzender Franz Josef Strauß mit seinem kaum verständlichen Redestakkato als ultimativer Sympathieträger: es gebe ja heutzutage kein politisches Urgestein mehr, so die entsprechende Small-Talk-Plattitüde. Ja, der Wehner und ach, der Strauß …! Aber wenn die Frisur dann einmal nicht sitzt, ist es auch wieder nicht recht: «Pott oder Wischmob?» lautete die Frage, die sich *Die Welt* in Bezug auf Klaus Wowereits derangierte Frisur am Wahlabend der Berliner Landtagswahl vom 18. September 2011 stellte.[11] War das Haarspray auf die Schnelle nicht zur Hand gewesen? Ist Wowereit vielleicht wiederum nur eine Ausnahme in Hinblick auf die den politischen Männern häufiger gewährte Nachsicht für ein vernachlässigtes Erscheinungsbild (Thierse! Oder Boris Johnson mit seiner *fresh out of bed*-Frisur), sind dem eigentlich grundsätzlich demokratisch goutierten Uneitel-Sein bei Politikerinnen sehr viel deutlichere Grenzen gesetzt.

Das beste Beispiel hierfür: Angela Merkel. «Als sie noch nicht das kanzlerhafte big hair hatte, wurde sie oft für ihre Haartracht verspottet.»[12] Es gab nun plötzlich ein neues Witzegenre: Kanzlerkandidatinfrisur-Witze. «Sagen Sie einmal, was ist Merkels Friseur eigentlich von Beruf?» Sie brachte es sogar zu Sixt-Anzeigenkampagnen-*fame*. Die *Süddeutsche Zeitung* erlegte sich ebenfalls recht wenig Zurückhaltung auf: «Frau Merkel, wer hat Ihnen das angetan? [...] warum nahmen Sie nicht lieber professionelle Hilfe in Anspruch? War da ein Dosenöffner am Werk?»[13]

«Steckt am Ende schon eine Strategie dahinter?», fragte die *Brigitte*: «Einem Pottschnitt mit selbstzerschnittenem Fusselpony traut doch keiner eine Kanzlerschaft zu.» Und genau jene sich gerne frauenbewegt gebende *taz*, die sich später über Guttenbergs[14] penetrante Selbstinszenierungen so empören sollte, lästerte völlig ungehemmt drauflos: «an der transusigen Mecklenburgerin [hängt] so einiges, was, rein wahlkampftaktisch, besser nicht da hinge: die strubbeligen Zippeln zum Beispiel, die ihr da, wo andere Menschen Frisuren haben, aus der Schädeldecke fransen [...] Von der CDU bereits abgelehnt wurde der Vorschlag, Frau Merkels alten Kopf einfach ab- und einen neuen anzuschrauben.»[15] Dann trat Udo Walz in Merkels Leben. Das Problem gilt seitdem als gelöst.

Die Lösung bestand tatsächlich darin, ihr einen neuen Kopf anzuschrauben (plus in ein paar weiteren kleinen Stilmaßnahmen, die sie zu der «Ikone des dezenten Chics» machten, die sie heute ist; → Flechtslipper).[16] Politisch zeigt sich: Keine Inszenierung ist auch keine Lösung. Merkels wohl noch auf der politischen Kultur der späten DDR und ihrer Bürgerrechtsbewegung basierende «Stylingresistenz» *(Brigitte)*[17] fand bald seine Grenzen an einem gnadenlosen (West-)Publikum. Und so wie Merkel in ihrer politischen Karriere gelernt hat, Positionen, die sich als zunehmend problematisch erweisen, nach einer gewissen Zeit des Ausharrens umstandslos zu räumen, so fügte sie sich schließlich auch hier: na, dann also der Udo für die Haare und die Bettina (Schönbach) für die Klamotten.[18]

Die Lektion lautete: «Uneitel sein mit Stil» und mit dem Anschein der Anstrengungslosigkeit das eigene, hochgradig künstliche Erscheinungsbild naturalisieren – das ist die Formel für den politischen *(hair)dress to success*. Die Anforderung für unsere Politikschauspieler liegt darin, eine gelungene Verbindung aus ihrer natürlichen und ihrer politischen Existenz darzustellen, und das immerzu und ständig, weil sie als ganze Person für ihre Position einzustehen haben. Politiker spielen nicht – wie Schauspieler – sich selbst vor dem Hintergrund einer Rolle, sondern eine politische Rolle vor dem Hintergrund dessen, was uns als «sie selbst» untergejubelt wird. Politiker «spielen mit hohem Einsatz. Sie sind Spieler und Einsatz zugleich.»[19]

«Persönlich, nah, unverfälscht» – die Bewirtschaftung der Differenz zwischen dem Amt und dem «wirklichen» oder «eigentlichen» Menschen dahinter, zwischen dem öffentlichen Erscheinungsbild und dem wahren Gesicht, liegt im Interesse beider Seiten, im Interesse der Medien und der Medienfigur, in deren Zusammenwirken das vorgeblich authentische Porträt produziert und eine «illusionäre Intimität» zwischen öffentlicher Person und Publikum hergestellt wird. Auch die private Seite entkommt der öffentlichen Darstellung natürlich nicht. Dreizehn Jahre Kanzlerschaft und immer noch der Wunsch, «hinter der Kanzlerfassade [...] den echten Menschen zu erkennen».[20]

Politiker müssen sich deswegen nicht für die Rolle, sondern für ihre «natürliche» Existenz verkleiden, und zwar nach Maßgabe der Rolle, also der politischen Existenz. Das stellt spezifische Anforderungen an die Maskerade. Für die Haare wie für die

Kleidung definiert der *Normcore* das Ideal des demokratischen Politikererscheinungsbildes. Allenfalls darf die kunstvolle Fähigkeit zur Unauffälligkeit auffallen. Das Publikum, das sich über den hieraus resultierenden Konformismus der Erscheinung wiederum aufregt, weiß schlicht nicht, was es will – was ja in der Demokratie sein vornehmstes Recht ist.

Die unübersehbaren Unterschiede, die in der öffentlichen Aufmerksamkeit und der Härte des Urteils über das Erscheinungsbild von männlichen und weiblichen Politikern zu Tage treten, codieren die gegenwärtige Politik jedoch nicht primär nach Geschlecht, vielmehr reflektieren diese Unterschiede, dass historisch, nämlich mit der Französischen Revolution, Geschlecht politisch codiert wurde. Nach 1789 setzte das ein, was Carl Flügel die große männliche Entsagung genannt hat: die Uniformierung der männlichen Kleidung, durch die die Männer den zuvor mindestens gleichberechtigt erhobenen Anspruch auf Schönheit und Erotik im Tausch für den Ausdruck politischer Gleichheit an die Frauen abtraten. In dieser Zeit, als Reflex auf die demokratischen Umwälzungen, «verabschiedeten sich die Männer vom Anspruch, als schön zu gelten».[21] Mode wurde nun zu einer exklusiv weiblichen Domäne, denn im Gegensatz zur uniformierten Männermode individualisierte sich im Zuge der Revolution die Frauenmode: «Die aristokratische Zurschaustellung des Körpers und seiner erotischen Reize ist nach der Französischen Revolution Privileg – oder Bürde, je nach Perspektive – der Frauen geworden.»[22] Diese Rollenteilung wurde sogar gesetzlich fixiert. Ein Gesetz aus dem Jahr 1799 verbot es Frauen, sich wie Männer anzuziehen. Weil sie eine Hose trug, wurde der Abgeordneten Michèle Alliot-Marie noch 1972 der Zutritt zum Parlament verwehrt – bis sie dem Sicherheitspersonal drohte: «Wenn es die Hose ist, die Sie stört, ziehe ich sie aus.»[23]

Der demokratische Bund der Gleichen wendet sich gegen alle

sozialen und damit auch modischen Distinktionen, die von diesem Bund zunächst weitgehend ausgeschlossenen Frauen werden dadurch zu den alleinigen Trägern dieser Distinktionen, die ja eben mit *fraternité-* und *égalité-*Postulaten allein noch nicht aus der Welt sind. Die Männerkleidung war politisch relevanter, aber dadurch wurde sie auch uniformer.[24] Aber was als «Zeichen der Universalität der Moderne» gewertet wird,[25] ist doch zunächst ganz un-universalistisch ein exklusiv männliches Vorrecht. Aufgrund der größeren politischen Bedeutung der männlichen Kleidung verschwanden deren offensichtlichste Zeichen sozialer Differenzierung schnell, während diese Zeichen nun auf dem Frauenkörper frei – d.h. auch unabhängig von der gesellschaftlichen Stellung – flottieren durften: so darf die Kleidung der Dame jetzt auch die der Kokotte zitieren. Mit der Französischen Revolution endet die «Gleichheit der Geschlechter in modischen Dingen» (Barbara Vinken). Sie machte damit zugleich die Mode der Männer untereinander glcicher, die der Frauen untereinander ungleicher.

Wenn diese Beobachtung zutrifft, dann definiert das eine Verteilung des aktiven Begehrens und des passiven Begehrt-Werdens, die nicht «die Gesellschaft», sondern die Politik dem Geschlecht (und dadurch erst der Gesellschaft) eingeschrieben hat, und für die damit auch kein mehrtausendjähriges Patriarchat verantwortlich zu machen wäre. Und die sich deswegen auch als reversibler als oft angenommen erweisen wird. Mit dem (Wieder-) Eintritt der Frau in den Bereich des Politischen setzt das nun allerdings ein neues und kompliziertes Spiel der Zeichen frei. Eine Konsequenz ist zunächst: Die Kleidung der Politikerin muss sich in das Funktionale, Sachliche, Nüchterne einfügen. Ihre vorherige Hauptfunktion, das «Begehrenswert-Sein» auszustellen, muss nun unterdrückt werden, sie muss die männliche Entsagung nachvollziehen. Im Dienste dieser geschlechtlichen Neutralität steht der Hosenanzug und wohl auch ein «sportlicher, unaufgeregter, weil nicht aufgetuffter, und vor allem zeitlos moderner Stufenschnitt»[26] – «the pob», also «the political bop», wie der *Guardian* diese leicht zu pflegende, praktische Frisur von Merkel, May, Clinton etc. taufte. Und es war offenbar dieses ungeschriebene Neutralitätsgesetz, das Merkels sehr tief ausgeschnittenes Osloer Opernkleid verletzte und dadurch alle verrückt spielen ließ, nicht unbedingt, weil es sie extrem sexy hätte aussehen lassen, sondern weil es eine weibliche Körperlichkeit in Erinnerung rief, die eigentlich als erfolgreich aus der Politik verbannt galt. Ruhe kehrt erst ein, wenn «die Bundeskanzlerin sich zwischen ihren zwei Körpern für den strikt politischen entscheidet, also fürs Amtskostüm mit den großen Knöpfen vorn».[27]

Paradoxerweise erscheint damit der politische Mann sexualisierter, denn er begehrt ja, und die politische Frau erscheint – da plötzlich entsexualisiert – ihm zugleich bedrohlicher. Das kanalisiert sich einerseits in das «stellvertretende Zurschaustellen», die politische Trophäenfrau, etwa Carla Bruni (→ **Verlobungsringe**), in vulgärer Form Berlusconis wechselnde «Always 18»-Begleiterinnen – inklusive der strafrechtlichen Gefahr eines «Almost 18»-Missgriffs, wie bei Karima El-Mahroug (alias Rubacuori).[28] Es ist ein umwegiger Begehrenswert-Beweis: der Mann stellt mit seiner Begleiterin «die Reize und das Raffinement quasi stellvertretend aus»,[29] denn wer die begehrte Frau besitzt, muss ja wohl auch selbst begehrenswert sein. Die Frau belegt die kontagiöse Magie des Politikerkörpers – bei Gefahr des Umschlags, wenn das Publikum die Liaison als Wirkung ihrer, nicht seiner Magie wertet.

Ansonsten ist dem politischen Mann aber weiterhin nur erlaubt, in seinem Körper- und Kleidungstext die wichtigen Dinge äußerst beiläufig, erst am Ende extrem langer, nie enden wollender Schachtelsätze zu sagen: hier ein leicht hochgeklappter Hemdkragen, dort tatsächlich ein wenig Gel in den Haaren, hier etwas spitzer zulaufende Schuhe, mit dem wuchtigen Brillenrahmen zuletzt Anleihen beim rigiden Berliner Hipster-Code, alles in allem jedoch nur äußerst dezente Signale modisch inszenierter Körperlichkeit. Den neuen politischen Frauen steht stattdessen die Möglichkeit offen, die Neutralitätsgrenze stückweise zu verschieben und dabei ganz unschuldig zu tun. So wie Katja Suding, die Hamburger FDP-Vorsitzende: beim Dreikönigstreff mit sehr knappem Rock ganz vorn auf der Bühne, für die *Gala* zusammen mit Lencke Steiner und Nicola Beer als «Drei Engel für Lindner» posieren – also Femen für Zahnärzte. Aber dann den Ersten, der das Offensichtliche auszusprechen wagt, nieder-hashtaggen. Denn das ist ja das Schöne an dem neuen Spiel: *The chauvinism always lies in the eye of the (male) beholder*.

Aber alles das lockert sich auf, weil wir ja schon weit vorangeschritten sind im Prozess der vollständigen Universalisierung politischer Partizipation. Und deswegen wird auch das Gegenteil von Le Corbusiers' Prognose zutreffen, Mode habe keine Zukunft, «in einer endlich demokratischen Gesellschaft wird sie überlebt sein.»[30] Es ist genau umgekehrt: In der vollständig demokratischen Gesellschaft wird die Mode universalisiert sein, jeder darf jeden begehren, jeder darf begehrenswert erscheinen, inner- und außerhalb der Politik, Mann und Frau gleichermaßen. Aber ganz ehrlich: Wer hätte damit gerechnet, dass es ausgerechnet Alexander Dobrindt[31] sein würde – per Diät von Konfektionsgröße 56 auf 48, «Krass-Brille im Nerd-Style» (*Bild* vom 27. Mai 2015), ein «Gottlieb Wendehals»-Gedächtnisanzug mit ganz großem Karo (*Bild*: «Schurwolle mit 5 Prozent Seidenbeimischung» von ‹Top-Designer› Eduard Dressler, ca. 1000 Euro»), dazu goldene Turnschuhe! – der den Vorboten dieser verheißungsvollen Zukunft gibt? Bösartige, und die gibt es in der Politik ja immer, werden sagen: Es ist alles nur, um von seinen Haaren abzulenken.

M

Mally, Kapuzineräffchen

(Ex-)Umweltminister Peter Altmaier (links) und Kapuzineräffchen Mally.

Das politische Tier heutiger Zeit ist eindeutig und unbestritten – der Hund. Präziser: eine maximal kniehohe, hypoallergene sowie sterilisierte Mischlingshündin aus dem Tierheim. Einzige Anforderung an den Hundecharakter: «friedlich und niedlich».[1] Soll es keine Promenadenmischung sein, lässt sich die politisch heikle Frage nach der Hunderasse am besten demokratisch entscheiden, also per Online-Abstimmung. Barack Obama, der 2008 seinen Töchtern einen Hund versprach, wenn der Präsidentschaftswahlkampf erst einmal vorüber sei, bekam Hilfe vom *American Ken-*

nel Club (AKC), dem Club für Rassehunde: «Damit der Senator das von den Republikanern gezeichnete Bild eines abgehobenen Politikers pariert», hatte der AKC «eine Vorauswahl möglicher Begleiter des […] mächtigsten Mannes Amerikas getroffen […] Zur Abstimmung auf www.presidentialpup.com stehen Zwergschnauzer und Pudel sowie die Rassen Irish Soft-Coated Wheaton Terrier und Bichon Frise. Ferner schaffte es der Chinesische Schopfhund in die Endausscheidung. Den Zwerghund gibt es in der Variante Nackthund und «Powder Puff» mit seidenweichem Haarschleier».[2] Das kann man nur als ausgesprochen geglückte, sehr US-amerikanische Verbindung aus Konsumentenfreiheit und Demokratie – *freedom & democracy* – werten: eine opake, von Partikularinteressen durchsetzte Steuergesetzgebung ermöglicht Umverteilung von unten nach oben, dafür aber darf die Bevölkerung beim Präsidentenhund die Entscheidung zwischen Wheaton Terrier und «Powder Puff» treffen.

Es wurde bei den Obamas dann schließlich doch ein Portugiesischer Wasserhund namens Bo, laut öffentlicher Rechnungslegung des Präsidentenamts erworben für 1600 Dollar, und auch nicht aus dem Tierheim, wie ursprünglich beabsichtigt, sondern direkt vom Züchter, trotz der Petition der *Best Friends Animal Society* mit mehr als 50 000 Unterschriften, die die Obama-Familie zur Wahl eines *shelter dog* bewegen wollte. Als kleine sozialpolitische Geste ist Bo immerhin ein *second chance*-Hund, d.h. er war bereits einmal von den vormaligen Besitzern an den Züchter zurückgegeben worden. Auch für einen Seitenhieb gegen Kongress und Senat gab der Präsidentenhund Gelegenheit, Obama zitierte Präsident Truman: «If you want a friend in Washington, get a dog.» Praktisch zeitgleich mit der Erweiterung der Obama-Familie erschienen drei Kinderbücher über Bo, und der *First Dog* ging auch als Plüschtier in Produktion. Die *White House Historical Association* vertreibt den *Official White House First*

Dog Bo Plush für circa 20 Dollar. In Obamas Wiederwahlkampagne 2012 gab es dann *bark for Barack*-Autoaufkleber mit First Dog Bo. Wie gesagt: *freedom & democracy*.[3]

Kein politisches Tier ist heutzutage – das Pferd, auf dem ja immer noch der Feudalherrscher durch unser kollektives Imaginäres reitet. Man muss präziser sagen: kein politisches Tier *mehr*, auch in dieser Hinsicht ist «das letzte Jahrhundert des Pferdes» (Ulrich Raulff) definitiv zu Endc.[4] Sarkozy auf einem Camargue-Pferd auf Stimmenfang kann und soll vermutlich auch nur als Zitat gelesen werden: «Napoléon beim Übergang über den Großen St. Bernhard» von Jacques Louis David. Im französischen Kontext mag so etwas gerade noch funktionieren. Jemandem, der den Parteitag für seine Nominierung zu den französischen Präsidentschaftswahlen exakt auf den 200. Jahrestag von Napoleons Kaiserkrönung legt (→ **Verlobungsringe**) und ja ebenfalls nur 1,65 Meter misst, kamen diese Assoziationen wohl nicht völlig ungelegen: Wie phantasiert man Geschichte bzw. sich in der Geschichte? Zumindest wird man heutzutage für heftige Napoleon-Identifikation nicht mehr sofort weggesperrt.[5] Aber ganz unabhängig von allen beabsichtigten oder unbeabsichtigten historischen Referenzen hilft das Pferd bei der Körpergröße natürlich auch ganz unmittelbar. Schließlich wird – ausgerechnet in Frankreich – auch noch der Kavalier motorisiert: Präsident Hollande, mit Helm (!), von seinem Leibwächter (!) auf dem Motorroller (!) zur Geliebten kutschiert: Wie tief will die französische Politik noch sinken?

Dass wir in einem Politiker auf einem Pferd immer nur eine undemokratische Bildnachricht sehen, ist jedoch noch einem anderen Umstand geschuldet, denn das Reiterstandbild wurde ja – wie Reinhard Koselleck gezeigt hat – seit Mitte des 19. Jahrhunderts sehr wohl sukzessive demokratisiert.[6] Das «Fürstenmonopol auf den Pferderücken» (Koselleck) entfiel nach und nach, der Soldat in nackter, uniformloser Gleichheit, insbesondere als Gefallener, also im Moment des alles gleich machenden Todes, durfte nun (bildlich) in den Sattel.[7] Aber eben diese soldatischen und in Zeiten des Massenkriegs dadurch auch zunehmend demokratischen Bedeutungen sind heute komplett verschwunden. Einerseits wegen der vollständigen Motorisierung des Krieges, die sich ja schon in den letzten beiden Kriegsjahren des Ersten Weltkriegs durchsetzt und damit das Pferd als Kriegsmittel verdrängt[8] – die heutige Ikone des (asymmetrischen) Krieges, und damit seiner Dezentralisierung und Demokratisierung, wäre schließlich der Toyota-Pick-up. Nichts, durch das ein *westlicher* Politiker seine Popularität wesentlich steigern könnte. Andererseits aber hat zumindest in Westeuropa, wo es ja bekanntlich seit 1945 keine richtigen Kriege und keine wahrhaftigen Revolutionen mehr gibt, der Soldatentod seine demokratieprägende Kraft ohnehin verloren,[9] was auch die Balance aus Rechtsuniversalismus und nationalstaatlichem Ausschluss, also das *constitutive outside* (Chantal Mouffe) der Demokratie zerstört, da über die Bereitschaft, für das Gemeinwesen zu sterben, keine Zugehörigkeit oder Nichtzugehörigkeit mehr definiert wird bzw. definiert werden kann. Insofern sagen uns dann selbst die demokratisierten Varianten des Reiterstandbilds heute üblicherweise nichts mehr.

In unseren postheroischen Zeiten lässt sich das Pferd also nur noch als Ausdruck von Alexandre Kojèves Gesellschaft des ewigen Sonntags verstehen. Das Pferd wird deswegen heute gerade nicht mehr als Herrschaftsinsignie interpretiert, sondern als Freizeittier mit erheblichem sozialen Distinktionspotenzial, und wird *dadurch* politisch gefährlich in demokratischen Zeiten, in denen die soziale Gleichheit zur Voraussetzung für politische Führung geworden ist. Mit dem Pferd assoziieren wir nun eher Reiterhof, Voltigieren, die Oberschichtenzicke aus dem Hanni & Nanni-Universum: «In ihr Sammelalbum peinlicher Augenblicke hat die Verteidigungsministerin in diesem Sommer einige Bildchen einkleben können: Eines zeigt Ursula hoch zu Pferde in Tralala-Uniform bei der Eröffnung der Aachener Reiter-EM. Anfang August kämpften andere längst mit der Flüchtlingswelle, die Ministerin hatte Kreisreiten geprobt.»[10]

Eine politische Lektion würde hier lauten: wenn schon Pferd, dann besser in seiner Kleinvariante, also Pony. Das erfüllt erneut das essenzielle «Niedlich und friedlich»-Kriterium, erscheint kinderfreundlich – jetzt noch ein putziger Name, und man kann in der Mediendemokratie das politische Vorabendprogramm füllen. Das Pony der Kennedys hieß Macaroni. In den USA, in denen ja keinem heimischen Adel das Pferderückenprivileg erst mal hätte streitig gemacht werden müssen, fällt das soziale Distinktionspotenzial des Pferdes aber wohl ohnehin geringer aus, und es ist deswegen als politisches Tier unproblematischer. Ob Nationalheld Paul Revere oder George Washington selber, den die USA seit 1858 ja tatsächlich auch mit einem Reiterstandbild ehren[11] – entweder dominiert in der Wahrnehmung das Soldatische und damit das Soldatendemokratische (denn in der amerikanischen Armee gab es ohne Adel natürlich auch kein Adelsprivileg), oder das Pferd bedient den Frontier-Mythos, ist also Teil der Siegerfolklore, eine Reminiszenz erfolgreicher Landnahme. Präsidentenranches gehören daher in das US-amerikanische politische Bilderprogramm – zumindest in das der republikanischen Präsidenten, etwa Ronald Reagans *Rancho del Cielo* alias das *Western White House* oder George W. Bushs *Prairie Chapel Ranch*, auf der dann auch schon einmal eher ungewöhnliche präsidiale Haustiere vorgezeigt werden können, zum Beispiel die Langhorn-Kuh Ofelia mit ihren Kälbern Ellie und Logan.[12]

Aber das kommt mit seinen eigenen Ausschließungseffekten: Schwer vorstellbar, dass Bushs gefaktes Landleben für Obama eine Option gewesen wäre.[13] Wie praktisch hingegen für das republikanische Milieu, dass man mit Ronald Reagan über einen Präsidentendarsteller verfügte, der etwa in *The Last Outpost* (1951) oder in *Cattle Queen of Montana* (1954) mitgewirkt hatte, und der dann auch immer wieder nachweisbar «in kritischen Augenblicken seiner Karriere Zeilen aus seinen eigenen oder anderen populären Filmen» memorieren konnte.[14] Er machte sich dann auch im Sattel ganz gut.[15]

Mit einem gängigen Topos der Heldenerzählung versichert uns zudem Reagans Umfeld über den 1981 als Staatsgeschenk vom mexikanischen Präsidenten erhaltenen temperamentvollen Araberhengst El Alamein: «Nie warf er den Präsidenten ab». Definitiver Beweis der besonderen Führungsqualitäten des Herrschers ist der unschuldige und daher untrügliche tierische Instinkt, der sich der natürlichen Überlegenheit der Präsidentenpersönlichkeit willig fügt – hier soll noch gelten: «Regieren ist Reiten» (Carl Schmitt).[16] Das Auswärtige Amt hatte hingegen Mühe, Reagan diskret von der Idee abzubringen, bei seinem Deutschlandbesuch Bundeskanzler Kohl als Gastgeschenk ebenfalls ein Pferd mitzubringen. Das Bundeskanzleramt verfüge zwar über begrenzte Weidemöglichkeiten, aber bedauerlicherweise nicht über Stallungen, so das Argument, das Reagan letztlich überzeugte. Ach, wie gerne hätte man Helmut Kohl auf einem Kaltblut durch die Rheinauen traben sehen.

Die Präsidentenranch selbst markiert einen wichtigen Ort in der US-amerikanischen Variante des *pays légal / pays réel*-Kontrasts: Da politischer Erfolg in Washington offensichtlich davon abhängig ist, sich ein glaubhaftes Anti-Washington-Image zuzulegen, auch noch eine Verbindung zum wirklichen Leben nachweisen zu können, Landverbundenheit und Bodenständigkeit nachzuweisen, hilft eine Ranch irgendwo in der Provinz – oder, wie bei Jimmy Carter, vielleicht auch nur ein Bruder, der sich

Kettenhemden aus Dosenbierverschlüssen bastelt.[17] Washington stehe für die Dekadenz von Politikern, die, man hält es nicht für möglich, doch tatsächlich ihre Wiederwahl anstreben würden, so lautete nicht nur Reagans vernichtendes Urteil: «Eine Sache, die unsere Gründerväter nicht vorhersehen konnten, ist, dass wir heute eine Nation sind, die von professionellen Politikern regiert wird, die ein persönliches Interesse an ihrer Wiederwahl entwickelt haben. Unsere Gründerväter hatten vermutlich eher im Sinn, dass jemand für eine Zeitlang ein öffentliches Amt übernehmen würde, immer mit dem Wunsch, bald wieder auf seine Farm zurückkehren zu können.»[18]

Ob das bei Reagan nun eine wissentliche oder doch eher unwissentliche Lucius-Cincinnatus-Referenz war, so oder so ist klar, wie sehr sich die amerikanische Politik in einer ganz langen Kontinuitätslinie stehend sieht: Rome, B.C. und Washington, D.C.,[19] mit allen Implikationen für den behaupteten Sittenverfall, den man zu erkennen meint, wenn man aus dem gesunden, soliden Land auf den dekadenten Capitol Hill blickt. Im Eliten-Blick zurück, von den Küsten ins Hinterland hinein, ist das Land hingegen bestenfalls *fly-over country*, vernachlässigbare, irrelevante, bedauernswerte Provinz, gruseliger Nährboden für allerlei Hillbilly-Horror.[20]

In England wäre die Blickrichtung genau umgekehrt, hier blicken urbanes Bürgertum und die Arbeiter aus den Industriezentren verächtlich auf ein funktionslos gewordenes Land, auf dem die dekadente *Gentry* ihre Anachronismen pflegt. Beide Entwicklungen sind natürlich ökonomisch verschränkt: Bereits am Ende des 19. Jahrhunderts gab es faktisch keine britische Landwirtschaft mehr, der Nahrungsmittelbedarf der Insel wurde nun überwiegend aus Übersee gedeckt. Die amerikanische (und australische) Ranch machte die englische Farm zu einem folkloristischen Anhängsel des Landadels, und dessen Praxis der sozialen

Abgrenzung durch teure *hobby-horses*, wie etwa die Fuchsjagd, bringt die britische Klassengesellschaft noch heute periodisch in Wallung.[21] So herrscht hier eine ganz andere politische Ökonomie der Bilder: Der britische Politiker, der heutzutage von sich Fotos mit Pferd zulassen würde, müsste wohl vom Teufel geritten sein.

Wer sein öffentliches Bild kontrollieren muss, braucht Begleittiere, die er kontrollieren kann. Daher die politische Bilderregel: Wilde Tiere am besten nur aus der Ferne. Sich wie Donald Trump in seinem Büro mit einem Weißkopfseeadler fotografieren lassen zu wollen, ist keine besonders gute Idee. Das kann schiefgehen und geht dann natürlich auch schief, und dann sind die unvorteilhaften Bilder unwiderruflich in der Welt.[22] Das berühmte Foto von Mussolini im Auto mit seiner jungen *leonessa*[23] ist hingegen mindestens so bemerkenswert für das Fehlen eines Tieres wie für den abgebildeten Löwen, denn der sollte ja auf die «Sonnengebürtigkeit» Mussolinis verweisen, geboren am 29. Juli 1883 – «die Sonne war seit 8 Tagen in die Konstellation des Löwen eingetreten». Doch der moderne *Sol Invictus* braucht nun keinen Pferdestreitwagen mehr: Er ist schließlich motorisiert. In ihrer Vorliebe für die wilden Tiere aber treffen sich Trump und Mussolini: «Besser einen Tag als Löwe leben als hundert Jahre als Schaf» – am 20. Februar 2016 twitterte Donald Trump das Duce-Zitat von seinem offiziellen Account. Was er sich denn dabei gedacht habe, lautete die Frage des Moderators Chuck Todd in «Meet the Press» am darauffolgenden Tag. Ob er mit einem Faschisten assoziiert werden wolle? Trump: «Mussolini was Mussolini ... what difference does it make. I want to be associated with interesting quotes» – und offensichtlich mit wilden Tieren, was uns nun auch endlich seine Frisur schlüssig erklären würde (→ Locken im Wind). Woher kommt eigentlich der Begriff Baulöwe?[24]

Dass der Löwe in demokratischen Zeiten nicht mehr als Herrschaftstier taugt, war eigentlich schon ganz zu Beginn klar geworden. Hatte man gerade erst durch die Hinrichtung von Louis XVI. die Monarchie für endgültig überwunden gehalten, mussten sich die französischen Revolutionäre 1794 fragen, was sie bloß mit den aus der königlichen Menagerie übernommenen und nun für das Volk im *Jardin des Plantes* vorgesehenen Tieren, darunter nun auch ärgerlicherweise dem König des Tierreichs, anfangen sollten.[25] Noch in der Mitte des 19. Jahrhunderts meinte Marx, die Vorstellung von einem monarchisch verfassten Tierreich entlarve die «Zoologie als Geheimnis des Adels». Bei Trump hat die Löwenreferenz nun aber sicherlich keinen monarchistischen Subtext, aber wer sich als Einzelgänger und Außenseiter inszeniert, der in die verängstigte Gruppe der republikanischen Mitkonkurrenten um das Präsidentenamt einfällt und einen nach dem anderen zerfleischt, für den bietet sich diese Allegorie sicher an.[26] Aber ein Politiker, der sich auf Bildern mit wirklichen Löwen zeigt, würde heutzutage wohl nur noch PETA (→ **Chlorhühnchen**), nicht aber Wähler mobilisieren.

Die andere politische Bilderregel bei wilden Tieren lautet: Falls nicht aus der Ferne, dann möglichst als Babys, wiederum wegen niedlich und zugleich nicht so gefährlich. Davon zeugt Sigmar Gabriels Versuch, in seiner Zeit als Umweltminister vom «Eisbär Knut»-Kult politisch zu profitieren: «Deshalb posiert die Bundeskanzlerin mit Eisbergen und der Umweltminister mit einem Eisbärenbaby, in beiden Fällen des hohen Schmelzfaktors halber.»[27] Auch David Cameron hatte erkannt, dass der Klimawandel Gelegenheit für tolle Fotos bietet, etwa 2006 in Norwegen mit Huskies und Hundeschlitten vor schöner Schneekulisse: «Es mag ja sein, dass die Erde sich erwärmt, aber es ist Dave, der unsere Herzen schmelzen lässt», schrieb der *Guardian*.[28] Und nach diesen Fotos – so der *Guardian* – kann es eigentlich keinen Zweifel mehr geben, «who's top dog when it comes to the environment». Als Farce wird dieses Muster des politischen Gruppenbilds mit Tier bestätigt durch Peter Altmaiers Besuch im Tierheim zum Fototermin mit Justin Biebers am Münchner Flughafen beschlagnahmtem Kapuzineräffchen Mally (→ **Flechtslipper**), von dem nicht ganz klar ist, in welchem Wählerpool Altmaier mit diesem Besuch eigentlich genau fischen wollte, solange die CDU nicht plant, das Wahlalter auf elf zu senken.

Das politische Tierreich Wladimir Putins ist bekanntlich von anderem Kaliber als dieser dekadente westliche Streichelzoo: Eis- und Braunbären, Tiger, Elche, Schneeleoparden, Weißkraniche, Pferde, Hechte usw. Es wird erkennbar ein anderes Register bedient, auch wenn sich im Einzelfall herausstellen sollte, dass die von Putin angeblich mit einem Betäubungsgewehr zur Strecke gebrachte wilde Tigerin zuvor aus dem nächstgelegenen Zoo herangekarrt worden war. Man kann es aber erneut als Bestätigung von Kojèves *posthistoire*-These lesen, wenn sich die Ost-/West-Konkurrenz heute zunehmend darauf beschränkt, in eine Konkurrenz der Tierbilder einzutreten: «Das Bild mit Putin und dem Leoparden schnappte sich letztes Jahr im Sommer der russische Vizepremier Rogosin. Er schnitt es zusammen mit einem Foto von Obama, der einen weißen Pudel im Arm hält, und twitterte es. Überschrift: ‹Wir haben unterschiedliche Werte und Verbündete›. Ein Satz von zeitloser Gültigkeit.»[29]

Wie weit die *posthistoire*-These aber wirklich trägt, ließe sich wohl mit Hilfe eines politischen Spürhundes einmal ganz praktisch überprüfen: Putin könnte es ja einmal wagen, auch beim Empfang des – sagen wir, iranischen – Staatspräsidenten seinen Labrador Koni frei herumlaufen und am Staatsgast schnüffeln zu lassen, wie 2007 anlässlich Merkels Russlandbesuchs (und in vollständiger Kenntnis von Merkels Angst vor Hunden). Und dann schauen wir mal, ob das nicht wenigstens für eine Botschaftserstürmung reicht.

N

Now watch this drive!

Trumps Handicap von 3,7 ist Fake News.

Der mittlerweile sprichwörtlich gewordene «Now watch this drive»-Moment der George W. Bush-Präsidentschaft. August 2002, auf dem Golfplatz ein improvisiertes Presse-Statement des US-Präsidenten anlässlich eines Selbstmordattentats in Israel. Bush, völlig ernsthaft und ganz entschlossen: «We must stop the terror.

I call upon all nations to do everything they can to stop these terrorist killers.» Dann ein kurzes «Thank you», ein Kopfnicken gegenüber dem Kamerateam, zurück zum Abschlagsplatz und mit weitem Schlägerschwung sein legendäres: «Now watch this drive» – was dann unglücklicherweise auch noch mitgefilmt wurde und so weltweit seine Runde machte.

Obama hatte seinen fast identischen «Now watch this drive»-Moment am 20. August 2014. An diesem Tag hatte der IS das Video von der Enthauptung des US-amerikanischen Journalisten James Foley veröffentlicht:

> «Die amerikanischen Fernsehsender unterbrachen ihre Programme [...] Eine Schockwelle ging durchs Land. Kurz darauf trat der Präsident vor die Kameras [...] und sagte genau das, was die fassungslosen Amerikaner in diesem Moment von ihrem Präsidenten hören wollten [...]: Mitgefühl für das Opfer und die Angehörigen, eine entschlossene Kampfansage an die Täter, die Bitte um ein Gebet für den Ermordeten und ein beherztes ‹God Bless America›. Obamas Mienenspiel zeigte, wie sehr ihm die Sache offenbar zu Herzen gegangen war: Er sah tief bestürzt aus. [...] Doch nach der fünfminutigen Live-Übertragung [...] warf [er] das dunkle Sakko einem Berater zu, ließ sich mit der Limousine auf den Golfplatz fahren und stand schon eine Viertelstunde nach der Trauerrede gut gelaunt und laut lachend am Abschlagplatz [...] Vier Stunden verbrachte er an diesem Tag auf dem Golfplatz. Bei gelungenen Schlägen führte er kleine Freudentänze auf [...].»[1]

Aus europäischer Sicht wäre ja schon der Umstand eines Golf spielenden Politikers gewöhnungsbedürftig im Lichte des besonderen Schnöselfaktors der Sportart. Dressurreiten mit Ursula von der Leyen ist eigentlich schon mehr, als man ertragen kann oder will (→ Mally, Kapuzineräffchen). In den USA ist das erkennbar anders codiert, dort wohl eher als Rassen- denn als Klassenkonflikt.[2] Vielleicht hat sich ja die durch die Obama-Präsidentschaft narzisstisch gekränkte weiße Mittelschicht gesagt: die angemessene Antwort auf einen schwarzen, Golf spielenden Präsidenten kann nur ein weißer Präsident sein, dem diese ganzen verdammten Golfplätze gehören. Dass damit die für acht Jahre aus der Balance gebrachte Ordnung des Universums nun endlich wieder hergestellt wäre, deutete ja auch Trump in seinen Wahlkampfreden an: «Obama spielt vielleicht Golf. Es könnte auf einem meiner Plätze sein. Ich würde ihn einladen. Was ich ihm sagen würde ist: Ich besitze die besten Golfplätze der Welt … .»[3]

In Deutschland ist bekanntlich der Fußball das letzte Lagerfeuer der virtuellen Nation. An dem wollen sich dann natürlich gerne auch Politiker, die Popularitätswerte immer fest im Blick, etwas wärmen. Bildlich: Fotos von Merkel in der Kabine und von Claudia Roth auf der Tribüne (beim FC Augsburg). Oder sprachlich, also sprachbildlich: «Wenn der Verein immer im Keller spielt, dann ist irgendwann der Trainer dran» – Sigmar Gabriel kommentiert am 24. Januar 2017 seinen Verzicht auf die Kanzlerkandidatur und den Rücktritt vom SPD-Parteivorsitz. Die Populismusversteher von der CSU nehmen den Ball gerne auf: «Dass dann, so wie bei jedem Bundesligaverein bei einem Trainerwechsel, zunächst einmal Hoffnung und Motivation aufkommen – das ist das Natürlichste in der Welt. Jetzt warten wir erst einmal, wie das trägt», so Horst Seehofers Reaktion auf den sich anschließenden Martin-Schulz-Hype.

Haben die Sozialdemokraten vielleicht tatsächlich einen *Game-Changer* eingewechselt? Der bayerische Ministerpräsident warnt schon mal: «Wir dürfen uns kein Eigentor mehr leisten», und der CSU-Generalsekretär will mit einer Kabinenansprache die eigene Mannschaft für den kommenden Wahlkampf motivieren: «Wir müssen uns das Trikot schmutzig machen.» Auch für Markus Söder ist klar, dass man dem Herausforderer mehr als Merkels *Catenaccio* entgegensetzen muss: «Beim Fußball lässt man auch nicht einfach den Gegner bis vors Tor laufen. Dort würde es heißen: Pressing, angreifen, den Gegner verunsichern.»

Die SPD scheint einen Lauf zu haben – der begann mit Gabriels «taktischem Foul» (*FAZ*), der frühen einseitigen Festlegung auf Frank-Walter Steinmeier als sozialdemokratischen Kandidaten fürs Bundespräsidentenamt, und dann wurde die Union «klassisch ausgekontert» (noch mal: *FAZ*). Am Ende, unmittelbar nach der Wahl am 12. Februar 2017, bleibt auch Steinmeier selber ganz im Sprachbild: «Mir geht es im Moment ein bisschen wie Philipp Lahm, wenn er eine kluge Analyse direkt nach dem Schlusspfiff geben soll», so der frisch gewählte Bundespräsident im ersten ARD-Interview – als wären die 803 Stimmen Vorsprung vor dem Tabellenzweiten *Roter Stern Butterwegge* völlig überraschend gekommen und hätten den Spielverlauf komplett auf den Kopf gestellt. Die Metaphernmaschine im Dienste der großen Vereinnahmung des Fußballs für die Politik läuft nun also offensichtlich völlig heiß und zunehmend leer. Wird bei der nächsten Bundesversammlung der frisch gewählte Präsident von Marcel Reif in die Mixed Zone gebeten?

Fußball ist natürlich wieder klassencodiert, und der berühmten Werner-Sombart-Frage: Warum gibt es in den Vereinigten Staaten keinen Sozialismus? (1906) folgt die Anschlussfrage: «Why is there no soccer in the US?»[4] Fußball ist aber zugleich eben auch geschlechtercodiert. Da kann Merkel noch so häufig von ihrem Sitzplatz aufspringen und aufgeregt die Hände vors Gesicht schlagen – die authentische politische Fußballerbiographie bleibt männlich. Der *Stern* meinte schon 2006 erkennen zu können: «Der Ball, die Frau, sie passen einfach nicht zusammen.»[5] Vielleicht war das ja ganz ins Allgemeine gesprochen? Entscheidend ist eben auf'm Platz, beispielsweise: Rechtes Mittelfeld, TuS 08 Brakelsiek, oder Mittelstürmer, TuS Talle von 1923, oder Linksverteidiger, SV Rhenania Würselen 05. Wer in Jugendjahren den Spitznamen «Acker» verpasst bekommen hat, für den ist das später in der Inszenierung als sozialdemokratisches Kampfschwein von unschätzbarem Wert (→ **Frau XY**). Was aber soll man von einer solchen Charakterisierung halten: «Als Fußballer war er überall einsetzbar, aber ohne Offensivdrang»?[6]

Man kann das politische Anbiedern natürlich auch übertreiben. Gerhard Schröder hatte sich zum großen Fan von – wahlweise – Energie Cottbus, Hannover 96 oder Borussia Dortmund erklärt, woraufhin die Illustrierte *Maxim* «in ihrer Bundesliga-Vorschau kurzerhand bei jedem Verein in der Rubrik ‹Größter Fan› nur einen Namen» hinschrieb: Gerhard Schröder.[7] Martin Schulz drapiert gleich seine ganze sozialdemokratische Vorzeigebiographie, mit Höhen und Tiefen, in nur zwei Zeilen um den Fußball herum: «Ich bin der Sohn einfacher Leute. Ich war ein begeisterter Fußballspieler. Als junger Mann sind meine Fußballträume zerplatzt. Ich habe in dieser Zeit meine Orientierung verloren.»

Aber die lustigste Variante hält, da ist wirklich auf ihn Verlass, mal wieder Edmund Stoiber parat: «Wer ein Trio vorne hat wie Ronaldo, Ronaldinho und äh… äh äh und äh… die anderen Brasilianer, Carlo… äh Roberto Carlos, das ist äh, das ist äh, Rivaldo dazu noch, Rivaldo äh äh – äh äh… Rivaldo und äh Ronaldinho und Ro… und Ronaldo also … das dann verloren zu haben, das ist zwar bitter, aber nicht so bitter.» So also hört sich der Sprachschaden an, wenn die Welt der Klarsichthüllen und Schnellhefter aus der bayerischen Staatskanzlei mit der des Fußballs kollidiert (→ **Kinsley gaffe**).

Die Erweiterung des politischen Spielfelds führt nicht nur die

Kanzlerin in die Umkleide der deutschen Nationalmannschaft, wo es dann Fotos mit dem halbnackten Özil gibt, sondern schlägt sich mitunter auch direkt im Transfergeschehen nieder. In seinem von antideutschen Ressentiments durchsetzten Wahlkampf kaufte Silvio Berlusconi im Frühjahr 2013 seinem AC Mailand Mario Balotelli mit einem abstrusen, den Italienern aber offensichtlich einleuchtenden Syllogismus: Ballotelli habe die Deutschen zum Weinen gebracht («Ballotelli fece piangere tedeschi»), Mario Monti die Italiener – und da in diesem lockeren logischen Zusammenhang wohl Monti irgendwie als Deutscher durchging, hatte dieser Transfer offensichtlich mit Politik zu tun. Es heißt, dass er Berlusconis Partei landesweit nahezu zwei Prozent Stimmenzuwachs beschert habe, in der für eine Blockademehrheit im italienischen Senat zentralen Region Lombardei bis zu fünf Prozent. Die 20 Millionen Euro für den Mittelstürmer von Manchester City waren also ausgesprochen gut angelegt.[8]

Fußball ist männlich und tendenziell links – aber das lässt trotzdem noch Raum für Differenzierungsmöglichkeiten. Joschka Fischer kickte natürlich in der bunten Liga und weiß: «Erst der Fußball gibt Kraft zum Regieren.»[9] Imageförderlich ist allerdings besonders der Sport, den man früher einmal ausgeübt hat, nicht unbedingt der, den man aktuell versucht. Fischers Alphatier-Auftritte bei der *Grünen Tulpe*, der Kickertruppe seiner Bundestagsfraktion, die sich im Wesentlichen in Mitspieler-Anschnauzen und kreativer Regelauslegung erschöpften und ansonsten dem Motto folgten: «Laufen ohne Ball ist mir zu langweilig»,[10] boten nur begrenztes Identifikationspotenzial. Kritik am Großen Vorsitzenden wagte sich dennoch nur im Schutz einer Trappatoni-Imitation vor: «Fischer! Fischer … alleine wie Primadonna. Guter Mann, doch muß machen mehr Sturm.»[11] Irgendwann entdeckte der Grünen-Politiker dann doch noch das Laufen ohne Ball für sich und wechselte unter maximaler Medienaufmerksamkeit vom

Mannschaftssport zur Mittelschichtselbstoptimierung auf dem langen Lauf zu sich selbst. Es war wohl irgendwann klar geworden, dass die Tönnchenfigur schlecht zur Selbstetikettierung «Avantgarde» – die, die immer voranlaufen – passte. «Warum gibt es eigentlich keine T-Shirts mit der Aufschrift ‹Rotwein formte diesen Körper›?»[12]

Eine Liste der politischen Sport-*Do's* und *-Don'ts* könnte etwa so aussehen: Reiten – *don't!* Vom Pferd fallen gibt ganz schlechte Bilder, und überhaupt und fast noch schlimmer: die soziale Fallhöhe. Golf? Kommt darauf an – in den USA *do*, in Europa *don't* (s. o.). Radfahren: eigentlich schon, insgesamt hat der Sport natürlich mittlerweile einen Imageschaden, und wenn man Rudolf Scharping heißt, steht der Sturz vom Rad dann irgendwie auch stellvertretend für die ganze politische Karriere. Boxen – sehr riskant: blutige Nase. Und kurze Hose und Leibchen kann auch nicht jeder tragen. Für den kanadischen Premier Justin Trudeau war das trotzdem der Anfang seines politischen Comebacks und Schritt aus dem Schatten seines Vaters. Segeln? Einerseits don't, man kann kentern, Schiffbruch erleiden, und mittlerweile ist das eigene Boot oder auch nur der Anlegeplatz ja auch schon ein in der Demokratie grundsätzlich verdächtiger Anzeiger des sozialen Status: mein Haus, mein Auto, mein Boot … Andererseits ist der Staat bekanntlich ein Staatsschiff, der Staatenlenker ein Kapitän oder doch wenigstens Lotse – wer also demonstrieren will, kein Leichtmatrose zu sein … *do*.[13] Schwimmen? Grundsätzlich ja eine sehr demokratische Sportart – und von Karl dem Großen über Mao bis Klaus Töpfer wussten alle großen Staatenlenker um seine besondere politische Symbolträchtigkeit.[14] Aber Fotos mit Badehose sind natürlich unerbittlich (Ebert und Noske; → Sommerreise). Wohl dem, der – wie Töpfer – einen Neoprenanzug tragen durfte. Was auf alle Fälle nicht geht, ist nur mal so ein bisschen Planschen (Scharping), das ist zu nahe am Lau-

Baden (Brandt; → **Verlobungsringe**). Laufen? Unbedingt. Ebenso natürlich Wandern (Karl Carstens). Was gäbe es distinktionsloseres? Skifahren? Abfahrt – *don't*, aber Langlauf ist herrlich langweilig, also *do* (auch wenn man sich da mit einigem Talent den Beckenring anbrechen kann). Was passiert, wenn Merkel, die ja schon Langlauf nicht richtig kann, als unvorsichtige Skifahrerin in den Hang geht und ein bisschen Schnee bewegt, hat dann ja Wolfgang Schäuble im Nobember 2015 beschrieben.[15] Judo und Muckibude sind mit all ihrer Männlichkeit und Aggressivität dann wieder eher was für Leute wie Putin. Dann gibt es noch Para-Gliding (Geissler), Autorennen (Fillon), Kugelstoßen (Rehlinger), Tanzen (Simonis) …

Ach, will man den Politikern nicht manchmal zurufen: hört doch auf, euch vor unseren Augen abzustrampeln, es ist eh kein schöner Anblick, geht doch einfach arbeiten?

O

Öltanks (Ich bin zwei)

Sigmar & Gabriel – ganz dicke miteinander, man könnte fast sagen: ein Herz und eine Seele

Auf den ewig langen, sterbenslangweiligen Autobahnfahrten, die man als westdeutsches Mittelschichtkind in den frühen 1970er Jahren immer so über sich ergehen lassen musste, hinten, von der Rückbank, den Blick auf das flache Land streichen lassend, beispielsweise auf der A1 zwischen Hörsten und Tecklenburger Land, öde Güllegegend, oder hinter Maschen und Buchholz, auch nicht viel besser, auf der träumerischen und melancholischen Suche nach irgendetwas, das die Eintönigkeit der Fahrt und der Landschaft und des faden Mittelschichtkinddaseins durchbrechen könnte, also der Blick nach rechts aus dem Autofenster hinaus, kamen schließlich in unregelmäßigen Abständen auf diesen flachen, brachen Feldern, die ja sowieso außer für Werbeträgerschaft zu keinem Nutzen mehr zu sein schienen, nach einem nicht zu entschlüsselnden zeitlichen und räumlichen Muster seltsame Solitäre in den Blick, die offensichtlich von einer zu allerlei Schabernack aufgelegten Himmelskraft dort abgeladen worden waren, runde, massige, oben und unten leicht konisch zulaufende Dinger, die nicht nur wegen ihrer völligen Zwecklosigkeit und Sinnfreiheit, sondern auch wegen der grammatischen Fehlerhaftigkeit des Textes, der in schwarzen Großbuchstaben auf ihre runden Fläche geschrieben stand – Werbetexter, du verstehst dein Geschäft –, sich sperrig im Kinderhirn festsetzten, dort als großes Rätsel für immer abgespeichert blieben: «Ich bin zwei Öltanks».

Die Madeleine, die diese Erinnerungen heute wieder aufsteigen lässt, man hört förmlich das Rauschen und Raunen der durchmessenen Räume, die diese falsche «Ich bin zwei»-Formel aus den Erinnerungsmüllschichten fischt, die bundesrepublikanisches Werbungsdummdeutsch, der deutsche Schlager und die abgegriffenen Slogans politischer Kämpfe Jahr für Jahr in einem doch ursprünglich ganz unschuldigen, unbeschriebenen westdeutschen Mittelschichtkinderhirn abgelagert haben, und die damit auch dafür sorgt, dass zeitgleich und urplötzlich, *vision involontaire*, ein geradezu albtraumhaftes Bild vor Augen steht, wie sich nämlich Clementine, Monika Wulf-Matthies und Wencke Myrhe an den Händen fassen und auf einem nebligen Feld des Tecklenburger Landes um einen Öltank tanzen und dazu «Bonduelle ist das famose Zartgemüse aus der Dose» singen, diese Madeleine hört in diesem Fall auf den Namen: Sigmar Gabriel.

Und das nicht in erster Linie, weil man zwangsläufig denkt, der ist ja wohl auch zwei, wenn sich seine füllige Erscheinung auf den Bildschirm schiebt, sondern weil Gabriel wie kein Zweiter die politische Metaphysiologie der Neuzeit zu verkörpern scheint, denn als Mann mit den *multiple selves*, mit politischen Öltankqualitäten, steht er geradezu idealtypisch für die Doppel- oder gar Dreifachkörpertheorie der zeitgenössischen Demokratie – etwa wenn er als «Privatmann» zu einer Diskussion mit Pegida-Anhängern geht und ihnen ansonsten ein «Pack» hinterherruft oder gleich den Steinbrück-Finger zeigt, oder wenn er bei einem offiziellen Moskaubesuch als Wirtschaftsminister seine «persönliche Meinung» äußert, man könne doch eigentlich auch ohne Erfüllung der Minsker Vereinbarung die Russland-Sanktionen schrittweise aufheben, oder wenn er mit *Refugee Welcome*-Button auf der Regierungsbank sitzt und wenig später der Kanzlerin vorwirft, sie habe persönlich eine Million Flüchtlinge nach Deutschland eingeladen, oder schließlich im Oktober 2016, wenn er ein Treffen von Abgeordneten der Linken, der Grünen und der SPD besucht, bei dem gemeinsame Regierungsoptionen ausgelotet werden sollen, das aber nur als Ausdruck reinsten Bildungsinteresses verstanden wissen will: «Ich wollte nur den Vortrag von Oskar Negt hören».[1] Gabriel: er ist das breiteste linke Bündnis (Breistlibü) weit und breit. Mit ihm bekäme man nicht R2G,[2] sondern 2SG. Man wäre nicht überrascht über die Schlagzeile: «Die neue Doppelspitze der SPD – Sigmar Gabriel!» Oder: «Die SPD zieht mit einem Spitzenduo in den Wahlkampf: Sigmar & Gabriel!» Wahrscheinlich könnte er auch Troika.

Okay, alles das wird uns nun also erspart bleiben. Verzicht auf die Kandidatur, 13 Kilo runter (→ **Stamina**), das Versprechen auf einen kompletten Persönlichkeitswechsel. Man erkennt aber vielleicht so viel: Zu den im politischen Betrieb funktionalen Persönlichkeitsstörungen, wie etwa eine gute Portion Narzissmus oder ein gerüttelt Maß Größenwahn (Schulz – MEGA [Make

Europe Great Again]), gehört offensichtlich auch ein bisschen bipolar. Andere sind da aber etwas geschickter und verschieben das auf die rhetorische Ebene. Ist man nur rhetorisch zwiegespalten – «Solidarität und Eigenverantwortung», «Fördern und Fordern», «Herz und Härte» –, wird das nicht immer gleich sofort als Schizophrenie diagnostiziert (→ Kinsley gaffe). Man muss aber generell zu Gabriels Ehrenrettung sagen: Er ist nicht völlig alleine (und das jenseits der Kalauer-Einsicht, dass Schizophrene eigentlich nie alleine sind). Merkel bemühte die Zweikörpertheorie, als sie anlässlich des Plagiat-Skandals von Karl-Theodor zu Guttenberg bekräftigte, ihn ja nicht als wissenschaftlichen Assistenten, sondern als Verteidigungsminister eingestellt zu haben. Hillary Clinton bekannte anlässlich eines sehr, sehr lukrativen Vortrags vor Wall-Street-Bankern, dass man als Politiker ja grundsätzlich sowohl eine öffentliche als auch eine private Position haben müsse. Und da man gerade so vertraut zusammensitze und ja auch viel Geld gezahlt habe, könne sie eigentlich gerade mal ein bisschen über ihre privaten Positionen plaudern, beispielsweise, dass sie einen ausgeglichenen Haushalt befürworte – was exakt die Sozialkürzungen notwendig gemacht hätte, die sie zuvor, etwa in den Debatten mit ihrem Herausforderer Bernie Sanders, abgelehnt hatte. Aber das war ja auch nur ihre öffentliche Position. Ganz konsequent, dass sie sich mit allen Mitteln dagegen wehrte, dass ihre private Meinung vor Wall-Street-Bankern zu einer öffentlichen geleakt würde. Es hat bekanntlich nichts genutzt.[3]

Oder Boris Johnson entwirft gleich zwei ausführliche Argumentationen: Warum England *unbedingt* aus der EU austreten sollte! Und warum England *auf keinen Fall* aus der EU austreten darf! Hat er eine Münze geworfen, welches der beiden Papiere er als Kolumne an den *Daily Telegraph* schickt? In seiner neuen Post-Brexit-Rolle als Außenminister lässt dann Johnson wenig später in einem Gespräch europäische Diplomaten wissen: Er persönlich sei ja für volle Arbeitnehmerfreizügigkeit, weil das seinen Überzeugungen entspräche – aber bedauerlicherweise sei das ja nicht offizielle Regierungspolitik.[4] Auch Trump bekommen wir in mindestens zwei Versionen, und hier gilt nun wirklich *the medium is the message*: einerseits als eher staatsmännischen Teleprompter-Trump, und andererseits als impulsiven, cholerischen, trolligen Twitter-Trump.[5]

Einc Selbsthilfegruppe politisch gespaltener Persönlichkeiten würde man also schon zusammenbekommen. Manchmal allerdings wäre ein bisschen Bipolarität wirklich von Vorteil und eigentlich sogar amtshygienisch vorgeschrieben: Warum hatte Hillary Clinton am 9. November 2016 nur eine *Victory-*, aber keine *Concession-Speech* in petto, umgekehrt Donald Trump nur eine *Concession-*, aber keine *Victory-Speech*? «Ja, das ist Demokratie, langweilig wird sie nie» (Andreas Dorau), möchte man da sagen – Wahlen gehen doch tatsächlich zuweilen anders als erwartet aus. An Gabriels Doppelkörper aber lässt sich ein über solche amtlichen Anlässe für Doppelstrategien hinausgehendes Grundproblem moderner Demokratie ablesen: Wie Verlässlichkeit wahren in sich schnell ändernden Zeiten? Wie hält man eine gewisse politische Position durch gegenüber ständig wechselnden Problemlagen? Wie balanciert man zwischen Flexibilität und Kontinuität?

Wähler haben eine Präferenz für Konsistenz. Parteien und ihre Labels sind Informationskürzel. Man möchte so ungefähr wissen, was man bekommt, wenn man sie wählt, und hat keine Lust, erratisch im ideologischen Raum umherirrenden Parteien hinterherfragen zu müssen, wo sie denn programmatisch momentan gerade verortet seien. Parteien und ihre Programme kochen komplexe und ständig neuartige Fragen auf eine, höchstens zwei beständige Entscheidungsdimensionen ein: links vs. rechts, lieber etwas mehr Staat oder lieber etwas mehr Markt? Steuern erhöhen oder Ausgaben kürzen? Und als zweite Dimension: libertär oder traditionell, universell oder partikularistisch? Nationale Grenzen oder moralischer Universalismus? LGBTQIA oder Bund der Heimatvertriebenen? Abgesehen davon, dass sich die Extreme berühren, ist man als Wahlbürger darauf angewiesen, dass die Parteien voneinander differenzierbare Angebote machen und diese auch über die Zeit halbwegs durchhalten. Und darauf, dass es bei bestimmten Fragen nicht mehr ganz so einfach ist, Sahra Wagenknecht von Frauke Petry zu unterscheiden, kann man sich ja als Wähler durchaus einstellen.

Das ist das Einerseits, aber dazu gibt es eben – wie immer – auch ein Andererseits. Der Wähler, dieses kaprizöse Wesen, mag es zwar nicht erratisch, aber eben auch nicht dogmatisch. Wähler haben keine Lust auf das Festhalten an ideologischen Positionen angesichts neuer Entscheidungssituationen und gewandelter Präferenzen. Sie wollen keine Glaubensbekenntnisse, sondern Sachlösungen. Ein dogmatisches «Umso schlechter für die Wirklichkeit» reicht vielleicht den Sektierern, die ja eh die Reinheit der Oppositionslehre den Niederungen der Regierungsebene vorziehen. Für den Rest stellt sich allerdings die Frage: Wie bietet man das eine, Kontinuität, und zugleich das andere: eine gewisse programmatische Flexibilität?

Das leicht Sphinxhafte, es gehört zu den politischen Verhaltenslehren, abwarten, sich erst einmal bedeckt halten, schon mal Sprachregelungen testen, wenn einen die Wirklichkeit auf dem falschen ideologischen Fuß erwischt, dazu das Privileg des Chefs: jemand anderen vorschicken zu können, der sondieren, das Terrain erkunden soll …

Oh, guck mal da – wieder ein Öltank!

…

Nee, zwei.

P

Parlamentari pianisti

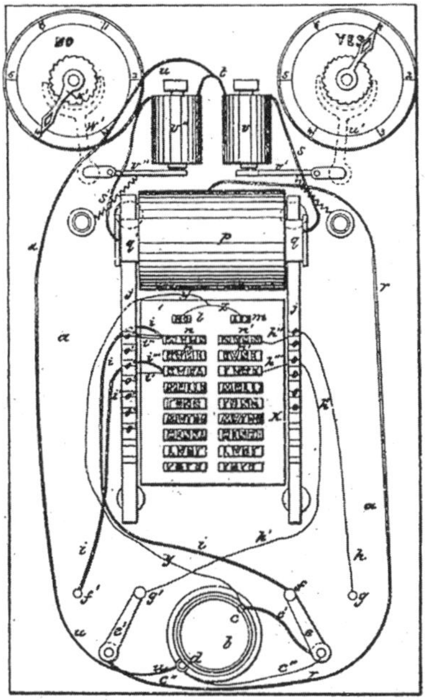

Edisons erstes Patent: eine elektronische Stimmenzählmaschine für den US-amerikanischen Kongress.

Wenn im Zentrum des Parlaments die Abstimmung – und nicht die Aussprache – steht (→ **Delaberation**), stellt sich die Frage, wie eigentlich parlamentarisch abgestimmt wird. Das ist eine eher selten systematisch behandelte,[1] aber nicht ganz triviale Frage. Die einfache Antwort lautet zunächst: Parlamente stimmen in der Regel, das heißt im normalen Gesetzesverfahren, nach Mehrheit ab.[2] Auch dieser Befund ist vielleicht nicht ganz so trivial, wie er zunächst erscheinen mag, denn oft werden sogenannte Konkurrenz- versus Konsensdemokratien einander gegenübergestellt, also entweder mehr wettbewerblich ausgerichtete oder eher Einstimmigkeit anstrebende Systeme,[3] verbunden mit der Behauptung, in Konsensdemokratien sei der Einfluss der parlamentarischen Opposition systematisch höher, sie verwirkliche das Ideal, dass allen gesellschaftlichen Gruppen proportional zu ihrer politischen Stärke ein entsprechender politischer Einfluss zukommt.[4] Zumindest in den parlamentarischen Abstimmungsregeln findet das jedoch keinen Niederschlag: der trennscharfe Regierungs- / Oppositions-Dualismus ist in den sogenannten Konsensdemokratien ebenso entwickelt wie in den angeblichen Konkurrenzdemokratien. Parlamentarisch gilt überall: Mehrheit ist Mehrheit, und wenn es nur die einer einzelnen Stimme ist.

Wie aber wird diese Mehrheit ermittelt? Hierfür haben politische Versammlungen eine ganze Bandbreite unterschiedlicher Abstimmungsverfahren entwickelt.[5] Zunächst und notorisch unzuverlässig – Lärm: Zuruf, Akklamation (→ Applausminuten), im Deutschen Reichstag des Kaiserreichs und der Weimarer Republik zum Beispiel auch das Auf- und Zuklappen von Pultdeckeln. Alternativ und etwas zuverlässiger: das Handzeichen oder das Aufstehen bzw. Sitzenbleiben – Parlamentarier stehen auf, um gezählt zu werden *(rising vote)*. Dann, sehr viel eindeutiger, die namentliche Abstimmung – in Deutschland mit namentlich gekennzeichneten Abstimmungskarten, oder das Auseinandertreten der Abgeordneten, das Verlassen des Parlaments und der getrennte Wiedereinzug von Gegnern und Befürwortern des Abstimmungsgegenstandes (im Deutschen Bundestag der sogenannte Hammelsprung) bzw. der Teilauszug von einer der zwei Gruppen.[6] Schließlich noch die parlamentarische Personenwahl als geheime Wahl in Wahlkabinen (→ Isoloir), so vor allem bei den Investitur-Abstimmungen, also in Deutschland der Kanzlerwahl.[7]

Bei den verschiedenen Abstimmungsverfahren gibt es eine Hierarchie ihrer Transparenz, die eine Hierarchie ihrer Bedeutung widerspiegelt und komplementär zum parlamentarischen Reden und Schweigen liegt (→ Delaberation). Der expliziten, aber geheimen Investitur-Abstimmung[8] folgt die implizite, stillschweigende Unterstützung während der normalen parlamentarischen Praxis: «Die Bildung der Regierung sowie ein Vertrauensentzug durch Misstrauensvotum oder Ablehnung der Vertrauensfrage bedürfen einer *ausdrücklichen* Willensbekundung des Parlaments durch Mehrheitsbeschluss. Ansonsten genügt für den Fortbestand einer Regierung deren *stillschweigende* Duldung.»[9] Während die normale Mehrheitsbildung im parlamentarischen Alltag offen ist, erfolgt die «ausdrückliche Willensbekundung» geheim.

Jedes dieser Verfahren hat seine Eigenheiten, Schwächen und Abstimmungsimplikationen – beabsichtigt oder unbeabsichtigt, denn es gibt bisweilen durchaus ein politisches Interesse an Uneindeutigkeit und Intransparenz und eine strategische Nutzung der verschiedenen Arten, Mehrheiten zu ermitteln. Bei der Abstimmung über die sogenannten Frauenquoten in der Privatwirtschaft vom März 2015 hält das Bundestagsprotokoll fest: «Der Gesetzentwurf ist mit den Stimmen der Koalitionsfraktionen bei Enthaltung der Oppositionsfraktionen angenommen.» Doch der CDU-Abgeordnete und stellvertretende Fraktionsvorsitzende Michael Fuchs widerspricht: «‹Ich habe dagegen gestimmt, und ich war nicht der Einzige.› […] Doch war das weder zu sehen, noch wurde es von der Sitzungsleitung bemerkt, obwohl Fuchs […] auch vom Äußeren gut zu erkennen ist: Groß gewachsen, helles Haar. Später sagte er dieser Zeitung, er habe beim ‹Durchgehen durch den Plenarsaal› seine Hand zum Nein hochgehoben.»[10]

Das Signal war eines, das nach innen, an die Fraktionsführung, nicht unbedingt nach außen, die Öffentlichkeit, gerichtet war.

Im englischen *House of Commons* wird die Entscheidung nach *division* praktiziert, wenn das Zurufverfahren (*Aye* and *Nay / No*) kein klares Mehrheitsbild erbracht hat. Hier spiegelt die Abstimmung «im» *House of Commons* vielleicht noch den ursprünglichen Wahlmodus «zum» *House of Commons*, denn bis 1872 erfolgte in einem britischen Wahlkreis die eigentliche Wahl nur, wenn jemand die vorige Abstimmung per Handzeichen, die oft unübersichtliche Ergebnisse brachte, angefochten hatte.[11] So wird das Ergebnis einer Abstimmung per Zuruf auch nur dann akzeptiert, wenn Mehrheiten eindeutig sind, bzw. wenn das vom Speaker als «I think the Ayes (or Nos) have it» verkündete Abstimmungsergebnis von keinem Abgeordneten angefochten wird. Äußert einer oder äußern mehrere Abgeordnete Zweifel an der Eindeutigkeit des Ergebnisses, mussten bis 1834 bei der *division* die Befürworter eines Gesetzesentwurfs den Plenarsaal in Richtung Parlamentslobby verlassen.[12] Hier hatte also das Privileg des Status quo noch eine ganz direkte Abstimmungsentsprechung: wer ihn verteidigte, durfte am Platz bleiben, seine Gegner mussten ausziehen.[13] Nach dem Auszug wurden zunächst die im Plenarsaal verbliebenen Abgeordneten gezählt, danach die wiedereinziehenden. Das Zählen wurde von zwei Zählern (*teller*), die sich am Eingang postierten und die zuvor aus jeweils der Gruppe der Ayes und Nays bestimmt worden waren, vorgenommen. Zeigten sich hierbei die Befürworter einer Status-quo-Änderung in der Mehrheit, verließen alle Abgeordneten nach der Abstimmung erneut den Sitzungssaal, um gemeinsam wieder einzuziehen: «Bei einer Teilung muß die Eintracht symbolisch wiederhergestellt werden. Wenn die Minderheit sich nachträglich der Mehrheit anschließt, um das verabschiedete Gesetz gemeinsam mit dieser in den Saal zu tragen, dann unterliegt sie einer regelrechten [und buchstäblichen; PM] ‹Folgepflicht›.»[14] Dies war erkennbar nicht erforderlich, wenn die Verteidiger des Status quo obsiegten, denn nun waren ja die ausgezogenen Abgeordneten wieder ganz bei ihnen. Der gemeinsame Aus- und Wiedereinzug sollte also die Spaltung heilen, die unter den Abgeordneten kurzzeitig sichtbar geworden war.

Der Vorgang in seiner symbolischen Dimension erinnert daran, dass in der revolutionären *Assemblée Nationale* nach der Abstimmung die Stimmzettel verbrannt wurden, um alle Spuren des internen Dissenses nach der Abstimmung zu beseitigen. Die entsprechende symbolische Handlung im *House of Commons* war das Zerreißen abgelehnter Entwürfe *(rejected and torn)* bzw. das *kicking of the bill*, also das Wegtreten des zusammengeknüllten Entwurfs beim Verlassen des Parlaments.[15] Die Heilung parlamentarischer Einheit, die durch den Wiedereinzug der Parlamentarier entstand, konnten sie somit beim Auszug nochmals vorführen.

Doch der Auszug aus dem *House of Commons* hatte einen spezifischen Nachteil, der abstimmungstaktisch ausgenutzt werden konnte. Angesichts knapper Sitzplätze zogen nicht alle Abgeordneten, die für eine Status-quo-Änderung gestimmt hatten, aus dem Plenarsaal, weil sie Angst hatten, für die weitere Sitzung ihren Sitzplatz zu verlieren.[16] Die neue parlamentarische Praxis, die sich in dem nach dem Brand von 1834 neu errichteten Parlament etablierte, löste dieses Problem, weil nun alle Parlamentarier, Befürworter wie Gegner eines Gesetzesentwurfs, aus dem Plenarsaal ausziehen mussten.

Seither vollzieht sich eine *division* wie folgt: der Speaker verkündet *Clear the lobbies*, Glocken klingeln, die Ordnungskräfte halten Besucher von den Lobbys fern, die nun verschlossen werden, und laufen im Gebäude *division!* rufend umher. Die Abgeordneten strömen zusammen und lassen sich gegebenenfalls von den *whips*, den Fraktionsführern, letzte Instruktionen über die Parteilinie geben. Exakt zwei Minuten nach der ursprünglichen mündlichen Abstimmung wird diese nun nochmals wiederholt, und falls erneut ihr Ergebnis angezweifelt wird, heißt es: «Die Ayes zur Rechten, die Noes zur Linken …»

Dass um 1835 der alte Gegensatz – Status quo vs. Änderung des Status quo – einem neuen Gegensatz – Regierung vs. Opposition – zu weichen beginnt und es jetzt die Regierung ist, die die parlamentarische Agenda zunehmend beherrscht,[17] wird sinnfällig daran, dass nun die Ja-Fraktion in die sogenannte Aye-Lobby zieht, rechts vom Speaker, hinter den Regierungsbänken, während die Nein-Fraktion in die Lobby zur Linken des Speakers, in die sogenannte No-Lobby wandert, hinter den Oppositionsbänken. Zugleich wird sinnfällig, warum die Links-/Rechts-Codierung der Politik nicht aus dem britischen *House of Commons* stammen konnte, sondern eben aus der *Assemblée Nationale*, die im Halbrund saß und sitzt. In beiden Lobbyräumen markieren jeweils drei Parlamentsmitarbeiter die Namen der Abgeordneten auf einer *division list*, die *teller* – jeweils einer aus der Gruppe der Unterstützer und Gegner der Gesetzesinitiative – stehen an der Tür und zählen sie beim Wiedereinzug.[18] Und wiederum exakt acht Minuten nach der wiederholten Abstimmungsfrage «Zur Abstimmung steht …» ordnet der Speaker das Schließen der Türen an, die Aye- und No-Lobby werden geschlossen, nachdem die letzten Abgeordneten beider Gruppen verkündet haben: «all out». Die *teller* übergeben dann ihre Listen dem Sprecher des Parlaments. Ist eine Gesetzesinitiative *whipped*, heißt das, dass die Fraktionsgeschäftsführer, also die *whips*, die Einpeitscher, zugleich die Funktion der *teller* übernehmen – um noch einmal sinnfällig werden zu lassen, was ohnehin jedem bewusst ist: «Ich sehe, wie du abstimmst!»

Dieses relativ aufwendige Verfahren lässt sich verkürzen. Seit

Mitte der 1970er Jahre kommen in einer steigenden Zahl von Parlamenten elektronische Abstimmungssysteme zum Einsatz. Ein schlichter Grund für ihre zunehmende Verbreitung ist zunächst, dass die elektronische Abstimmung mit deutlicher Zeitersparnis verbunden ist. Elektronisch abzustimmen verspricht, die parlamentarische Mehrheit in sehr viel kürzerer Zeit zuverlässig zu ermitteln. Aufgrund des mit ihnen verbundenen zeitlichen Aufwands wurden Anträge auf namentliche Abstimmungen zuvor selbst oft als ein parlamentarisches Obstruktionsinstrument genutzt: In einigen Parlamenten muss jeder Abgeordnete nach namentlichem Aufruf einzeln nach vorne treten und seinen / ihren Wahlzettel einwerfen, manchmal noch in Verbindung mit der Möglichkeit zur Abgabe einer persönlichen Erklärung. Die sehr genauen und insgesamt knappen Zeitvorgaben des *House of Commons* antworten auf dieses Obstruktionspotenzial.

Doch der zeitliche Aufwand lässt sich durch elektronisches Abstimmen noch weiter verringern, und zwar erheblich, denn das Ergebnis ist quasi sofort ermittelt. Studien ermitteln, dass die Einführung eines elektronischen Abstimmungssystems die Prozedur einer namentlichen Abstimmung von ungefähr fünfzehn auf etwa drei Minuten verkürzt.[19] Für das *House of Commons* gibt es zur Dauer von *divisions* vergleichbare Angaben, die natürlich bereits die Wirkung widerspiegeln, die die strikten, Obstruktionsversuche abwehrenden zeitlichen Vorgaben zu ihrer Durchführung haben: «Eine *division* benötigt selten weniger als zehn Minuten und manchmal fünfzehn. Im 19. Jahrhundert, mit über 700 Abgeordneten, darunter auch irische Mitglieder, waren zwanzig Minuten nicht ungewöhnlich. Die durchschnittliche Länge einer *division* ist mit 11 Minuten und 30 Sekunden gemessen worden: das hat sich über die letzten zehn oder mehr Jahre nicht wesentlich geändert.»[20] Bei niedrigen Quoren für die Beantragung einer namentlichen Abstimmung und jeweils etwa zwanzigminütiger

Dauer für ihre Durchführung ließ sich der parlamentarische Ablauf also recht effektiv blockieren.[21]

Wenn man die Dauer einer namentlichen Abstimmung von fünfzehn auf drei Minuten verkürzen kann, kann man natürlich auch in fünfzehn Minuten fünf elektronische Abstimmungen abhalten. Es ist daher nicht überraschend, dass sich in Parlamenten mit elektronischen Abstimmungssystemen die Zahl namentlicher Abstimmungen enorm erhöht hat. Zugleich sind in vielen dieser Parlamente die Quoren, die für ihre Beantragung zu erfüllen sind, deutlich gesenkt worden, möglicherweise weil nun ihr zeitliches Obstruktionspotenzial viel geringer geworden war.[22] Damit aber lässt ein zunächst rein technologisch erscheinender Wandel den Repräsentationscharakter des Parlaments nicht unberührt. Dieser steht vielmehr im Begriff, sich unter der Hand, zunächst ganz unschuldig, weil eben zunächst «nur technologisch» veranlasst, grundlegend zu ändern.

Man könnte denken, mit elektronischen Abstimmungssystemen werde nun quasi jedes parlamentarische Votum zu einer namentlichen Abstimmung – doch das stimmt wohl auch nicht ganz, wenn man Bilder aus der italienischen *Camera dei Deputati* betrachtet, die akrobatische Parlamentarier zeigen, wie sie bei Abstimmungen sowohl für sich, wie auch gleichzeitig für – teils mehrere – abwesende Sitznachbarn abstimmen, virtuose sogenannte «parlamentarische Pianisten».[23] Manchmal wechseln Abgeordnete auch schlicht den Platz und stimmen unter fremden Namen ab. Oder sie nutzen Abstimmungskarten ihrer Fraktionskollegen, offenbar eine gängige Praxis im Europaparlament: «Videoaufnahmen zeigen, dass Le Pen um 14.14 Uhr den Saal verließ, doch ergab die elektronische Auszählung, dass ihre Stimmkarte von 14.15 Uhr bis 14.18 Uhr acht Mal verwendet wurde».[24] Eine nachträgliche zuverlässige Zuordnung der dokumentierten Stimmen zu einzelnen Abgeordneten ist also auch bei der elektronischen Abstimmung nicht immer zweifelsfrei möglich.[25]

Insgesamt aber machen es die häufigeren elektronischen Abstimmungen viel leichter, das Abstimmungsverhalten einzelner Abgeordneter über längere Zeiträume und für eine stark gestiegene Zahl von Themen und Sachfragen exakt zu rekonstruieren – der Abgeordnete wird hinsichtlich seines individuellen Abstimmungsverhaltens völlig transparent, also nun nicht mehr nur intern, für seine Kollegen und die Fraktionsführung, sondern auch für jeden von außen sichtbar. Denn zugleich fungieren Webseiten als «virtuelles Wählergedächtnis» *(Abgeordnetenwatch.de)*, die das jeweilige individuelle Abstimmungsverhalten dokumentieren, und sie kombinieren diese Informationen für den Nutzer mit zahlreichen Petitionsoptionen zu aktuellen Themen: Musterbriefe zu einzelnen politischen Fragen, automatische Weiterleitung an die E-Mail-Adresse des betreffenden (Wahlkreis-)Abgeordneten et cetera. Diese neuen technischen Apparaturen stehen im Dienste von «mehr Transparenz» *(campact.de)*, wollen den «Rechenschaftsdruck der Politiker gegenüber den Wählern [...] und die Transparenz» erhöhen *(abgeordnetenwatch.de)* bzw. dienen der Absicht, für mehr «Transparenz (und) eine demokratische Kontrolle» zu sorgen *(lobbycontrol.de)*. Denn wer könnte schon etwas haben gegen mehr und immer mehr Transparenz (→ **Rotunda**) – «ein Begriff, der quasi-religiöse Qualitäten in allen Debatten über Regierungen und ihr institutionelles Design erlangt hat.»[26]

Aber wer wird für wen transparent? Und wird mit mehr Transparenz wirklich immer alles transparenter? Die Firma *Eurel Informatica*, die elektronische Abstimmungssysteme für Parlamente vertreibt und u.a. das italienische und das Europaparlament damit ausgerüstet hat, bewirbt ihre Produkte mit dem Versprechen auf erhöhte Abstimmungsdisziplin: «Der Weg steht offen, die Instrumente sind vorhanden, lasst uns die Abstimmung anschalten und der Regierung helfen zu regieren.» Welcher Abgeordnete war illoyal, wer ist von der vorgegebenen Fraktionslinie abgewichen? Doch genau die suggerierte Erhöhung der Fraktionsdisziplin qua erhöhter Transparenz ist in der Regel *nicht* die Folge von namentlichen Abstimmungen. Sichtbar war das Stimmverhalten der Abgeordneten für die Fraktionsführung im Regelfall auch vorher schon, interne Transparenz herrschte also zuvor als Ausdruck jener *demi-publicity*, die Jeremy Bentham beschrieben und beklagt hatte: das Abstimmen ist unter den Anwesenden offen, nicht aber unter den Abwesenden.[27] Was die elektronische Abstimmung herstellt, ist also nicht interne, sondern vor allem externe Transparenz. Aber deren Zunahme befördert gerade die Individualisierung des Abstimmungsverhaltens durch dessen größere Sichtbarkeit und durch den nun größeren externen Druck auf einzelne Abgeordnete im Vorfeld von Abstimmungen. Der externe Druck auf den einzelnen Repräsentanten nimmt zu, und damit erhöht sich die Wahrscheinlichkeit abweichenden Stimmverhaltens, statt sich zu verringern. Weiß *lobbycontrol.de* eigentlich genau, was es fordert, wenn es sich für mehr Abstimmungstransparenz einsetzt? Je transparenter die Position des einzelnen Abgeordneten wird, desto intransparenter droht aufgrund der Zunahme abweichenden Stimmverhaltens die der Partei zu werden. Wenn jeweils signifikante Anteile der Fraktion nicht entlang der Fraktionslinie abstimmen, wird immer undeutlicher, wofür genau die Partei eigentlich steht: für oder gegen die Frauenquote in Unternehmensvorständen, für oder gegen das dritte Griechenland-Rettungspaket, für oder gegen TTIP?

Das Modell demokratischer Delegation verwandelt sich unter der Hand in ein personalisiertes, zumindest was die eine Seite, nämlich den Adressaten gesellschaftlicher Interessen betrifft, also den Repräsentanten / die Repräsentantin. Was die andere Seite angeht, so bleibt sie mit dem diffusen Statthalter «Zivilgesellschaft» seltsam unklar. Wer ist das genau? Leute mit zu viel Zeit? Leute, die abends auf *abgeordnetenwatch.de* surfen, oder die bei *campact.de* auf dem E-Mail-Verteiler stehen, weil sie vor zwei Jahren in der Fußgängerzone eine Petition gegen → **Chlorhühnchen** unterzeichnet haben? «Zivilgesellschaft» – und die Mittelschicht ist glücklich, dass sie mit den neuen Partizipationsformen nun endlich wieder weitgehend unter sich ist: was war das aber auch anstrengend mit dem allgemeinen Wahlrecht. Unter diesen Verhältnissen verlieren Parteien zugleich immer mehr ihre Funktion, divergierende Interessen zu einheitlichen und ideologisch wiedererkennbaren Positionen zu formulieren als Voraussetzung dafür, dass Wähler eine klare Auswahl zwischen eindeutigen Programmen treffen können – aber Hauptsache: mehr Transparenz!

Dass dieser grundlegende Charakterwandel politischer Repräsentation von einigen durchaus herbeigesehnt wird, zeigen Slogans wie: «Der Abgeordnete darf kein Abgeordneter der Regierung, sondern muss ein Abgeordneter der Bürger sein!» *(abgeordneten-check.de)*, was ja nur heißen kann, dass man sich eine Regierung der Bürger grundsätzlich nicht vorstellen können soll. Doch das in diesem Zusammenhang beliebte Wedeln mit Artikel 38 (Abs. 1 Satz 2) des Grundgesetzes[28] ist wenig mehr als die zeitgenössische Form des guten alten deutschen Anti-Parteien-Affekts. Und der beschworene «direkte Draht» zwischen Bürgern und «ihren» Abgeordneten will suggerieren, gesellschaftliche Interessen würden sich jeweils in spontaner *face-to-face*-Kommunikation artikulieren. Das ist Politkitsch der besonderen Ideologieschwere. Sind nicht *Campact & Co* der beste Beweis, dass eine «Gesellschaft» oder «die Bürger» ihre Interessen nie voraussetzungslos, das heißt unorganisiert artikulieren können? Und wer *lobbycontrol*.t eigentlich die *lobbycontrol*.leure und deren

Rhetorik des permanenten Komplotts (→ **Rotunda**)? Sie bewirtschaften erfolgreich ein Imaginarium der Grauzonen, der Hinterzimmer, des «hinter den Kulissen», das ja den unschätzbaren Vorteil des Verborgenen hat, so dass die Unfähigkeit, es vorzuzeigen, bereits als Existenzbeweis durchgehen kann. Kommt auf die helle Seite der Macht, so lautet das Versprechen jener, die unter der Transparenz-Flagge segeln.

Aber ich will gar nicht jeden Abend das Abstimmungsverhalten «meines» Abgeordneten im Internet überprüfen. Mich interessiert nicht, was Michael Fuchs über die Frauenquote denkt, sondern ob die CDU für oder gegen sie ist. Ich will auch nicht mit einer *liquid-democracy*-Software zuhause beispielsweise über das *Gesetz zur Ablösung des Textilkennzeichnungsgesetzes* oder über die *Neuorganisation der Zollverwaltung* abstimmen.[29] Emmanuel Sieyes hatte bereits vor über 200 Jahren auf die Vorteilhaftigkeit der politischen Arbeitsteilung hingewiesen.[30] Es gibt auch ein Bürgerrecht darauf, in Ruhe gelassen zu werden. In jedem Delegationsverhältnis wird es zwangsläufig immer Raum für Verdacht geben. Als Kontrollmechanismus gibt es hierfür in der Demokratie bekanntlich Wahlen.

Q

Quando (Sag mir)

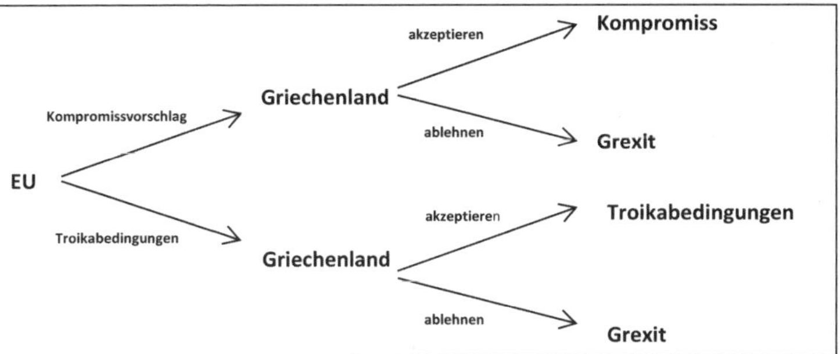

«Am 28., 24 Uhr, isch over!» Und heute – mehr als zwei Jahre später: Isch die Griechenlandkrise tatsächlich over? Aber noch lange nicht! Politische Zeit folgt einer ganz seltsamen Logik.

«Weißt du, das Schlimmste sind die Ratschläge … Erst sagen sie ganz brutal, es ist zu früh, und nachher sagen sie nicht weniger brutal, es war zu spät. Kurz und gut, alle Ratschläge laufen auf ein und dasselbe hinaus: Nicht jetzt.»[1]

In der Politik gibt es einige wenige, alles entscheidende Fragen. Neben Lenins «Wer wen?»-Frage («Wer tut wem was zu wessen Nutzen?»)[2] ist die Wann-Frage zentral: *Quando?* Zu welchem Zeitpunkt wird etwas getan oder gesagt – oder eben unterlassen? Wann ist der richtige, der gegebene Zeitpunkt? So wie es häufig nicht so wichtig ist, *was* entschieden wird, sondern *dass* entschieden wird, so ist es auch häufig nicht bedeutend, was gesagt oder getan wird, sondern wann. Vor allem möchte man es vermeiden, etwas zur Unzeit zu sagen oder zu tun. «Meine Entscheidung werde ich zur gegebenen Zeit mitteilen», wiederholt Merkel monatelang, um sich dann, als sie ihre Kandidatur bekanntgab, zu bestätigen, dass nun der richtige Zeitpunkt gekommen sei, dass es nun an der Zeit sei, ihre Kandidatur bekanntzugeben. Oder wer hat wann was gewusst? Die zentrale Frage im Rahmen der Watergate-Ermittlungen 1973 lautete: *What did the president know, and when did he know it?* (US-Senator Howard Baker). Das ist seitdem zur Leitfrage einer jeden Skandalaufarbeitung geworden.

Oder die Wann-Frage wird zur Machtfrage: Wer wusste wann von Gabriels Verzicht auf die Kanzlerkandidatur? In dem Moment, da der Verzicht bekannt geworden war, war das die einzige noch politisch relevante Frage, da die Antwort Aufschluss über die Nähe zur Macht gibt. Die zeitlichen Abstufungen des Wissens erlauben es, Machtdistanzen abzuschätzen. Je eher man davon erfuhr, desto dichter ist man dran. Nicht im Raum erkennen wir die Zeit, sondern umgekehrt. Die Frage ist: *How long did it take the message to travel?*

Das untrügliche Gespür für das richtige *timing* ist eine zentrale politische Fähigkeit. Der britische Kabinettschef war sich am 11. September 2001 ganz sicher: «Heute ist ein guter Tag für etwas, das wir beerdigen wollen.» Hier verbindet sich der Instinkt für den richtigen Zeitpunkt mit der ausgesprochenen Instinktlosigkeit, das per E-Mail an alle Kabinettsminister zu schicken – und in diesem Zusammenhang von beerdigen zu sprechen. Angesichts der Bedeutung des richtigen Zeitpunkts ist es wenig überraschend, dass im Prinzenspiegel Macchiavellis Reflexionen darüber eine wichtige Rolle spielen. Eine zentrale Lehre – Grausamkeiten sofort, und unbedingt alle auf einmal: «Der, welcher einen Staat an sich reißen will, [soll] alle notwendigen Gewalttaten vorher bedenken und sie auf einen Schlag ausführen, um nicht jeden Tag wieder anfangen zu müssen. Ist alles auf einmal abgetan, so beruhigen sich die Menschen, und er kann sie durch Wohltaten gewinnen.»[3] Das formt sich heute zu den sogenannten politischen Konjunkturzyklen: kurz nach der Wahl, noch während der sogenannten politischen *honeymoon*-Phase, gilt es einerseits, Versprechen einzulösen, andererseits aber auch das an schmerzhaften Reformen durchzusetzen, was bis zur nächsten Wahl seine wohltuende Wirkung entfaltet haben soll. Je näher dieser Wahltag dann rückt (→ **Jornada de Reflexión**), umso mehr geht es darum, Wohltaten zu verteilen, die Grausamkeiten müssen alle schon exekutiert sein.

Zeitfragen sind auch in einem anderen Sinne eminente Machtfragen. «Am 28., 24 Uhr, isch over» lautete die Ansage Schäubles in Richtung griechischer Regierung Mitte Februar 2015. Over war es dann aber noch lange nicht – und ist es genau genommen bis heute nicht. Erst nochmals lange Verhandlungen, ein Referendum, Bankenschließungen und Kapitalkontrollen, verpasste Rückzahlungstermine, wieder lange Verhandlungen, eine konkrete Grexit-Drohung, ein unterschriebenes *Memorandum of Understandings* und mehrere griechische Parlamentsabstimmungen später wurde dann das zweite durch ein drittes Hilfspaket ersetzt, ein gutes halbes Jahr nach dem ursprünglichen Schäuble-Ultimatum.

Die Demokratie, indem sie sich eine eigene Zeitstruktur setzt, befreit sich aber auch aus dem Verhängnis einer gnadenlos ablaufenden Uhr, aus dem Unglück der einfach immer nur fortschreitenden Zeit. Mit jeder Wahl erneuert sich die Politik, und je näher die Wahl heranrückt, umso näher kommen wir dem Moment, an dem wir wissen, was passieren wird.

R

Raute

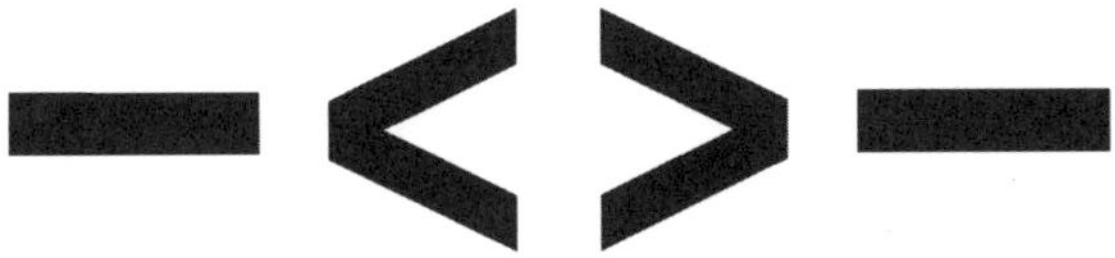

Sie hat es sogar schon zum Emoticon geschafft: die Raute.

In einem Inventar der politischen Zeichen darf sie natürlich nicht fehlen: die Merkel-Raute oder der «Merkelizer», die mittlerweile ikonisch gewordene Handhaltung, mit aneinandergepressten Daumen und Zeigefingern.[1] Merkel, so heißt es, gebe mit dieser Geste «ein Rätsel auf: symbolträchtige Machtpyramide, lockernde Fingergymnastik, yogische Meditationsform oder am Ende gar Geheimzeichen der Illuminati? Was will Deutschlands mächtigste Frau uns damit sagen?»[2] Sie scheint uns – *nichts* – sagen zu wollen, aber wie könnte man aus der Zeichenordnung des Politischen je ausbrechen? Auf die Frage eines Reporters, was ihre Geste bedeute, antwortete die Kanzlerin: «‹Nichts.› Diese Haltung helfe ihr lediglich, den Oberkörper aufrecht zu halten und nicht in den ihr typischen leichten Buckel zusammenzusacken. ‹Nichts anderes heißt das.›» Die Raute – ein Signifikant ohne Signifikat?

Die Raute ist natürlich Zeichen und nicht nichts. Sie ist gestisches Kürzel, das ganz offensichtlich für etwas steht, ein Signifikant *mit* Signifikat, wie nicht zuletzt die prominente Verwendung beweist, die diese öffentliche Handhaltung der Kanzlerin im letzten Wahlkampf fand. Die Junge Union plakatierte sie in Anlehnung an das britische Propagandaplakat aus dem Zweiten Weltkrieg *Keep cool and carry on* als: Cool bleiben und Kanzlerin wählen. Die CDU selbst präsentierte die Raute der Kanzlerin in Berlin-Mitte auf einem fast 2400 Quadratmeter großen Plakat, angeblich mit 70 × 20 Metern das größte, das je in einem bundesdeutschen Wahlkampf präsentiert wurde: «Das Mega-Motiv wiederum setzt sich zusammen aus 2150 kleinen Einzelbildern mit den Händen von Merkel-Unterstützern.»[3] Die zentrale Nachricht lautet: «Deutschlands Zukunft in guten Händen».

Merkels Wachspuppe in der Berliner Dependance des Tussaud'schen Wachsfigurenkabinetts wird im September 2013 erneuert: «Die 200 000 Euro teure Merkel-Kopie zeigt die Regierungschefin im Vergleich zur alten Figur um ein paar Jährchen reifer geworden, mit neuer Frisur (→ **Locken im Wind**) und natürlich mit der Merkel-Raute. Die Kanzlerin trägt in der Erstausstattung einen Hosenanzug mit lilafarbenem Blazer und schwarzer Hose sowie eine – einfarbige – bernsteinfarbene Kette» (→ **Flechtslipper**).[4] Mittlerweile ist die Raute der Kanzlerin auch auf Buchtiteln zum ikonographischen Kürzel ihrer Regierungszeit geworden,[5] in einem Wahlaufruf per Zeitungsanzeige plädierte die Tengelmann-Gruppe bei der Bundestagswahl 2013: «Im Zweifel für die Raute». In Umsetzung einer naheliegenden Bildassoziation finden wir im Netz auch obszöne Interpretationen ihrer politischen Geste, wobei der String-Tanga mit Merkel-Rauten-Motiv für 17,50 Euro bei Shirt-City für eine noch durchaus zurückhaltende Version steht.[6]

Aber wofür steht die Raute? Wenn die Kanzlerin erläutert, diese Handhaltung ermögliche es ihr, den Oberkörper aufrecht zu halten, um in der täglich hundertfachen Abbildung ihrer Person ein besseres Bild abzugeben, verweist das auf die Stereotypisierung ihrer Person in der öffentlichen Erscheinung und auf die Raute als Teil ihres legitimen Widerstands «gegen den Übergriff der Öffentlichkeit auf das eigene Gesicht» bzw. den eigenen Körper.[7] Es dient der Verteidigung gegenüber einer gnadenlos invasiven Öffentlichkeit, wenn der Politiker «die Bildschirme mit dem blanken Gesichtsschema [usurpiert […], auf das die Gesellschaft ihre Machtstruktur projiziert»,[8] und wenn er quasi regungs- und bewegungslos zur Statue, zu einem ephemeren Denkmal seiner selbst wird. Dass die öffentliche Person kein Recht auf ein eigenes Gesicht und auf einen eigenen Körper besitzt, sondern man ihr allenfalls Gesichts- und Körperklischees zubilligt, lässt sich an der Kanzlerin und ihrem Erscheinungswandel exemplarisch studieren (→ **Flechtslipper**; → **Locken im Wind**).[9] Das Motto lautet, so könnte man zugespitzt formulieren: politisches Überleben durch mediales Totstellen – indem man zur Statue erstarrt und ikonisch wird.

Zugleich zirkulieren trotz dieser Schutzmechanismen die alten Bilder – Buckel, Prinz-Eisenherz-Frisur, Vor-Wende-FKK-Fotos – gnadenlos immer weiter und werden je nach aktuellem Anlass hervorgeholt. Insgesamt scheint daher die im wesentlichen defensive Reaktion mit dem Begriff der Inszenierung nicht gut getroffen: Nicht der Politiker inszeniert sich, sondern wir ihn, und im Verlauf dieser Inszenierung wird das öffentliche Gesicht zum Stereotyp eines Gesichts, der Körper zum Stereotyp eines Körpers. Die Merkel'sche Geste ist Ausdruck dieses Vorgangs wie zugleich Abwehrreflex gegen ihn. Blankes Gesichtsschema und leere Projektionsfläche – jeder kann seine ganz persönliche, noch so abstruse Interpretation hineinprojizieren: «Ihre berühmte Raute war Sinnbild für die fürsorgliche Umzäunung der Republik. Sie hat damit den Menschen unbewusst suggeriert, ich schütze euch, ich bewahre euch, und ich lass nichts Schlimmes an euch ran, und die Menschen waren komplett verblüfft, als Frau Merkel irgendwann die Raute geöffnet und die Arme ausgebreitet hat. Sie ist dadurch von einem Schutzheiligen der Heimat zu einem internationalen Willkommensengel geworden» – das meint zumindest Stephan Grünewald, Geschäftsführer des *Rheingold-Instituts für Kultur-, Markt- und Medienforschung*.[10]

Das Bild der politischen Person ist unter ständiger Beobachtung – jede kleine Geste, jedes Wort, jede Gesichtsregung wird interpretiert, kritisiert, imitiert, lächerlich oder verächtlich gemacht. Der politische Repräsentant gehört gänzlich den Repräsentierten und wirft keinen souveränen Blick zurück. Das *Titanic*-Titelbild der April-Ausgabe von 2000 «Deutschland wählt: Ein neues Gesicht für Angela Merkel» trifft diesen Zusammenhang präzise. Letztlich beugte sich die Kandidatin ja auch hier dem Souverän und verpasste sich einen komplett neuen – neudeutsch – Look (→ Locken im Wind).

Der Übergriff der Öffentlichkeit auf die öffentliche Person ist verbunden mit einer Umkehr des politischen Blickschemas. Der Herrscher nimmt nicht mehr alles panoptisch in den Blick, sondern der demokratische Souverän, die öffentliche Masse, die sich im Herrscher repräsentiert sieht, macht ihn zu einer Person der permanenten «synoptischen Sichtbarkeit».[11] Im Zentrum steht die politische Person, repräsentativ, die alle Blicke auf sich vereint und keinen erwidert: «Zwischen den prominenten Gesichtern der Massenmedien und den anonymen Gesichtern der Masse, von denen sie konsumiert werden, findet kein direkter Kontakt mehr statt». Das barocke «Dispositiv der Sichtbarkeit», bei dem «das Gesehenwerden des Herrschers korrespondiert mit der panoptischen Perspektive auf die Untertanen», ist – so könnte man sagen – heute demokratisiert.[12] Das führt zur bildlichen Dauerinbesitznahme politischen Führungspersonals, ihrer Gesichter und Körper, durch die unsichtbaren, anonymen Untertanen, die immer recht haben und gegen die man sich nicht wehren kann. Das öffentliche Bild wird dann zu einem Abwehrreflex. In jedem Moment versucht die Öffentlichkeit in diese öffentliche Person einzudringen, doch je tiefer sie einzudringen meint – sie stößt, zumindest bei den professionellen Vertretern, nur auf eine Aufschichtung von Außenschalen. Politiker sind bekanntlich die einzigen Menschen mit Ektoskelett.

Revolving door

«Von der Tür aus [ergießt sich] das Leben aus der Beschränktheit abgesonderten Fürsichseins in die Unbegrenztheit aller Wegerichtungen überhaupt.» (Georg Simmel)

In einem *Spiegel*-Porträt über Roland Koch heißt es: «Koch hat eine Schramme auf der Stirn, weil er zu Hause gegen eine Glastür gelaufen ist. ‹Die öffnet sich normalerweise automatisch, wenn man sich nähert, aber diesmal eben nicht›, sagt er, und es scheint ein schönes Bild für das Leben zu sein, das ihm bevorsteht.» Man sieht: Die Bestimmung politischer Türen ist es, offen zu stehen, immer rechtzeitig geöffnet zu werden, oder schon von jemandem geöffnet worden zu sein. Die, die es gewohnt sind, durch die immer schon geöffneten Türen zu schreiten, verlernen schnell grundlegende Kulturtechniken, etwa wie man selbst zu einer Tür geht und sie eigenhändig öffnet:

> «Fischer, der sogenannte Außenminister a. D., kam um 19 Uhr 19 [...] und war davon irritiert, dass das Erscheinen seines kleinen, tönnchenhaft voluminösen Körpers hier überhaupt keine Reaktion hervorrief. Er stand mitten in der Eingangshalle, Bauch rausgestreckt, Kopf nach hinten ins Kreuz gehängt, Missmut im Gesicht, und keiner reagierte. Niemand kam auf ihn zu, niemand war bei ihm, hinter ihm, nichts. [...] In die Leere des Raums vor sich [...] sagte Fischer ziemlich laut: ‹Wo finde ich denn jemand von den Organisatoren?› [...] Das ist der traurige Geisteszustand, in dem sich unsere rot-grünen Politrentner befinden. Der Außenminister a. D. Joschka Fischer ist noch nicht einmal in der Lage, einen ganz normalen öffentlichen Veranstaltungsraum wie ein normaler Mensch zu betreten.»[1]

Politische Türen sind nicht zum Schließen, nicht zum Davorstehen oder gar Davonstehlen da, sondern in erster Linie zum Durchgehen. Hinter verschlossenen Türen – das ist in der Demokratie mit ihrem Transparenzimperativ ja schon eigentlich Anlass genug zum Skandal (→ **Hard work, Softdrink**; → **Rotunda**) Der Politiker geht lieber durch offene Türen – aber im Wissen, dass sich dahinter immer noch viele weitere befinden, und möglichst ohne den Eindruck zu erwecken, offene Türen einzurennen. Die Durchgeher können dann auch eine eminent politische Funktion für andere erfüllen: Türöffner spielen, Zugangsermöglicher sein, zu antichambrieren. Bei Kafka steht «vor dem Gesetz» ein Türhüter und lässt keinen ein. Das ist ein Bild, das man in unseren demokratischen Zeiten nicht mehr ertragen kann oder will – vielleicht sollten wir deshalb nur noch von Schwellen reden, oder von niedrigschwelligen Angeboten. Und das Bild vom Türhüter ist auch ein gänzlich unpolitisches, eben ein juristisches Bild. Die Autorität des Rechts, das war Kafkas Verdacht, speist sich überhaupt nur aus der intensiven Sehnsucht derjenigen, die vor der Tür des Gesetzes stehend um Einlass bitten. Aber wie gewinnt dann unsere «Du kriegst die Tür nicht zu»-Demokratie Autorität?

Die geöffnete Tür, durch die Politiker hindurchgehen, zeigt uns, dass sie, wo immer sie auch gerade sind, immer schon genau wissen, wo es langgeht oder langgehen soll (→ Walks, silly). «Der Gehende aktualisiert auf seinem Weg die Möglichkeiten, welche die räumliche Ordnung enthält» (Georg Simmel), und mit seinem Gang konkretisiert der Politiker stellvertretend für uns eine Wirklichkeit aus eben diesem Möglichkeitsraum. Wie beruhigend. Der Schritt durch die Tür verwandelt durch seine Entschlusskraft, durch dieses Ohne-Zögern, die Unbegrenztheit stellvertretend für uns in Bestimmtheit um. Er sagt uns: Wir sind auf einem guten Weg, oder doch zumindest «ein gutes Stück», «ein Stück weit» vorangekommen. Wobei Merkels «Gehe ins Offene, das sage ich heute unserem Land» vielleicht doch ein wenig zu unbestimmt blieb, und – wie wir mittlerweile wissen – von ihr offensichtlich vor allem als Passepartout für allerlei erratisches Situationshandeln verstanden worden ist: die Unbegrenztheit ihrer politischen Wegerichtungen.

«Gehe ins Offene» – was will man auf eine solche Leerformel schon erwidern, etwa: «Gehe in die Geschlossene»? An den Rahmen der politischen Tür gelehnt, beginnt man zumindest zu begreifen, dass der moralische Kosmopolitismus der einen, der ja in Deutschland zuletzt – es geht in diesem Land wohl nicht anders – immer stärker in einem schnarrenden Ton vorgetragen worden ist, und die *One market, one money*-Visionen der anderen doch in einem ganz innigen Verhältnis zueinander stehen. Und zugleich weckt dieses permanente Plädoyer für den Aufbruch ins Neue und Offene, wecken die, die das Geschenk der Optionen-Gesellschaft und die stetige Veränderung preisen und propagieren, den Verdacht, dass sie, die so reden, jeweils für sich längst geklärt haben, wo und vor allem wie sie nach dem Gang ins Offene am Ende landen, nämlich weich.

Genau hierauf zielt ja der *revolving door*-Begriff ab, die Rede vom Drehtüreffekt. Nehmen wir etwa Henry Paulson: Studium am Dartmouth College, danach Harvard Business School; Verteidigungsministerium; Weißes Haus; Goldman Sachs (in dieser Zeit ein Privatvermögen von geschätzt 700 Millionen Dollar – ja, was soll man sagen – erworben?); dann Finanzminister unter Bush jr. und (!) Obama, verantwortlich für das Management jener Finanzkrise, von der das *Time-Magazine* meinte, Paulson selber gehöre zu den 25 Personen, die für sie verantwortlich zu machen seien; als wichtigstes Rettungspaket unter seiner Verantwortung half der sogenannte Paulson-Plan im Volumen von 700 Milliarden Dollar insbesondere notleidenden Banken und Investmenthäusern …

Oder nehmen wir Emmanuel Macron – der neue französische Präsident ist eigentlich das klassische Produkt der französischen Variante der Drehtür, die dort Pantouflage heißt: Pariser Elitegymnasium Henri IV; Studium am *Sciences Po*, danach ENA *(École Nationale d'Administration)*; anschließend Finanzdirektor im Schatzamt; *Institute Montaigne*, ein wirtschaftsliberaler Think Tank; dann Banker bei der Investmentfirma Rothschild & Cie., wo er an einer spektakulären Übernahme ein paar Millionen verdiente; dann französisches Präsidialamt; schließlich Wirtschaftsminister. Macrons Wahlkampf um das französische

Präsidentenamt steht – initialenkonform – unter dem Motto *En marche* (→ Walks, silly). Wohin die Reise gehen soll, ist nicht so ganz klar, aber offensichtlich auch gar nicht so wichtig: «Hauptsache Bewegung […] es gibt in Frankreich gerade ein irres Verlangen nach Dynamik.» *Mouvement* – bloß nicht *parti*. Die alten politischen Bewegungsmetaphern scheinen also immer noch zu ziehen: Vorwärts! Aufbruch! Avanti! Dawai, Dawai! Im März 2017 ist Macron zu Besuch in Deutschland, ein Berliner Hotel, eine kurze Rede, dann muss er weiter (immer weiter, immer weiter, immer voran): «Er betritt die Drehtür, die auf den Alexanderplatz führt, aber weil so viele zu ihm strömen, bleiben sie in dem Glaszylinder stecken, nix mit ‹en marche›», feixte der *Spiegel*.[2]

Ist die demokratische Tür grundsätzlich offen und blockiert die politische Drehtür nur im Ausnahmefall, so gehörte für Karl Schlögel die «wattierte Tür» und das Vorzimmer zur Szenerie der Sowjetzeit: «Die wattierte Tür schirmt ab. Sie lässt keinen Laut nach draußen dringen, und wenn sie sich öffnet, dann nur, weil es jemand erlaubt. Man tritt hier nicht ohne Erlaubnis ein. Sie steht für die *arcana imperii* und für die Autorität, die es nicht mag, hinterfragt zu werden.»[3] Das findet sich nun abgelöst durch ein neozaristisches Bilderprogramm – bei Putin sind es die langen Fluchten der russischen Paläste und die großen Flügeltüren, die von Lakaienhand immer rechtzeitig geöffnet werden.

Rotunda

Die «Wir hier oben, ihr da unten»-Metaphorik von Fosters Reichstagskuppel: ideale Beschreibung der Demokratie oder realistische Beschreibung des vorherrschenden Demokratie-Ideals?

Abgeordneten-Watch, Lobby-Control, Transparency International et cetera – der disziplinierende Blick wird nicht mehr von oben, sondern heute von unten geworfen. Es sei denn, man turnt als Bürger gerade auf der neuen Reichstagskuppel herum, dann kann der «Blick von unten» auch von oben geworfen werden. Auf alle Fälle aber gilt: Der gläserne Bürger ist der Horror, der gläserne Abgeordnete das Ideal (→ **Stamina**).

Transparenz ist der Fetisch der Demokratie (→ **Parlamentari pianisti**; → **Stamina**). Wir leben in einer *monitory democracy* (John Keane). Wir dachten, wir hätten mit der Demokratie die Monarchie abgelöst, sie durch eine völlig andere Herrschaftsform ersetzt, aber womöglich haben wir nur den Hof, diese intensivste aller Machtbeobachtungsinstanzen, universalisiert. Das Personal panzert sich entsprechend ein (→ **Raute**): «Es gehört zu meinen Charakterzügen, nicht so viel zu sagen, wie ich denke» – könnte von Angela Merkel sein, ist aber von Königin Elizabeth I. circa 1560 und gehört heute in die politische Überlebensfibel eines jeden Politikers, Symptom wie Katalysator für unsere politische Kultur des Verdachts.

Der Antikisierungsfimmel der ersten Welle von Parlamentsbauten im ausgehenden 19. und beginnenden 20. Jahrhundert – man betrachte nur einmal Theophil von Hansens Österreichisches Parlament – ist deswegen bei den heutigen Parlamentsneubauten abgelöst durch den immer gleichen architektonischen Transparenzkitsch: Chrom, Stahl, und Glas, Glas, Glas, ganz viel Glas. *Parlamento – casa di vetro* lautet eine italienische Initiative von *OpenPolis*, das Parlament möge doch bitte zum Glashaus werden, denn die Transparenz sei ja die grundlegende Voraussetzung demokratischer Politik. Mit der Demokratie komme das Licht und müsse der Schatten weichen, denn das «Licht der Öffentlichkeit ist das Licht der Aufklärung, die Befreiung von Aberglauben, Fanatismus und herrschsüchtiger Intrige.»[1] Aber, welch' ein Unglück, es strahlt nie hell genug, leuchtet nie alles restlos aus. Selbst das «Licht des allwissenden und unfehlbaren Parlaments» schaffe es nie völlig, das «Dämmern des Staatsdickichts» zu erhellen, klagte Walther Rathenau bereits 1919.[2] In der neuen demokratischen «Topographie des Politischen, die sich in eine Sphäre der Öffentlichkeit und eine des Geheimnisses aufspaltet»,[3] treibt das Licht der Demokratie offensichtlich selber zugleich immer einen Schatten des Staates hervor. Nie – so steht zu befürchten – entdecken wir wirklich alle «Leichen im Keller der Macht» (Eva Horn).

Mit der Demokratie, die ja aus der Polemik gegen die *arcana imperii* des absolutistischen Staates einen zentralen Teil ihrer

Identität gewinnt, etabliert sich eine neue politische Sphärentrennung, bei der die Sphäre des Geheimen nun nur noch zum illegitimen Komplement der Sphäre des Öffentlichen taugt. Was zuvor essenzieller Bestandteil der Staatsräson war, wird nun Skandal, auch weil das Geheimnis «Entzug von Kommunikation» bedeutet, einen Raum des Schweigens und der Diskretion abgrenzt,[4] einen Bereich, der sich skandalöserweise der ewigen demokratischen Rede verweigert (→ **Isoloir**; → **Delaberation**).

Das Staatsgeheimnis erscheint damit als der unaufgeklärte Rest demokratischer Vernunft, aber dass Licht und Dunkel möglicherweise gleichursprünglich sind, will natürlich keinem in den Kopf. Dass das Geheimnis vielleicht nur ein Produkt des demokratischen Kultes der Öffentlichkeit ist, bleibt das Paradox im Zentrum des Transparenzdiskurses mit seinem obsessiven Interesse, das Verborgene auszuleuchten im Dienste eines neuen «Totalitarismus, dem alles zugänglich sein soll».[5]

Solche Selbstwidersprüche sind natürlich produktiv, weil sie den Entlarvungsgesten kontinuierlich Energie zuführen: «das Verlangen nach Transparenz ist [...] ein strenger Gott, es duldet keine Grenze, und nichts kann seine unersättliche Gier stillen.»[6] Die unstillbare Begierde nach Transparenz liefert ideale Bedingungen für das Entstehen einer neuen Industrie, die es sich zum Ziel macht, das Geheimnis ans Licht der Öffentlichkeit zu zerren. Die in komplexen Massengesellschaften unvermeidliche Arbeitsteilung, deren politische Variante man ja seit 1791 repräsentative Demokratie nennt,[7] institutionalisiert den Verdacht und installiert zugleich jene, die ihn bewirtschaften. Ganz, ganz oben in der Publikumsgunst rangieren daher die Einflüsterer, die überall Strippenzieher am Werke sehen.

Die neuen Interessengruppen, die sich vor allem dem Kampf gegen die Interessengruppen verschrieben haben, agieren dabei im Namen einer Zivilgesellschaft, die ja selbst kaum rechenschaftspflichtig ist, weil sie sich vorderhand als diejenige Instanz definiert hat, gegenüber der Rechenschaft zu leisten ist: *Wikileaks* veröffentlicht im Dienst der Transparenz geheime Dokumente – aber nach welchen Kriterien und mit welchen Prioritäten? Und wer hat *Wikileaks* die Dokumente zugespielt? «Julian Assange hat eine eigene Agenda» – aber über die ist leider nichts Näheres in Erfahrung zu bringen. Auf die Journalistenfrage, warum er die Adresse seines Londoner Büros geheim halte, antwortete Assange: «Dafür gibt es sehr gute Gründe.»[8] Solche Geheimhaltungsgründe können Staaten offensichtlich grundsätzlich nicht mehr für sich geltend machen. Irakische Mitarbeiter der US Army, die unter voller Namensnennung in den von *Wikileaks* veröffentlichten Dokumenten zum Irakkrieg erschienen, hatten eigentlich auch ganz gute Gründe, ihre Namen lieber geschwärzt zu sehen, etwa den, von al-Qaida nicht die Kehle durchgeschnitten zu bekommen. Aber so was muss halt hintanstehen, denn wir wollen ja maximale Transparenz.

Und bedeutet immer mehr Transparenz, dass wirklich immer alles transparenter wird? Was ist mit der kaschierenden Transparenz, die das Geheimnis nicht versteckt, sondern es einfach der enormen Informationsüberflutung beimischt? Die selbstgewissen Aufklärer, von solchen Überlegungen unberührt, geben uns stattdessen ein großes, beständiges Enthüllungsversprechen, gemalt aus hell versus dunkel, transparent versus klandestin, und sie beschwören, was sich alles vor unserem Blick verborgen «hinter den Kulissen», «hinter verschlossenen Türen», in den sprichwörtlich verrauchten Hinterzimmern vollzieht: *shady deals*. Transparenz ist längst zu einem Instrument in «einer primitiven Logik der ‹Entlarvung›, der dem Feind ‹heruntergerissenen Maske›» geworden.[9] Die Lieblingszahl der Entmaskierer: die Dunkelziffer, ihr Lieblingsort: der Graubereich, ihre Lieblingsspeise: Komplott.[10]

Auch die Rede von der «Fassadendemokratie» kommt mit

diesem Entlarvungsgestus daher, der – obwohl seit über 200 Jahren endlos wiederholt – scheinbar bis heute an Attraktivität nichts verloren hat. Sie reduziert die Politik zu einem Drama des Geheimnisses und seiner Aufdeckung. Das ist eine Gesellschaftsdiagnostik, die, wenn sie von einem neuen, besseren Zeitalter träumt, stets nur im Post-Barock, also einem fassadenlosen Zeitalter landet. Und die ein beständiges Versprechen auf einfachere Verhältnisse macht, denn die Rede von den Geheimnissen, die man zutage fördern wird, «beruht auf der Vorstellung, im Prinzip … ein Wissen *freilegen zu können.*»[11] Nichtwissen, so die implizite Verheißung, wird ganz einfach den Aggregatzustand wechseln, in ein Wissen übergehen. Es gibt da irgendwo eine Wahrheit, eine nackte Wahrheit, die ganze Wahrheit, eine einfache Wahrheit, man müsse sie doch nur öffentlich machen.

Wir treten seit 1791 offenbar auf der Stelle – was insofern eine beruhigende Nachricht ist, als noch das Raunen von der Post-Demokratie zuallererst anzeigt, dass wir weiterhin in demokratischen Zeiten leben. Ist es vielleicht doch noch einmal nötig, über Fosters Reichstagskuppel zu sprechen?[12] Ihre «Wir hier oben, ihr da unten»-Metaphorik einer parlamentarischen Käfighaltung mag eine ideale Beschreibung der Demokratie geben, oder auch nur eine realistische Beschreibung unseres vorherrschenden Demokratie-Ideals – so oder so würde sich die Frage stellen, ob wir uns dieses Ideal wirklich zu eigen machen wollen.

S

Sommerreise

Politiker in Badehose – ein äußerst heikles Fotosujet. Nicht aber hier: Dieser Souverän trägt's souverän.

(→ Zehnpunkteplan)

Soundbites

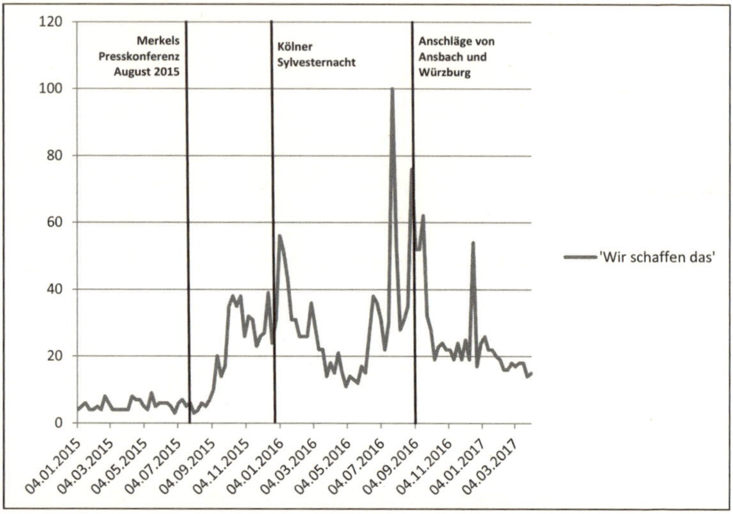

Google-Trends, Häufigkeit von «Wir schaffen das» seit Januar 2015, alle Kategorien, alle Regionen

Während die politische Theorie ganz überwiegend immer noch einer seltsam romantischen Vorstellung der politischen Rede nachhängt (→ **bunt**; → **Delaberation**), schnurrt sie unter den Bedingungen ihrer unbegrenzten medialen Verbreitung und Verwertung im Regelfall zu der einen singulären, einprägsamen Formel zusammen, der heute die Wirkung einer unendlich wiederholbaren Herrschergeste bekommt: «Scheitert der Euro, scheitert Europa.» Die Kurzformel als Beweis der politischen Alternativlosigkeit, die sie inhaltlich behauptet. Jede dieser Formeln kommt mit einem eigenen Weltentwurf. Um wie viel solider klingt ein «Wir fahren auf Sicht» (Wolfgang Schäuble) als ein «Wir stochern im Nebel», obwohl doch beides im Wesentlichen dasselbe aussagt.

Durch ihre volle Speicherungsfähigkeit, sofortige Multiplikation und immer mögliche Replikation, ihre ubiquitäre Verfügbarkeit kommen der öffentlichen politischen Rede immer mehr Eigenschaften der Schrift zu. Jene «Totenwäsche»,[1] der die Rede im Übergang zur Schrift unterzogen wird, muss dadurch heutzutage schon ins politische Sprechen vorverlagert werden. Die politische *écriture parlé* erscheint dabei wie aus vorgestanzten Satzbauteilen und verschiedenen Prosaformen zusammengeschraubt: Beschlusslagen, Sprachregelungen und Bewertungsformulierungen werden etwas aufgemotzt mit Entscheiderjargon aus dem politisch-bürokratischen Komplex: «zeitnah», «fiskalisch nicht darstellbar» – und kombiniert mit ein paar Sprachbildern fürs Volk: «Wir lassen keinen zurück» (Hannelore Kraft liest aus dem Handbuch für israelische Einsatzkommandos). Dazu die üblichen Mobilisierungsvokabeln: «Machtwort», «klare Kante», «Chefsache», «rote Karte», «Weckruf»[2], «Klartext». Und Einordnungen in das große Ganze: eigene Beschlüsse sind «historisch», stellen einen «Quantensprung» oder doch mindestens einen «Meilenstein» dar, die der anderen sind «selten dämlich», «Käse», oder «eine Rolle rückwärts». Zu besonderen Anlässen dann noch Wichtigtuer-Blah-und-Bläh-Floskeln: «Europa braucht ein neues Narrativ» (Steinbrück, J. Fischer etc.). Politiker sind rhetorisch ständig auf Montage.

Der kombinatorische Charakter der Politikerrede trägt zu ihrem typischen Kürzelcharakter bei, denn die politische Rede muss vor allem und zuallererst einprägsam und eingängig sein. Die Sätze antizipieren ihre mediale Verwertung, die Verwertung strukturiert sie, und da ist es geboten, sich kurz zu halten. Die Druckkammer Öffentlichkeit verdichtet die Formeln bis zur puren Tautologie: «Brexit means Brexit» (Theresa May). Oder die konträren Positionen schnurren auf ein Verb zusammen: «Deutschland wird Deutschland bleiben» (Merkel) vs. «Deutschland muss

Deutschland bleiben» (Seehofer). Kurze Sätze sind aber nicht nur einprägsamer, sie bringen auch ein gewisses Maß an strategischer Unschärfe mit sich, die politisch vorteilhaft sein kann. Die politische Äußerung ist daher mittlerweile immer schon in ein eigentümliches Idiom transkribiert, das nicht nur den jeweiligen Konsensformeln inklusive deren Realitätsverleugnung verpflichtet ist (→ **Kinsley gaffe**), sondern zugleich so orientierend-bestimmt wie auch orakelhaft-offen sein muss, um einen Verhandlungsspielraum zu sichern. Merkels «Scheitert der Euro»-Mantra wurde lange als bedingungslose, und daher potenziell erpressbare Absage an einen Grexit verstanden, bis im Juli 2015 plötzlich klar(gestellt) wurde, dass man ihn ja auch durchaus so verstehen könne, dass der Euro – und damit Europa – vielleicht gerade mit einem auf einen bedingungslosen Bailout beharrenden, sich ansonsten aber wenig um das Euro-Regelwerk scherenden Griechenland zum Scheitern verurteilt sei. Die *écriture parlé* der Politik kennt also auch das gesprochen Kleingedruckte.

Die hohe Kunst ist es also, den vorherrschenden Eindruck politischer Bestimmtheit mit einer Spur politischer Unbestimmtheit zu verbinden. Dem dient eine Kurzform, die zwangsläufig einiges offen lassen muss, und dem dient ebenfalls das sprachliche Sowohl-als-auch, das bei Merkel bereits als ihre «Zwei-Wort-Politik» beschrieben worden ist: «Solidarität und Eigenverantwortung» in der Eurokrise, «Herz und Härte» in der Flüchtlingspolitik, «Fordern und Fördern» bei der Integration. So kann man «mal nachsichtiger, mal härter sein»,[3] dazu aber als generelle Politikverpflichtung vermitteln: «Maß und Mitte» (→ **Öltanks**). Oder man bemüht, wenn sich die Dinge unvorhergesehen ändern, das Standarddementi: «Wir haben stets gesagt, dass B.» Das ist Politsprech und heißt auf Deutsch in etwa: «Wir haben sonst eigentlich immer gesagt, dass A».

Würde ein *distant reading* der politischen Sprache à la Franco

Moretti[4], also eine rein bibliometrische Analyse, einen längerfristigen Prozess zunehmender Sprachverkürzung, Sprachvereinfachung und Standardisierung nachzeichnen können, der parallel zur umfassenden Medialisierung der Demokratie verläuft? Man gewinnt zudem den Eindruck, dass dem ein Wechsel der Orte und der Gelegenheiten entspricht, an und zu denen heute politisch verbindlich gesprochen wird. Die politischen Schlüsselsätze werden nicht mehr in Grundwerteprogrammen oder Regierungserklärungen formuliert, an denen Redeschreiber und Parteimanager monatelang gefeilt haben, sondern in Interviews, Pressekonferenzen, Abschlusskommuniqués und Talkshows. Die Formeln werden situativer, schneller, beiläufiger geprägt, dadurch auch unverbindlicher, inhaltsloser: «Yes, we can», «Podemos», «Wir schaffen das» – Triumph des Willens. Die Werbeagentur Jung von Matt plant den CDU-Wahlkampf 2017. Eines ist bereits klar: «Ein Verb muss her, ‹Make America great again›. ‹Yes, we can›. Alle erfolgreichen Slogans hätten ein Verb [...] Verben sind gut, sie signalisieren Tatendrang.»[5]

Zugleich haben sich die medialen Rückkopplungsschleifen zwischen politischer Äußerung, ihrer Verbreitung und der Reaktion auf sie extrem verkürzt. So ist die politische Rede in Antizipation der Wiederholung einzelner kurzer Schlüsselsätze im Fernsehen, Radio oder Internet zunehmend bereits auf diese Kürzel ausgerichtet. Er / Sie kann in Schlagzeilen denken oder noch besser: sprechen – das wird zu einer essenziellen politischen Kompetenz. Demnächst hat das Politiker-Statement sowieso nur noch maximal 140 Zeichen. Die Rede selbst hat dann nur noch die Funktion der rhetorischen «Polsterung» jener Schnipsel, jener Soundbites, die zur medialen Weiterverwendung und Weiterverbreitung vorgesehen sind.[6] Sie ist das Unprägnante, vor dessen Hintergrund die wenigen prägnanten Passagen zur Weiterverwertung umso heller aufscheinen sollen. Zu diesem Zweck kombiniert die politische Sprache das Repetitiv-Formelhafte mit dem Sedativ-Floskelhaften und bettet die Kurzformeln in ein Umfeld von Schwurbeldeutsch. Das ist dann nur noch referenzierbar als: der Satz, der mit «… nicht mehr mein Land» endet.

Die Rede selbst legt es also bereits darauf an, «aus dem Zusammenhang gerissen» zitiert zu werden – so sehr, dass er jenseits des Zitatkürzels ganz entbehrlich erscheint, am besten gar nicht mehr gestiftet werden muss. Auf den Kontext kommt es nicht mehr an. Und wie die Kürzelform, so reflektiert auch das Repetitive der politischen Rede die medialen Bedingungen ihrer Verbreitung, zum Teil ganz explizit. Tony Blair äußert sich zum Nordirlandabkommen 1998: «Ein Tag wie der heutige ist kein Tag für Soundbites – wahrlich nicht. Aber ich fühle die Hand der Geschichte auf meinen Schultern, die fühle ich wirklich.»[7] Das ist der Zynismus der politischen Rede in Reinform: Vorausgeschicktes Dementi, und dann, ohne eine Sekunde zu zögern, völlig schamfrei, dementierte Praxis. «This is not a soundbite», dann «soundbite», plus in aller Unverfrorenheit nachgeschobene Authentizitätsversicherung: «this was *really* not a soundbite».

Der enorme öffentliche Druck, unter dem solche Sätze rausgepresst werden, ist der gleiche, der auch für das gefrorene Körperschema der Politiker verantwortlich zeichnet (→ **Raute**; → **Locken im Wind**). Unsere Klage über die erstarrte Formelhaftigkeit der Politikersprache ist deswegen Heuchelei, die jene für den Modus permanenter Nicht-Authentizität verantwortlich machen will, denen wir diesen Modus aufzwingen. Der Merkel'schen Aussage, wer immer mit ihr spreche, werde von ihr exakt dasselbe zu hören bekommen, korrespondiert mit der Einschätzung von Journalisten, nach einem Interview mit ihr könne man auch gleich sein Notizheft verbrennen, so wenig habe man erfahren. Die Person wie ihre Rede versteinern – automatengleich bewegt sich die politische Figur in der Sphäre der Öffentlichkeit, die auf den kleinsten Moment der Abweichung lauert. Sprachlich läuft es dann aufs Regieren *par Ordre de la Mutti* hinaus. Nichts hieran ist deliberativ, alles appellativ, Basta-Modus, und die politischen Formeln, einmal in den medialen Echoraum hineingesprochen, können bis in alle Ewigkeit nachhallen:

«Wir schaffen das!» (Angela Merkel) (1); «Wir haben schon so viel geschafft, wir schaffen das!» (Angela Merkel) (2); «Wir schaffen das, denn Deutschland ist ein starkes Land» (Angela Merkel); (3); «Wir müssen es schaffen. Und das können wir auch schaffen» (Angela Merkel) (4); «Das Motiv, mit dem wir an diese Dinge herangehen, muss sein: Wir haben so vieles geschafft, wir schaffen das. Wir schaffen das, und wo uns etwas im Wege steht, muss es überwunden werden» (Angela Merkel) (5); «Ich bin ganz fest davon überzeugt, dass wir das schaffen» (Angela Merkel) (6); «Ich habe nicht gedacht, dass ich die deutsche Einheit erlebe. Aber sie ist gekommen. Und man kann mit Willen auch sehr, sehr viel schaffen» (Angela Merkel) (7); «Insgesamt wünsche ich mir, dass die Menschen in Deutschland in ein paar Jahren sagen können: Das haben die damals gut gemacht» (Angela Merkel) (8); «‹Wir schaffen das› darf nicht eine bloße Durchhalteparole sein. Vom ‹Wir schaffen das› müssen wir jetzt übergehen zum ‹Wir machen das‹« (Thomas Oppermann) (9); «Wir schaffen das nicht» (Boris Palmer) (10); «Wir schaffen das nie» (11); «Obergrenze – das schaffen wir nicht» (12); «Wir müssen das schaffen» (13) «Schaffen wir das?» (14); «Wir schaffen das nicht ohne Weiteres – das ist schon eine große Anstrengung» (Lothar de Maizière) (15); «Wir schaffen das» (Donald Tusk [auf deutsch]) (16); «Wir schaffen das, ich kann nicht anders» (17); «Wir schaffen das, aber so nicht» (18); «Wir schaffen euch» (19); «Wir schaffen euch ab» (20); «Wir schaffen das … auch ohne euch» (21); «Ich hätte nicht gesagt: ‹Wir schaffen das›. Ich hätte gesagt: «Wir können das schaffen, wenn wir bereit sind, Voraussetzungen dafür hinzubekommen» (Gerhard Schröder) (22); «Yo, wir schaffen das» (23); «Wir schaffen das nicht mehr» (24); «Wir schaffen das so nicht» (25); «Die *Flüchtlingszahlen* müssen dramatisch sinken, *sonst schaffen wir das nicht* mehr» (Wolfgang Schäuble) (26); «Wir ausschaffen das» (27); «Schaun wir mal, wie viel wir schaffen» (Heinz Rudolf Kunze) (28); «Die Polizei muss, will und wird es schaffen» (Rainer Wendt) (29); «Wir haben keine andere Wahl. Und wir können auch nicht sagen: Wir schaffen das nicht. Also müssen wir uns fragen, wie wir es schaffen können, wie es gelingen kann» (Franziska Giffey) (30); «Ist aus dem ‹Wir schaffen das!» ein ‹Die Türkei darf das!› geworden?» (31); «Politiker müssen mehr draufhaben als den Spruch der Basta-Kanzlerin ‹Wir schaffen das›» (32). «Und dann werden wir auch das schaffen, dass wir die Zahl der Flüchtlinge bei uns reduzieren» (Angela Merkel) (33); «sie will es weiterhin schaffen» (34); «Merkels ‹Wir schaffen das› war von Anfang an der Versuch, Deutschland repetitiv auf eine neue zivilreligiöse Formel einzuschwören» (35); «Merkels ‹Wir schaffen das› wurde von den Bürgern verstanden als ‹Die machen das›» (Juli Zeh) (36); «Wie schaffen wir das?» (37); «Ohne Erdogan ist es nicht zu schaffen» (38); «Merkels ‹Wir schaffen das› überzeugt nicht mehr» (39); «Das Fazit des heutigen Tages ist, dass Europa es schaffen wird, auch diese schwierige Bewährungsprobe zu bestehen» (Angela Merkel) (40); Könnten unsere EU-Partner «das Gefühl haben: Die schaffen das schon – und zwar alleine?» (41) «Wirtschaft zusammen» (42); «Wir schaffen Bass» (43); «Wir sind die, die sich was zutrauen» (Joachim Gauck) (44); «Triumph des Willens hieß es damals: Wir schaffen das» (45); «‹Wir schaffen das› ist teilweise Wirklichkeit geworden»

(Peter Tauber) (46); «Die Ereignisse der letzten Tage zeigen, dass die Aufnahme und Integration einer großen Zahl von Flüchtlingen und Zuwanderern mit erheblichen Problemen verbunden und schwieriger ist, als Merkels leichtfertiges ‹Wir schaffen das› uns im letzten Herbst einreden wollte» (Sahra Wagenknecht) (47); «Ich bin heute wie damals davon überzeugt, dass wir es schaffen, unserer historischen Aufgabe – und dies ist eine historische Bewährungsaufgabe in Zeiten der Globalisierung – gerecht zu werden. Wir schaffen das. Und wir haben im Übrigen in den letzten elf Monaten sehr, sehr viel bereits geschafft» (Angela Merkel) (48); «‹Wir schaffen das› ist mir einfach zu wenig» (Markus Söder) (49); «Den Satz ‹wir schaffen das› kann ich mir beim besten Willen nicht zu eigen machen»; «So wie bisher schaffen wir das nicht» (Horst Seehofer) (50); «Ich schätze die Kanzlerin nicht als so naiv ein, dass sie das in einem kurzen Satz so dahingesagt hat nach dem Motto: ‹Das ist in vier Wochen alles erledigt» (Kramp-Karrenbauer) (51); «Viele Bürger empfinden diesen Satz als anmaßend und ignorant, weil er den Eindruck vermittelt, dass man die Augen verschließt vor den vielschichtigen Problemen und Herausforderungen, die wir im Zusammenhang der Flüchtlingskrise in unserem Land haben und den großen Aufgaben, die uns noch bevorstehen» (52); «Will Horst Seehofer in Bayern oder gar im Bund antreten mit dem Slogan ‹Wir schaffen das nicht›?» (53); «Deshalb ist klar, dass ein bloßes ‹Wir schaffen das› zu wenig ist. Ich glaube, die Bürger hätten sich nach den Anschlägen eine andere Botschaft gewünscht: ‹Wir haben verstanden›. Darauf warten wir noch» (Söder) (54); «Ich mag mir eine Regierungschefin nicht vorstellen, die vor das Volk tritt und sagt: ‹Wir schaffen das nicht›» (Joachim Gauck) (55); «Merkels Mantra ‹Wir schaffen das›, das Zuversicht verbreiten und Fremdenhass verhindern sollte, wurde zur propagandistischen Leerformel, auch weil nie gefragt wurde: ‹Wollt ihr das?›» (56); «Ihr ‹Wir schaffen das› … ist zu ihrem ‹Basta!› geworden» (57); «Wir müssen jetzt zur Kenntnis nehmen, dass viele Menschen im Augenblick nicht das ausreichende Vertrauen in die Lösungskompetenz für diese Themen haben, obwohl wir schon sehr viel geschafft haben» (Merkel) (58); «Wir wollen das gar nicht schaffen!» (Alexander Gauland) (59); «Wir können das schaffen. Und es wäre gut, wenn wir es schaffen. Wie wir das schaffen, hängt an der Politik. Der Satz allein ist mir zu unbestimmt» (Ulrich Grillo, BDI) (60); «Manchmal denke ich aber auch, dass dieser Satz etwas überhöht wird, dass zu viel in ihn geheimnist wird. So viel, dass ich ihn am liebsten kaum noch wiederholen mag, ist er doch zu einer Art schlichtem Motto, fast zu einer Leerformel geworden. Manch einer fühlt sich von ihm sogar provoziert. So war er natürlich nie gemeint, sondern anspornend, dezidiert anerkennend. Und zwar weil ich genau weiß, dass wir alle in unserem Land gemeinsam sehr viel zu schultern haben, aber dass sich das in den übertrieben oft wiederholten drei Wörtern nicht sofort abbildet» (Angela Merkel) (61); «Was ist mit dem ‹das› gemeint, das wir schaffen müssen und werden?» (62); «Der Satz ‹Wir schaffen das› ist Teil meiner politischen Arbeit, er ist Ausdruck von Haltung und Ziel. Viel ist in diesen eigentlich alltagssprachlichen Satz hineininterpretiert, ja sogar hineingeheimnist worden. So viel, dass ich ihn inzwischen eigentlich am liebsten kaum noch wiederholen mag. Ist er doch zu einem schlichten Motto, beinahe einer Leerformel geworden, und die Diskussion um ihn zu einer immer unergiebiger werdenden Endlosschleife. Manch einer fühlt sich zudem von dem Satz provoziert – und so war der kurze Satz natürlich nie gemeint. Ich habe ihn anspornend, dezidiert anerkennend

> gemeint» (63); «Wer schafft was?» (64) «Werden wir es geschafft haben?» (65); «Wir schaffen auch den» (66); «‹Ihr müsst mir helfen!› Es ist dieser Satz, der von Angela Merkel von diesem Parteitag in Erinnerung bleiben wird. Es ist auch der Versuch der Vorsitzenden, die CDU in die Pflicht zu nehmen: Ohne euch schaffe ich es nicht» (67); «Sie will es schaffen» (68); «Der Satz ist dann auf eine Art und Weise fast zu einer Mutprobe geworden, oder irgendwo zu einer Hülse, hinter dem gar nicht mehr, was man normalerweise sagt, verstanden worden ist. Er ist zum Teil der Polarisierung geworden. Und deswegen habe ich gesagt, dass er mal für eine Weile zurückgezogen wird und dann merkt man erst mal, also ich merke das und manchmal merkt es auch das Publikum, wie oft man sagt, das haben wir schon … erledigt, … bewerkstelligt, … hinbekommen. Also, ich versuche jetzt Synonyme zu finden, um aus dieser hülsen-, mutprobeartigen Situation herauszukommen» (Angela Merkel, 69) – usw. usf.[8]

Stand die «Wir schaffen das»-Formel auf ihrem Sprechzettel für die Bundespressekonferenz im August 2015? Bezeichnenderweise gibt die Kanzlerin genau auf diese Frage der *SZ*-Journalisten, die ein Jahr nach ihrer legendären Pressekonferenz den Rückblick versuchen, keine Antwort.

Die politische Äußerung wechselt durch ihre völlige technische Reproduzierbarkeit ihren Adressaten, löst sich von der situativen und lokalen Gebundenheit, von Anlass und Ort. Es geht nicht mehr darum, den anderen als den Anwesenden «zu sich herüberzuziehen». Das politische Sprechen wird ortlos, denn es gibt keine Interaktion unter Anwesenden mehr, die nicht gespeichert und sofort geteilt werden könnte und im Regelfall auch wird. Ihre unbegrenzte Distributionsfähigkeit zwingt der Rede ihre Gesetze auf – sie muss überall gleich verstanden werden können, sie darf nirgends missverstanden werden. Früher galt: «Was ein Mensch dem anderen sagen kann, ist diskutabel, plausibel oder überzeugend nur im rechten Rahmen und am rechten Ort. So gibt es auch heute noch unentbehrliche *Topoi* der Kanzel und des Katheders, des Richterstuhls und der Wahlversammlung, der Konferenzen und Kongresse, des Kinos und des Rundfunks». Heute wird es hingegen zu einem Grunderfordernis, überall und zu jedem und jederzeit exakt das Gleiche zu sagen: auf dem Parteitag dasselbe wie im Interview, im Koalitionsausschuss dasselbe wie auf dem internationalen Gipfeltreffen, oder wenn man sich auf der Regierungsbank zu einer vertraulichen Bemerkung zum Nachbarn beugt.[9]

Wir bekommen nur recht selten das Eingeständnis dieses politischen Grunderfordernisses einer ganz eigenen, hochartifiziellen Sprache: «Für mich war es zu Anfang als Politikerin doch sehr schwer, sehr häufig dasselbe zu sagen. Und die gleichen Worte zu benutzen und zu wissen, das ist Teil des Erfolgs».[10] Im Extremfall ist der Politiker heute nur noch die Aufsagepuppe für vollkommen identische Texte: «Folgen Sie denen nicht, die dazu aufrufen! Denn zu oft sind Vorurteile, ist Kälte, ja sogar Hass in deren Herzen» – so Angela Merkel am 31. Dezember 2014. «Folgen Sie denen nicht, die zu solchen Demonstrationen aufrufen. Zu oft sind Vorurteile, zu oft ist Kälte, ja sogar Hass in deren Herzen» – so Merkel am 31. August 2015. Im Vorwahlkampf der US-Republikaner für die 2016 Präsidentschaftswahl wiederholte Präsidentschaftsbewerber Marco Rubio innerhalb weniger Minuten dreimal dieselben einstudierten Sätze – er «klang wie ein dysfunktionaler Cyborg».[11]

Die Verschmelzung von Öffentlichkeiten zu der einen Öffentlichkeit geht einher mit einem unglaublichen sprachlichen Standardisierungsprozess der Politik. Es gibt kein *off-the-record* mehr (→ Kinsley gaffe). Das politische Sprechen wird dadurch *distant speaking*, die jeweils Anwesenden sind gar nicht mehr unbedingt adressiert, sie stehen als Staffage halt so herum – und werden mittlerweile auch nur mit Hinblick auf die dann kursierenden Bilder handverlesen: nach Geschlecht, ethnischer Vielfalt, Größe, im Halbkreis aufgereiht auch gerne Familie und Freunde. Das Publikum ist also nicht mehr für die Rede, sondern für das Bild von der Rede relevant, das ja ohnehin wichtiger als die Worte selber geworden ist. Der politische Adressat in der modernen repräsentativen Demokratie ist im Wesentlichen Zuschauer, nicht Zuhörer – was man nun aber auch nicht zwangsläufig und grundsätzlich als Verfallsgeschichte deuten muss.[12] Wir leben in Zeiten des Kanzlerselfies – das ja bekanntlich mehr als tausend Worte sagt.

Die politische Rede wandelt sich, sie ist schon lange kein Teil eines Dialogs mehr und wird eigentlich zunehmend obsolet. Die Öffentlichkeit hat längst die Entwicklung «vom Wort zum Bild, vom Diskurs zum Ereignis, vom Argument zur Erregung» genommen.[13] Maximale Medienwirkung lässt sich viel effizienter mit einem neuen Minimalismus des Auftritts erreichen: Das Erscheinen an irgendeinem Ort, zu dem dann auch die Journalisten geladen wurden, ist schon für sich Medienereignis, dort dann vielleicht ein paar Hände schütteln, Selfies, ein Kurzstatement vor den Kameras in zwei, drei Sätzen, so zugespitzt, dass sie es in die Abendnachrichten schaffen, und weiter.

Das politische Sprechen ist stetes Erkunden des politischen Raums, der Politiker wird zur Sonde, die ständig Standortsignale aussendet und auf ein Echo, auf Resonanz wartet: Politiker führen dauernd Sondierungsgespräche mit sich selbst. Formeln werden ausprobiert, und was zu funktionieren scheint, wird dann möglicherweise ins Repertoire übernommen. Die deliberative Demokratietheorie jedoch entleiht ihren Argumentationsbestand dem 19. Jahrhundert. Ihre romantische Vorstellung vom politischen Gespräch findet Bestätigung aus der Binnensicht des Betriebs. Politiker tun ja auch nach ihrer Selbstwahrnehmung wenig anderes, als den ganzen Tag nur zu reden, und reden sich dabei gerne ein, das sei wohl Deliberation (→ **Delaberation**).

Stamina

Gestochen scharf – die Quintessenz der Politik Trumps: Geld, Trump Tower und Lautsprecherei

Die Geschlechtergerechtigkeit schreitet unaufhaltsam voran. Was unter anderem daran zu ersehen ist, dass wir mittlerweile nicht mehr nur bei Politikerinnen über Äußerlichkeiten reden, sondern nun auch beispielsweise über das abgewetzte Tweed-Sakko von Alexander Gauland und die überteuerten Maßanzüge von Christian Lindner – was für CDU-Generalsekretär Peter Tauber jedoch nur auf den identischen Rechtspopulismus in unterschiedlichem Gewande hinausläuft (→ **Flechtslipper**). Oder wir halten uns gar nicht erst lange mit Äußerlichkeiten auf und reden gleich über – Innereien, also Sigmar Gabriels Magen-OP. Wie ironisch, dass sich der «Bauchpolitiker» Gabriel *(FAZ)*, bei dem man ja nie genau weiß, mit welcher Politikvolte er nun gerade wieder schwanger geht (→ **Öltanks**), gegen diese Tendenz ausgerechnet mit dem Recyceln eines klassischen 1970er-Frauenbewegungsslogans wehrt: Mein Bauch gehört mir! Dass das *Spiegel*-Interview vom 7. Januar 2017, das wie eine politische Magenspiegelung beginnt, dann mit Gabriels Einschätzung endet: «Richtig ist, dass wir deutlich zulegen müssen», mag man dann nur noch für einen schlechten Witz im schlechten Witz halten. Aber vielleicht interessanter ist, dass der invasive Blick der Öffentlichkeit mittlerweile auch den regelmäßigen Kandidatengesundheits-Checkup einzufordern scheint. Natürlich alles im Namen der Transparenz (→ **Rotunda**). *Spiegel*: «Hat die Öffentlichkeit nicht das Recht zu erfahren, wie es dem Vizekanzler geht?»

Wer konnte mehr punkten, Hillary Clinton, die Donald Trump mit der Forderung unter Druck zu setzen versuchte, endlich seine Steuererklärung zu veröffentlichen, oder Donald Trump, der in Hinblick auf Clintons Lungenentzündung insinuierte, ihre fehle das «Stamina» für das Amt? Stamina, das hielten einige für ein Code-Wort, das Gerüchte über Clintons angebliche Trinkgewohnheiten befeuern sollte. Sollte es korrekt mit Steh-, Stand- oder Durchhaltevermögen übersetzt sein, dann muss man es wohl eher im weiten Feld von Trumps lockeren Sexismen, seines *locker room talk* verorten. Okay, die Geschlechtergerechtigkeit schreitet also doch nicht unaufhaltsam voran. Aber klar, Clintons verdruckster Umgang mit der Krankheit beweist vor allem: «Sie ist immer noch nicht transparent», so Trumps Kampagnen-Managerin Kellyanne Conway im September 2016. Trump selbst kündigte umgehend an, er werde die Ergebnisse einer medizinischen Untersuchung veröffentlichen, der er sich gerade eine Woche zuvor unterzogen habe, und die enthalte «sehr, sehr spezifische Zahlen» – die Steuererklärung muss da noch etwas warten, und für die interessieren sich ja ohnehin nur die Medien. Und außerdem und nicht zu vergessen: «Natürlich die herzlichsten Genesungswünsche!»

Der private Körper des Bürgers und der öffentliche des Politikers befinden sich heute offenbar in einer widersprüchlichen Gemengelage. Als Christian und Bettina Wulff als Botschafter eines neuen, → **bunten** Deutschland 2010 kurzzeitig in das Schloss Bellevue einzogen, lag für Ulf Poschardt die Bedeutung von Bettina Wulffs Oberarmtätowierung vor allem in der völligen Bedeutungslosigkeit von Tribal-Tattoo und Tattoo-Trägerin: «Die aufgemotzte Fassade lässt die dahinter geduckte Gewöhnlichkeit noch kräftiger hervortreten. [...] ‹Das Tattoo hat keine bestimmte Bedeutung›, verrät Bettina Wulff und wäre wahrscheinlich verblüfft, dass dies die eigentliche Bedeutung nicht nur ihres, sondern nahezu aller Tattoos in den Körperschaufenstern der bürgerlichen Mittelschicht ist» – ätzte Poschardt.[1]

Das Stichwort von der aufgemotzten Fassade eignet sich vielleicht ganz gut, die widersprüchliche Gemengelage der öffentlichen und privaten Körper auf den Begriff zu bringen. Auf der einen Seite intensivster Widerstand gegen einen angeblich übergriffigen Staat im Namen einer heiligen Privatsphäre. Dies aber kombiniert mit den Entblößungsüberbietungswettbewerben eben dieser Bürger im Netz, eine einzige große Feier kollektiver Intimität. Und auf den entblößten Körpern wuchert sinnloser Barock, das Tattoo als neues Ornament der Massen.[2] Auf der anderen Seite dann das Transparenzideal: der gläserne Politiker, nackt bis auf die Knochen, und eine neue Industrie, die die vorgeblichen Dunkelzonen der Demokratie systematisch ausleuchten will (→ **Rotunda**). Die Rede von der Fassadendemokratie mit ihrem Entlarvungsgestus, die insinuiert, dass man ja leider immer nur das sehe, was man sieht, aber eben nie die volle, die ganze, die nackte Wahrheit (Trump: «I don't know what's going on. I'm like you. I just see what I see»), nämlich die Wahrheit hinter der Fassade und hinter den Kulissen, gehört dann wohl auch zu dieser Idiotie der Gegenwart.

T

Trafalgar Square

Margaret-Thatcher-Statue – mit dem Kricketschläger enthauptet. Das Politikerdenkmal muss in der Demokratie für so manche Ersatzhandlung herhalten.

Anlässlich des Todes von Margaret Thatcher schrieb der langjährige London-Korrespondent der *FAZ*, Bernhard Heinrich, einen Nachruf mit dem schönen Titel «Ein Monument, dauerhafter als Eisen»:

> «Schon zu Lebzeiten war Margaret Thatchers Nachleben auch eine Geschichte der Geschichten ihrer Standbilder. 2006 hat

der Stadtrat […] [ihrer Heimatstadt] Grantham […] den Vorschlag abgewiesen, in der Stadtmitte eine Thatcher-Statue aufzustellen, denn das könnte ‹Gesundheit und Sicherheit› der Bürger gefährden. Das war aber nicht als Beleidigung des Gegenstands gedacht, im Gegenteil. Das Denkmal sollte in einem Straßenkreisel stehen, und die Behörde bekam Bedenken beim Gedanken, Granthams Bürger und Besucher würden fortwährend über die Fahrbahn rennen, um die Füße der Figur zu berühren. Eine ganz andere Geschichte war dem Standbild beschieden, das sich seit dem Jahr davor, dem Jahr ihres 80. Geburtstags, in der Vorhalle des Plenarsaals des Unterhauses reckt. Eine Figur, die für die Lobby von Westminster bestimmt war, war schon 2002 gebildet und vorläufig in der Kunstausstellung der Londoner Guildhall auf- oder besser abgestellt worden. Denn nach einem Gesetz der unveränderlichen britischen Tradition, die gerade wieder einmal geändert worden war, durfte ein Premierminister eigentlich nicht zu Lebzeiten als Standbild ins Unterhaus zurückkehren. Für seine ehemalige Zuchtmeisterin hatte das Unterhaus es aber so hingebogen, dass nur noch mindestens drei Regierungsperioden […] vergangen sein müssten, bevor ein solches Bildnis Einlass fände. […] [2004] aber wurde die Figur […] von einem Bilderstürmer […] mit einem Kricketschläger geköpft, und damit war die kurze Geschichte dieser Lady aus Marmor schon zu Ende. Auch die Nachfolgerin, die […] endlich im Volkspalast von Westminster aufgestellt und 2007 noch von Frau Thatcher selbst enthüllt wurde, ist wieder nicht aus Eisen, sondern diesmal aus Bronze. Außerdem fehlt die Handtasche. Einer Theorie zufolge hatte jener Denkmalstürmer in der Guildhall nämlich einen besonderen Hass auf die Handtasche, die Frau Thatcher selbst in Marmor noch an sich drückte […] Schon das Jahr des 70. Geburtstags hatte seine Denkmal-Episode gehabt. Damals hatte der Vorsitzende der Royal Society of Arts die Idee unters Volk zu bringen versucht, Frau Thatcher ein Standbild auf dem Londoner Trafalgar Square zu widmen. Das berührt gleich zwei neuralgische Punkte. Auf dem Platz im Herzen des historischen London ist ein leerer Sockel übrig geblieben aus einer Zeit, da man noch unbedenklich Denkmäler baute, dann aber jäh den Schneid verlor. [...] Über die Zeit ist dieser Londoner Sockel ein Denkmal seiner selbst geworden, will sagen ein Mahnmal für den Umstand, dass es in dieser britischen Gegenwart kaum noch einen Kandidaten zu geben scheint, der ihn für die Ewigkeit besteigen könnte. [...] Die Frage, wer auf dem wartenden Podest am besten aufgehoben sei, beschäftigt heute noch immer manches Gespräch nach Tisch. Inzwischen scheint man sich auf eine Art Wechselausstellung verständigt zu haben, beginnend mit der Figur einer schwangeren Behinderten ohne Arme. (Der) [...] Vorschlag aus dem Jahr 1995 gibt aber eine Vorstellung von der Größenordnung, in der Thatchers Verehrerschaft damals dachte. Aber auch zehn Jahre vor dem Angriff des Bilderstürmers mit dem Kricketschläger traten die Verächter ebenfalls auf den Plan. Der Gedanke, die Krämerstochter Margaret Thatcher könne eines Tages neben Nelson über den Trafalgar Square wachen, ging in einer aufschäumenden Mischung aus Empörung und Gelächter unter. Zwölf Jahre später sollten die Verehrer, die es also immer noch gab, einen anderen Weg suchen, Admiral Nelson und Thatcher wenigstens symbolisch zu vereinen. Zum 25. Jahrestag des Falklandkriegs von 1982 legten sie eine virtuelle Petition auf, der man sich per E-Mail an die Downing Street anschließen konnte und die den Premierminister des Tages aufforderte, zu Ehren Margaret Thatchers ein Schiff der Kriegsmarine ‹Ihrer Majestät Schiff Eiserne Lady› zu taufen.»[1]

Alle Elemente sind hier versammelt, die man braucht, um den demokratischen Totenkult zu verstehen:[2] Es geht um eine hochgradig umstrittene, ja teils verhasste, die Gesellschaft tief spaltende politische Figur. In ihren letzten Lebensjahren war sie dement, fiel also bereits zu Lebzeiten in ein seltsam umschattetes Zwischenreich, und ihr körperlicher Verfall erlaubte es, ihr baldiges Ableben zu antizipieren. Planungen für die Totenfeier begannen bereits unter Gordon Brown unter dem Codenamen «Iron Brigde». Ende 2011, also noch zu Lebzeiten, erschien der Film *Die Eiserne Lady*, in dem Meryl Streep eine alternde und bereits von Alzheimer gezeichnete Thatcher darstellt, die sich im Rückblick an Episodenfragmente ihrer politischen Biographie erinnert.

Die Antizipation ihres Todes war für viele politische Wunscherfüllung: In dem Theaterstück *Der Tod Margaret Thatchers* ließ der Dramatiker Tom Green bereits fünf Jahre vor ihrem tatsächlichen Tod vier Figuren auf dieses fiktive Ereignis reagieren – eine der Figuren ist ein Bergarbeiter, der aus Anlass des Todes schwört, «sich zu Fuß aus dem Norden Englands auf den Weg zu machen, um auf ihr Grab zu spucken».[3] Der designierte Finanzminister im *Labour*-Schattenkabinett des Jeremy Corbyn, John McDonnell, bekannte, nach seinem größten politischen Wunsch gefragt, er möchte «zurück in die achtziger Jahre, um Margaret Thatcher zu ermorden.»[4] Doch auch schon während ihrer Zeit als Premierministerin war ihr Tod Teil der Wunschvorstellung des politischen Gegners. ‹Tramp the dirt down› hieß 1989 eines der Anti-Thatcher-Lieder von Elvis Costello, das die Szene einer zukünftigen Grabschändung imaginierte:

«Well I hope I don't die too soon
I pray the Lord my soul to save
Oh I'll be a good boy, I'm trying so hard to behave

Because there's one thing I know, I'd like to live
Long enough to savour
That's when they finally put you in the ground
I'll stand on your grave and tramp the dirt down»

Thatcher war jedoch schon in ihrer aktiven Zeit ikonisch und zudem offensichtlich keine Normalsterbliche, kein Wesen aus Fleisch und Blut, sondern aus Eisen, also eigentlich unsterblich. *Iron Lady? Rust in Peace* – hieß es nach ihrem Tod. Sie war bereits eine lebende Statue, bevor ihren Statuen zu Lebzeiten Lebendigkeit unterstellt wurde – sei es, siehe oben, kontagiöse Magie (Berühren der Füße), sei es aufgrund des bösen Blicks (Enthaupten mit dem Kricketschläger).

Zugleich setzte allerdings auch schon *prae mortem* ein öffentlicher und offizieller Versöhnungsprozess ein. Thatcher wurde von zweien ihrer Nachfolger in den Amtssitz Downing Street 10 eingeladen, ihr gemaltes Porträt wurde 2009 neben dem Churchills und Lloyd Georges im Amtssitz aufgehängt – andere Premierminister sind im Amtssitz nur mit ihrem Foto repräsentiert. Dieser Versöhnungsprozess, der sich dann mit ihrem Tod verstärkte, folgte der Logik der Totenrede als Schlüsselszene politischer Gemeinschaftsbildung – denn «als dieselbigen [...] dem Geschlechte nach, verzeihen wir einander, was wir getan und gelitten haben.»[5] Die öffentliche Totenrede auf Thatcher erfolgte in hunderten Würdigungen durch Zeitungsnachruf, im Radio, in den unzähligen Fernsehrückblicken auf ihre Person und ihre Zeit, die die junge Thatcher in Bildern erneut zum Leben erweckten, uns ihr unsterbliches Mediengesicht zeigten.[6]

Die offizielle Totenrede war im Fall Thatchers eine siebenstündige Sondersitzung von Unter- und Oberhaus am 10. April, in der ein Blick auf ihr politisches Vermächtnis geworfen wurde. Für die Sitzung wurden die Parlamentarier aus ihrem Osterurlaub zurückgerufen. In der Debatte wurde der Blick zurück auf Thatchers politisches Vermächtnis geworfen – ungefähr 150 *Labour*-Abgeordnete blieben allerdings der Sitzung fern. Ed Miliband, der Oppositionsführer, beendete seine Würdigung wie folgt:

> «Was auch immer Ihre Meinung von ihr war, Margaret Thatcher war eine einmalige und überragende Persönlichkeit. Ich bin mit vielem von dem, was sie gemacht hat, nicht einverstanden. Aber ich respektiere, was ihr Tod für die vielen, vielen bedeutet, die sie verehrten. Und ich ehre ihre persönlichen Erfolge.»

Eine Woche später gab es aus Anlass der *Prime Minister Question Time* erneut eine dreistündige Debatte, diesmal war der Sarg von Thatcher im Westminster Palace aufgebahrt, obwohl Thatcher ein offizielles *lying-in-state* zu Lebzeiten immer abgelehnt hatte. Mit dem Tod treten die Person und ihr Handeln auseinander, der politische Gegner wird nun anerkannt, auch wenn seine Position umstritten bleibt und bleiben muss.

Während das offizielle England zu diesem Anlass und dann eine Woche später, anlässlich des zeremoniellen Staatsbegräbnisses, die Premierministerin in versöhnlichen Tönen würdigte, ihrer mit Nachsicht gedachte, die Person von der Politikerin abtrennte und dem intensiven politischen Konflikt eine Vergangenheitsform verlieh, erfolgte auch eine wilde, unkontrollierte, schroffe Reaktion «von unten». Neben einer spontanen Straßenparty im Londoner Stadtteil Brixton, unter Thatcher Schauplatz heftiger Straßenkämpfe, erreichte das 70 Jahre alte Lied *Ding Dong, the Witch is dead* aus dem Film der *Zauberer von Oz* kurzzeitig den Platz 1 der britischen Charts – was zur Frage führte, ob die BBC den Song in ihrer Chart-Sendung spielen dürfe. Der Labour-Abgeordnete George Galloway twitterte in unmittelbarer Reaktion auf die Nachricht von Thatchers Tod das Costello-Zitat *Tramp the Dirt down* – um den frommen Wunsch hinterherzuschicken: *May she burn in hellfires*.

Bereits nach ihrer Zeit als Premierministerin und weit vor ihrem Tod gab ihre Person Anlass, die grundsätzliche Frage der Denkmalsfähigkeit demokratischer Führungspersonen zu behandeln, bezeichnenderweise mit Hinsicht auf den leeren Sockel auf dem Trafalgar Square, der offensichtlich zu einem besonderen Sinnbild postheroischer und denkmalsfrei-demokratischer Zeiten geworden ist. Dieser Sockel war vier Jahre vor Thatchers Tod, vom Juli bis Oktober 2009, von dem Künstler Antony Gormley als Ort seines Projekts *One & Other* ausgewählt worden. In hundert Tagen postierten sich insgesamt 2400 Briten als lebende Statuen jeweils für eine Stunde auf dem leeren Sockel auf dem Trafalgar Square, um – so Gormley – im Kontrast zur hergebrachten patriotischen Praxis der Heldendenkmäler «ein Abbild des heutigen Britanniens in seiner ganzen Vielfalt» zu bieten. Die «Statuomanie», die für das revolutionäre Frankreich konstatiert worden ist, die vielen Pantheonisierungen der republikanischen Helden, dieser Drang zur Verewigung der republikanischen Gründungsgestalten, die wir auch für die Frühphase der US-amerikanischen Republik feststellen können, ihr steht anscheinend das Denkmalsfremdeln demokratischer Normalzeiten gegenüber. Gehört der ständige Personalwechsel in den auf Dauer gestellten Ämtern gerade zum Kernbestand der Demokratie, so besteht kein Anlass, auch außergewöhnliche Personen mit einer Statue zu ehren.

Der Prozess der Monumentalisierung einer politischen Person ist ihrer «Verewigung» in einem Denkmal sowieso weit vorgelagert: «If a monument marks the boundary between life and death, it does so by making the dead belong to the public.»[7] In der ephemeren Monumentalisierung politischer Personen wird daher die

Grenze zwischen den Lebenden und den Toten verwischt – nicht nur reklamieren wir die toten Personen für die Öffentlichkeit, sondern auch die öffentlichen Personen für den Tod – *making the public belong to the dead*. Für alle öffentlichen Personen gilt: Sie sind alle nur Nachrufe, die darauf warten, gehalten zu werden. Sie sind wandelnde Grabreden, und vielleicht kontrolliert ja dieser Umstand mehr das Verhalten als alle institutionellen Schutzmechanismen zusammen.

U

Urne

«In der Urne tragen wir die Demokratie zu Grabe, auf der Straße erwecken wir sie zum Leben» – was dem Schwarzen Block halt so durch seine eh nicht allzu helle Rübe rauscht.[1]

Im kommunistischen Polen war das Wahllokal im Regelfall wie folgt arrangiert:[2] auf der einen Seite ein Tisch, dort, wo man sich den Wahlzettel abholen konnte. Auf der anderen Seite des Raumes dann die Wahlurne. Wenn man mit seinem Wahlzettel nun auf dem Weg zur Urne den Raum durchmaß, gab es auch die Möglichkeit, quasi auf halber Strecke abzubiegen und in der Wahlkabine an der Querseite des Raumes zu verschwinden, um möglicherweise einen oder mehrere Namen von der starren Einheitsliste des Wahlzettels zu streichen – das Ganze wie teilnahmslos beobachtet von zwei freundlichen Herren in Zivil, die ganz zufällig auch gerade anwesend waren. Sigmund Freud bemerkte einmal, um einen bürgerlichen Familienroman zu schreiben, bräuchte man eigentlich nur zwei Möbelstücke – ein Bett und einen Tisch. Und Michel Foucault benötigte auch nur einen Stuhl und einen Tisch, um die Urszene des Richtens, der Justiz, nachzustellen: Vor dem Gesetz – vor dem Richtertisch, stehend die Streitparteien, hinter dem Tisch sitzend die dritte, neutrale Instanz, der Richter.[3] Vielleicht braucht man für die Urszene der modernen repräsentativen Demokratie, für deren politische Topologie, auch nur eine Kabine (→ **Isoloir**) und eine Urne und deren spezifische Anordnung im Raum.

Der in den Südstaaten der USA äußerst kreativ betriebene Ausschluss schwarzer Wähler von der Wahl kannte in South Carolina das sogenannte *eight-box law* von 1882.[4] Da in US-amerikanischen Wahlen zugleich mit den allgemeinen Wahlen auch immer über eine Reihe weiterer lokaler Ämter und lokaler Angelegenheiten abgestimmt wird, schrieb dieses Gesetz für jeden Wahlvorgang eine eigene Urne vor, und ein in eine falsche Box eingeschmissener Wahlzettel war automatisch ungültig. Das zielte auf die – überwiegend schwarzen – Wähler, die nicht oder kaum lesen konnten. Zu diesem Zweck hatte man auch anlässlich der Einführung des *australian ballot*, also eines offiziellen und standardisierten Wahlzettels statt der von den Kandidaten selbst bereitgestellten Zettel, sofort die Gelegenheit ergriffen und Parteilogos gesetzlich verboten, weil sie Analphabeten Hinweise hätten geben können, wo sie ihr Kreuz setzen sollen. Das *eight-box law* gab den örtlichen Wahlkomitees zusätzlich die Gelegenheit, die Anordnung der Wahlurnen beständig zu ändern, damit auch verhindert werden konnte, dass lesekundige schwarze Wähler ihr Wissen über die Anordnung an Leseunkundige weitergeben könnten.

Beim *chain-vote*, einer so einfachen wie genialen Form des Wahlbetrugs, ebenfalls in den USA bis ins 20. Jahrhundert weit verbreitet, waren der Tisch der Wahlaufsicht im Wahllokal, die Wahlkabine und die Urne Stationen einer besonderen Zirkulation, die aber über sie hinausreichte. Alles, was man zum *chain-vote* benötigte, war ein einzelner Blanko-Wahlzettel, der sich von korrupten Wahlleitern schon im Vorfeld irgendwie beschaffen ließ. Der wurde vom örtlichen Patron wie gewünscht ausgefüllt, ein Wähler wurde nun mit ihm zum Wahllokal geschickt, wo er seinen regulären Wahlzettel ausgehändigt bekam. In der Wahlkabine gelangte nun der zuvor ausgefüllte Zettel in den Umschlag und von dort in die Urne, während der Wähler dem Patron seinen leeren Wahlzettel ablieferte. Dieser wurde nun wieder ausgefüllt und der Nächste damit ins Wahllokal geschickt, der wieder mit einem leeren Wahlzettel zurückkehrte, usw. usf.

Bei der Landesdelegiertenkonferenz der nordrhein-westfälischen AfD zur Festlegung der Liste für die NRW-Landtagswahl im Mai 2017 standen vier Wahlurnen im Saal, und da die Delegierten nach Kreisverbänden zusammensaßen und die Urnen einzeln ausgezählt wurden, ließ sich beim Auszählen rekonstruieren, welcher Kreisverband wie abgestimmt hatte. Eine solche Rekonstruktion wird auch durch Urnen ermöglicht, deren Größe knapp an das Format des Wahlumschlags bzw. Wahlzettels angepasst ist. Da nun die sich in der Urne stapelnden Wahlumschläge die Reihenfolge der Stimmabgabe abbilden, kann jemand, der diese Reihenfolge protokolliert hat, bei der Auszählung rekonstruieren, wer wie abgestimmt hat – das Wahlgeheimnis ist gelüftet. Diese Praxis des sogenannten *stackings* macht es möglich, beim Stimmenkauf auch unter den Bedingungen einer «verdeckten Stimmenabgabe» nachträglich zu überprüfen, ob der Wähler auch wie abgesprochen gewählt hat. Große, möglichst transparente Urnen, vor dem Auszählen das Herausschütten der Umschläge aus einiger Höhe sowie das regelmäßige Hin-und-her-Schütteln der Urne während der Wahl gehören daher zu den Maßnahmen, die diese Form des Wahlbetrugs erschweren sollen.

Nicht nur die Abmessung der Wahlurnen, auch ihr Fassungsvermögen hat eine politische Seite. In Regionen mit großen Spannungen zwischen verfeindeten Gruppen empfiehlt das *ACE Electoral Knowledge Network*[5], Urnen bereitzustellen, in denen alle Stimmen eines Stimmbezirks Platz finden, sodass die Verwendung verschiedener Wahlurnen keinen Anlass für Misstrauen zwischen den feindlichen Lagern geben kann: die umfassende Urne als politisches Einigungs- und Befriedungsinstrument.

Die parlamentarische Abstimmung über die Änderung der türkischen Verfassung hin zu einem Präsidialsystem im Januar 2017 war formell geheim. Jeder Abgeordnete bekam drei verschiedenfarbige Plaketten, für Ja, Nein und Enthaltung, aber da viele AKP-Abgeordnete nach dem Verlassen der Wahlkabine die beiden übrig gebliebenen Plaketten in die Kamera hielten, war einerseits klar, welche Plakette in der Urne geblieben war, andererseits stand automatisch jeder, der seine Plaketten nicht vorzeigte, unter Verdacht, womöglich gegen die Verfassungsänderung gestimmt zu haben.[6] Bei der hoch umstrittenen Wahl zum hessischen Ministerpräsidenten, die für den 4. November 2008 angesetzt worden war, aber dann letztlich abgesagt wurde, sprach der Landtagspräsident ein Handy-Verbot aus, weil mehrere sozialdemokratische Abgeordnete berichtet hatten, «dass sie von Kollegen mal ‹wohlwollend›, mal ‹drängend› aufgefordert worden seien, mit einem Handyfoto zu beweisen, dass sie bei der bevorstehenden Ministerpräsidentenwahl ihre Stimme Andrea Ypsilanti gegeben hätten».[7] Insbesondere der unter besonderer Beobachtung stehende Jürgen Walter, erbitterter Konkurrent von Ypsilanti um SPD-Partei- und -Fraktionsvorsitz, plante, als Beweis seiner Loyalität seine rechte Hand mit markantem Ehering neben dem

Wahlzettel mit abzubilden.[8] Den Druck auf die Abgeordneten von SPD, Linken und Grünen hatte die CDU mit dem Entschluss erhöht, bei der Ministerpräsidentenwahl geschlossen sitzen zu bleiben (→ **You stand where you sit**), sodass es für alle völlig offensichtlich werden würde, hätten Abgeordnete aus den eigenen Reihen Ypsilanti die Stimme verweigert, oder falls im Nachhinein einzelne Abgeordnete behaupten sollten, nicht für Ypsilanti gestimmt zu haben, es aber letztlich doch getan hatten. Das hatte für den CDU-Vorsitzenden Koch den angenehmen Nebeneffekt, auch das Stimmverhalten der eigenen Abgeordneten völlig unter Kontrolle zu haben, deren Geschlossenheit keinesfalls über jeden Zweifel erhaben war.[9]

Es gibt also eine Politik der politischen Praxis und der politischen Verfahren. Einerseits Regeln, andererseits eine unglaubliche Kreativität im Umgang mit ihnen, bis hin zur völligen Umgehung. Gerade weil die Dinge der Politik – wie etwa Wahlurnen – eine so wichtige strukturierende Funktion ausüben, sind sie Gegenstand einer intensiven Politik der Dinge.

V

Verlobungsringe
(Dior, je 19 000 Euro)

Je 19 000 Euro für die Verlobungsringe – aber sie hat nichts Vernünftiges zum Anziehen! Sarkozy ist mir ja ein schöner *président du pouvoir d'achat*!

Hat er es oder hat er es nicht gesagt, der SPD-Fraktionsvorsitzende Herbert Wehner, in seinen Journalistengesprächen, in denen er 1973 auf seiner Moskaureise den Kanzler aus der Ferne abkanzelte: «In Bonn wird nicht regiert, sondern erigiert»? Kolportiert wurden vornehmlich andere Äußerungen («Der Herr badet gerne lau»), die weniger offensichtlich den Tatbestand der Majestätsbeleidigung erfüllten und bei denen zudem nicht im gleichen Ausmaß zu befürchten stand, dass sie gegen die Prüderie der Zeit verstießen. Ist die Äußerung Wehners vielleicht auch nicht authentisch, so wäre sie doch zu gut erfunden, um nicht in unseren beständigen politischen Zitatenschatz aufgenommen zu werden.

Seit Dezember 2007 konnte auch ein Großteil der französischen Öffentlichkeit den Eindruck gewinnen, im Élysée-Palast sei zuletzt eher wenig regiert worden. Doch der französische Wähler fand offensichtlich zunächst wenig Gefallen an der medialen Inszenierung des privaten Glücks des Präsidenten: wechselseitige Luxus-Verlobungsgeschenke, für Nicolas eine Uhr von Patek Philippe, im Wert von etwa 45 000 Euro, und für Carla zwei Verlobungsringe von Dior, jeweils um die 19 000 Euro – sollte das gemeint gewesen sein, als Sarkozy während des Präsidentenwahlkampfs für sich als Präsident der Kaufkraft geworben hatte? Der Staatsbesuch in England sollte im März 2008 als Rückkehr zur politischen Ernsthaftigkeit inszeniert werden, eine Absicht, die durch die Ankündigung der Versteigerung eines Nacktfotos von Carla Bruni durch das Auktionshaus Christie's schnell zunichtegemacht wurde.

Dabei ist es nicht die neue Liebe des Präsidenten als solche, die in der Öffentlichkeit schlecht ankommt, und es ist auch kein moralisches Missfallen, das sich in fallenden Popularitätswerten ausdrückt. Es scheint eher so, dass die Inszenierung des verliebten Sarko im Disneyland oder auf Ägyptenreise oder die Nacktfotos Carla Brunis das Publikum indignieren, weil die Bilder die Umkehrung der charismatischen Kraft zu belegen scheinen. Der exhibitionistische Auftritt des Paares im Tal der Könige vor den Augen der zugeladenen Weltöffentlichkeit dokumentiert doch wohl eher *ihre*, nicht *seine* kontagiöse Magie. Sie transportieren den politisch gefährlichen Verdacht, dass Frankreich von einem Präsidenten regiert wird, der von seinen Hormonen regiert wird. «Wann kommt der erste *live* übertragene Koitus?», fragt sich eine französische Öffentlichkeit, für die der Präsident durch die Zurschaustellung seiner Eroberung lediglich zeigt, dass er seinen privaten und seinen öffentlichen Körper nicht auseinanderzuhalten vermag.[1]

Insofern bleibt das Private politisch auch in unseren vorgeblich aufgeklärten Zeiten, in denen wirtschaftliche Wechsellagen und das wechselnde Liebesglück des Herrschers nicht mehr so umstandslos kurzgeschlossen werden wie etwa noch am Vorabend der Französischen Revolution, als Missernten mit der Impotenz Ludwigs XVI. in fragloser Verbindung zu stehen schienen. Wie zwangsläufig in dem politischen Diskurs das Abtasten des privaten Herrscherkörpers in Hinblick auf seine allgemeine Bedeutsamkeit ist, hätte man bereits beim Kampf um die Nachfolge Jacques Chiracs lernen können. Der Außen- und spätere Premierminister Dominique de Villepin, der ansonsten sehr auf seine Reputation als Feingeist bedacht war, griff in der verbissenen Auseinandersetzung um die Präsidentschaftskandidatur für das bürgerliche Lager auch schon einmal zu gröberem Kaliber. Sarkozys erste Ehefrau Cécilia war gerade erst mit dem Kommunikationsmanager Richard Attias nach New York durchgebrannt, als Villepin mit gespielter Besorgnis die Frage lancierte: Wie will dieser Innenminister Frankreichs Vorstädte kontrollieren, wenn er noch nicht einmal seine eigene Frau kontrollieren kann?[2]

Cécilia Sarkozy hatte Richard Attias bei den Vorbereitungen zum Parteitag der UMP im November 2004 kennengelernt, den Vorbereitungen für eben jenen Kongress, auf dem sich Sarkozy zum offiziellen Kandidaten der Partei für die Präsidentschaftswahlen krönen lassen wollte. Dass die UMP-Krönungszeremonie mit voller Absicht auf den 2. Dezember 2004 gelegt worden war, exakt auf den 200. Jahrestag der Kaiserkrönung Napoleons, könnte Anlass für geistreiche Bemerkungen geben über die Koinzidenz von Sarkozys öffentlichem Triumph und seinem privaten Waterloo. Eine solche Bemerkung würde zwar die Konvention bedienen, das Private gegen das Politische auszuspielen, doch zugleich diese Entgegensetzung gerade dementieren, zeigt sie doch: Am politischen Körper gibt es nichts Privates.

Keiner weiß das besser als Nicolas Sarkozy selber. Die *body guards*, die seine ständigen Begleiter während des Präsidentschaftswahlkampfs waren, hatten vor allem die Aufgabe, ihn so abzuschirmen, dass Fotografen keine Bilder von seinen Schuhen mit den erhöhten Absätzen machen konnten. Die Leibwächter schützten nicht den leiblichen Körper Sarkozys vor physischen Übergriffen, sondern seinen politischen Körper vor der medialen Verletzung seines öffentlichen Bildes. Die retuschierten Fotos aus Sarkozys Maine-Urlaub, bei denen der Bauchspeck des Präsidenten per Adobe Photoshop abgesaugt worden war, sind ebenfalls in Erinnerung. Dies alles, genauso wie die Ausgaben in Höhe von 34445 Euro für Schminke, die Sarkozy gegenüber der zuständigen Finanzkommission als Wahlkampfausgaben geltend gemacht hat, sollte man nicht schlicht als Ausweis der Ei-telkeit abtun. Es sind auch keine spezifisch französischen Auswüchse des politischen Wettbewerbs oder der Medialisierung der Politik, die den hohen Grad der Personalisierung der Politik in einem präsidentiellen System belegen würden. Denn die wegretuschierten Schwitzflecken auf den Fotos von Angela Merkels Bayreuth-Besuch sind auch nicht von grundsätzlich anderer Qualität als die wegretuschierte «Rolle des Präsidenten». Von Berlusconis Schönheitsoperationen und Haartransplantationen braucht hier gar nicht erst die Rede sein.

Diese scheinbaren Randnotizen der politischen Berichterstattung, die unsere diffuse Neugierde wecken, sich aber zunächst noch zu keinem konkreten Syndrom zu formieren scheinen, zeigen doch eins: Wer heute (wie früher) zur kollektiven Wunschpersonifizierung werden oder eine solche Wunschpersonifizierung bleiben will, muss die politischen Bilder von seinem Körper kontrollieren. Es zeigt sich damit auch: Nichts könnte falscher sein als die Einschätzung, dass die moderne demokratische Politik irgendwie «entpersonalisiert» (Jürgen Habermas) oder «entkörperlicht» (Claude Lefort) sei.

W

Walks, silly

Gibt es eigentlich auch ein spezifisch politisches Gehen? Ja, gibt es.

«Vielleicht ist das Gehen [...] die allertrivialste, also menschlichste Geste. Jeder Traum, jedes Idealbild, jeder soziale Aufstieg erübrigt als Erstes die Beine, sei es auf dem Porträt, sei es durch das Auto.»[1] Doch in der vollständig demokratisierten Gesellschaft kommt dem «Allertrivialsten» politisch eine besondere Bedeutung zu (→ **Flechtslipper**; → **Chlorhühnchen**), und der vollständig demokratisierte Politiker vermeidet es tunlichst, dem Publikum seinen sozialen Aufstieg vorzuführen.

Das politische Gehen gehört folglich zu seinen wichtigsten Fähigkeiten. So wie es eine Politik des Gehens gibt – im 18. Jahrhundert geht der Bürger ostentativ zu Fuß in Abgrenzung zum Aristokraten, der in der Kutsche unterwegs ist[2] –, so gibt es auch ein spezifisch politisches Gehen: Es ist zügig, schnell, aber kontrolliert, kein Stolpern und Straucheln, wie bei Jimmy Carter oder Fidel Castro.[3] Es signalisiert Geschäftigkeit und Seriösität. Ein *ministry of silly walks* inklusive des schrulligen Beamtenapparats mag man sich vorstellen können, aber auch einen *minister of silly walks*?

Das politische Gehen ist Zeichen der Dynamik und Entschlusskraft, stets geprägt von Zeitknappheit: «Schon sein Gang und der gelegentliche Griff ans eigene Sakko-Revers suggerieren Kraft und einen starken Willen», weiß die *FAS* von Volker Kauder.[4] Kann man die politische Entscheidung meist nicht anders darstellen als nach endlosen Sitzungen Worte zu wägen, Erklärungen abzugeben, Kommuniqués zu verfassen – *doing things with words* –, zeigt das Gehen der Politiker Tatkraft und Fähigkeit zu schnellen Entscheidungen.[5] Es versichert uns, dass unsere politischen Akteure sich unerschrocken durch die permanenten Gefahrenzonen des *burnouts* bewegen: «Es ist bemerkenswert, wie schnell Politiker sich bewegen, wenn sie sich mal bewegen. Man weiß gar nicht, wer dieses Tempo vorgibt, die [Politiker; PM] oder ihre Beschützer, der Zeitplan, den die Büros komponiert haben, oder die Veranstalter des jeweiligen Termins mit ihrem allmächtigen Ablauf»[6] – na ja, oder die mediale Repräsentation der Politik, die das als authentische Geschäftigkeit erscheinen lässt, was doch vor allem volle Zeichenhaftigkeit des Geschehens ist.

Aber wohin gehen die politischen Akteure? EU-Ministerrat, G7, G8 oder G20, die UN-Vollversammlung, eine weitere Klimakonferenz, ein Koalitionsgespräch im Kanzleramt. Folgen wir ihnen, wie es Bruno Latour vorgeschlagen hat, auf ihren Wegen durch die Gesellschaft, dann stellen wir fest, dass sie viel Zeit in *meetings*, Treffen und Sitzungen verbringen. Der politische Catwalk auf dem Weg zu diesen Sitzungen erscheint dabei nicht lang und daher auch nicht als besondere Herausforderung: ein Auto fährt vor, ein Wagenschlag wird geöffnet, es schält sich eine Person aus dem Fond,[7] sie geht in eines der zahl- und gesichtslosen Sitzungsgebäude durch eine Tür, die immer schon rechtzeitig geöffnet worden ist (→ **Revolving door**). Mitarbeiter mit dem obligatorischen Plastikhausausweis um den Hals weisen als Streckenposten in diesen unübersichtlichen Funktionalbauten den Weg in den Sitzungsraum. Vorher aber geht es eventuell noch zu einem Zwischenhalt für ein Kurzstatement bei den Journalisten mit ihren Kameras und Mikrophonen (→ **Soundbites**). *Arrival and doorstep*, so der journalistische Fachbegriff für dieses Ritual. Dann folgt der Schnitt auf den Korrespondenten, der uns diese zehn Meter Wegstrecke in einen Zusammenhang stellt: die Erderwärmung, der Nahost-Konflikt, die Eurokrise.

Die Handlung, die Bilder, und die Wörter: Die spezifische Rede verankert die vollen und gesättigten Bilder von einer ganz unspezifischen Handlung, dem Gehen, und alle drei zusammen konstituieren eine Zeichenordnung im Kampf gegen den stetigen Verschleiß politischer Legitimation.[8] Im Grunde genommen erfüllen schon diese wenigen Meter die politischen Bedürfnisse unseres kollektiven Imaginären, denn der «Mensch liebt die Zeichen, und er liebt ihre Klarheit»[9] – es wird eine Entscheidung geben, man wird sich des Problems annehmen, und alle Widersprüche werden sich auflösen. Die Prognose «Es wird eine lange Nacht» versichert uns bereits, dass in den Frühnachrichten sich die Gegensätze als überwindbar erwiesen haben werden – am Morgenhimmel erste Konsensstreifen.

Zehn Meter – das kann doch nicht so schwierig sein. Aber wer ist schon einmal vor den Augen der Weltöffentlichkeit gelaufen? Die politischen Novizen führen uns vor, dass das politische Gehen keine leichte Aufgabe ist: «Der neue [griechische; PM] Finanzminister zeichnet sich bei seinen ersten Auftritten [...]

durch Unbeholfenheit aus, wenn er etablierten Staatsmännern gegenübertritt: Das Umherschleichen des Zurückgelassenen nach der Pressekonferenz mit dem Vorsitzenden der Euro-Gruppe, Jeroen Dijsselbloem; das Vergraben der Hände in den Taschen, als hielte er seine letzten Euromünzen fest; die Verhaspler; die steigende Unsicherheit bei der Pressekonferenz mit Schäuble; das ruckartige Winken in Richtung der Journalisten – wie ein Kind, das eine Scheu vor Kameras hat.»[10] Wir hatten es ja schon immer gewusst: «Guilty feet have got no rhythm.»[11] Es heißt, Tony Blair habe sich während des Irak-Kriegs einen neuen Gang antrainiert, um bei den vielen gemeinsamen Pressekonferenzauftritten mit dem breitbeinigen George W. Bush («Swagger? In Texas we call it walking») neben ihm keinen allzu schlaffen Eindruck zu hinterlassen.

Die Sitzungen, die sich nur wenig zur Darstellung eignen (vielleicht aus der Ferne ein noch spät abends erleuchteter Büroraum im Bundeskanzleramt oder im Brüsseler Justus-Liebig-Gebäude?), werden in der Repräsentation der Politik ersetzt durch die Zeichenhaftigkeit des politischen Gehens, die aus dem Bereich seiner filmischen Darstellung in die mediale Wirklichkeit der «echten» Politik eingedrungen ist. Es ist der alte Regie-Trick: Statt eine Sitzung zu zeigen, dann eine zweite und eine dritte, erzeugt der Film vermittels der Serialität des gezeigten Gehens-zu-Sitzungen und Kommens-von-Sitzungen auf dem Weg zur nächsten Sitzung jenen Eindruck einer permanenten Hochdruck-Situation, als die die Politik öffentlich erscheinen möchte. Die amerikanische Fernsehserie *West Wing* besteht in weiten Teilen aus solchen politischen *walking'n'talking*-Sequenzen: der «im Halbsprint absolvierte Bürohindernislauf [als] zeitökonomische Form der Informationsakquise».[12] «Die Serie besteht vor allem aus Gesprächen, die im Gehen geführt werden. Ständig kommen Leute ins Bild und gleiten wieder hinaus wie Fische im Aquarium, während die Kamera mit den Sprechenden durch Flure, Bürotüren und Sitzungszimmer eilt.»[13] So schildert uns die Serie den politischen Entscheidungsprozess im Weißen Haus als «Wimmelbild eines institutionellen Körpers auf Speed: Hier brennt jeden Morgen der Baum.»[14]

Das verdichtet sich auf der sichtbaren Außenseite der Politik zu einer feststehenden Choreographie. Die offiziellen Treffen mit den vorfahrenden Autos, die Kurzstrecke in den Tagungsraum in einen dieser zahllosen Nichtorte ohne natürliches Licht, als Farbe vorherrschend das «verblichene Rostrot abgewetzter Teppichböden»[15], im Schlepptau die Zuträger. Vorweg noch ein kurzes «Familienfoto» der versammelten Personen, dann einige Bilder vom informellen Zusammenstehen (hat eben der Eurogruppenchef dem französischen Finanzminister die Hand auf die Schulter gelegt?), dies alles als Vorspiel zu den eigentlichen Verhandlungen «hinter verschlossenen Türen» im opaken Zentrum dieser ritualisierten Abfolge. Ziehen sich die Verhandlungen hin, erreichen uns endgültig selbstreferenziell gewordene Bilder: Das Fernsehen zeigt schlafende Journalisten.[16] Schließlich öffnen sich die Türen wieder und es folgt der gemeinsame Auftritt vor der Presse. Entschließungen werden verkündet, Kompromisse bewertet, Worte gewägt.[17] Dann erneut: der Abgang. Die Politiker wenden sich ab und verschwinden wieder in einen Nebenraum. Dies als Teil der auch noch mitgeteilten Bildnachricht dokumentiert den Wiedereintritt des politischen Personals in eine flüssige Zeitlichkeit, in der ein ganzer Strom von weiteren Problemen darauf wartet, von ihnen als Entscheidung punktuell verdichtet zu werden.

Man kann sich über das Ideologische dieser Bilder beklagen und es als Beweis für die Perfidie des Systems interpretieren, dass eine ehemals in kritischer Absicht unternommene Zeichenkunde der Macht längst deren Ausübung zu informieren scheint. Aber was wäre über das Ideologische einer Ideologiekritik zu sagen, die mit ihren ständigen Entlarvungsgesten (→ Rotunda) ein ganz eigenes Zeichen- und Bedeutungssystem bedient? Und wie und warum sollte man versuchen, Politik nicht darzustellen?

Ankunft, formelles und informelles Zusammenstehen, sich schließende und dann sich wieder öffnende Verhandlungstüren, Heraustreten vor die Presse und die Verkündigung eines Ergebnisses, Abtritt – dies sind auch deshalb stabile Elemente eines Vokabulars politischer Gesten, die unsere Gesellschaft in immer gleicher Syntax «zu ihrer eigenen Beruhigung einsetzt»,[18] weil in der berichteten Zeit der Fernsehnachricht ihre unterschiedliche Dauer wesentlich gleichgewichtet dargestellt wird. Die Bilder kreisen um eine wunderförmige Wandlung: Die Türen schließen sich, nur um sich umgehend wieder zu öffnen, und ein zuvor irritierend weiter Möglichkeitsraum – Unsicherheit – findet sich nun plötzlich in eine konkrete Entscheidung – Sicherheit – transformiert. Durch die allabendliche Wiederholung dieses magischen Vorgangs ist unser ursprüngliches Erstaunen zur festen Erwartung geworden. Aus einem Zustand abgeklärten und halbwachen Registrierens schrecken wir nur noch dann unruhig auf, sollte der politische Zaubertrick einmal überraschend misslungen sein: Denn was wir wollen, ist eine Entscheidung.

Die zwischen Ankunft und Abgang des politischen Handlungspersonals aufgespannte Bildersyntax ist universell einsetzbar zur seriellen Abarbeitung ganz unterschiedlicher Themen. Die politische Handlungsagenda folgt dem Prinzip: *And now for something completely different* – eben noch Juchtenkäfer, nun Europäische Finanzstabilisierungsfazilität, kurz darauf das Mainzer Stellwerk. «Die Last der Politik – immer ist was»[19] und verlangt nach umgehender Lösung. So schnurrt die politische Agenda auf zwei basale Operationen – eine Frage einerseits, ein Befehl andererseits – zusammen: *What's next?* und *Deal with it!*[20]

Welches politische Bewegungsdiagramm ergibt sich hieraus?

Die Gänge der Macht sind horizontal, man läuft flache Hierarchien ab. Sie führen auf keinen zentralen Raum mehr zu – keine Vorzimmer, in denen man antichambrieren könnte, keine langgestreckten, repräsentativen Flure und hohen Treppen, die nach einer Ewigkeit ins Machtzentrum führen würden, denn ein solches Zentrum gibt es nicht mehr. Die Politik ist aus dem *chambre de roi* über die parlamentarische Kammer in die unzähligen Entscheidungsräume diffundiert.[21] Die Frage nach dem «Zugang zum Machthaber»[22] lautet heutzutage, ob man über die Handynummer der Kanzlerin verfügt.

Wenn sich die Zugangsfrage heute nicht mehr als räumliche Frage stellt, dann kann die politische Architektur auch auf den Spannungs- und Erwartungsaufbau verzichten, der den Raum verzeitlicht,[23] und auf eine Ästhetik der Macht, die auf Distanzierung beruht, auf den endlosen Fluchten, auf Einschüchterungsarchitektur durch Monumentalität, etwa das riesige Audienzzimmer, das zu durchmessen ist.[24] Stattdessen eine nichthierarchische Ansammlung von Räumen: «Wartezimmer, Gänge, Türen, Büros mit Angestellten, die dort sitzen und schreiben, kopieren, berechnen oder einfach nur in die Luft starren. Memos, Formulare, Akten, Register, die auf den Tischen verstreut herumliegen, in den Schubläden und auf den Regalen».[25] Statt Ausdruck der Hierarchie zu sein gehorcht die Anordnung der Räume einem Ablaufplan, verräumlicht «Abläufe, Instanzenzüge, Geschäftsverteilungspläne».[26] Der Politiker geht die Gänge der Bürokratie ab – Bürokratie ist Komplexitätspräsentation, Politik Komplexitätsreduktion, und dort, wo Politik und Bürokratie fallweise zusammenkommen, im *meeting room*, geht es um gemeinsame exekutive Identitätserzeugung durch Entscheidungsfindung.[27] Das politische Gehen findet innerhalb einer flexiblen Entscheidungsmatrix statt, die auf die kurzfristige und variable, fallbezogene Zusammenstellung des Personals ausgerichtet ist. Das

Besprechungszimmer ist das Versprechen, dass sich eine extrem kleinteilig auffächernde Bürokratie in variabler Zusammensetzung durch das Hinzutreten von jemand, der die politische Verantwortung übernimmt, in eine handlungsfähige Exekutive verwandelt.

Die Macht hat sich also von einem Ort in eine Bewegung zwischen Orten verlagert. Unsere Akteure haben die Foucault'sche Diagnose: «Macht muss als etwas analysiert werden, das zirkuliert», längst verinnerlicht: sie sind in ständiger Zirkulation. Mächtig ist, wer sich in der Schnittmenge vieler Entscheidungsgremien findet. Macht wird von einem räumlichen Zugangs- zu einem zeitlichen Knappheitsphänomen: «Sie haben fünf Minuten» – während das rhythmisch aufleuchtende Handy-Display die Intensität des Wettbewerbs um die knappe Aufmerksamkeitszeit anzeigt. Die Schwierigkeit des Zugangs besteht jetzt darin, jemandes habhaft zu werden, seinen kontinuierlichen Bewegungsablauf für eine gewisse Zeit unterbrechen zu können. Entscheidend ist nicht mehr der *Zugang zum*, sondern der *Gang des* Machthabers – nicht ich gelange zu ihm (wenn ich Glück habe), sondern wenn ich Glück habe, kommt er zu mir.

Ist das Meeting die interne Verknotung autonomer Bewegungsabläufe von Bürokratie und politischer Entscheidungsebene, so muss es bei der permanenten Zirkulation des Entscheidungspersonals aber auch externe Ort geben, die von Zeit zu Zeit den Akteuren Reputationsabgleich ermöglichen: das Abschätzen, wo man sich in der eigenen permanenten Umlaufbahn relativ zu der der anderen eigentlich gerade befindet – beim Botschaftsempfang, im Café Einstein, anlässlich der Buchvorstellung – oder Beerdigung? – des Kollegen. Wo sich diese wechselnden Orte des Reputationsabgleichs jeweils gerade befinden, gehört natürlich selbst zum Kern jenes Machtwissens, das in ihnen eine Auffrischung erfahren soll.

Die Macht ist also vollständig «investiert» in den realen und effektiven Praktiken, und eines ihrer prominentesten Elemente ist die Bewegung. Mächtig ist, wer von Sitzung zu Sitzung eilt – hinter sich ein Tross von Zuträgern, Assistenten, Mitarbeitern, immer auf Abruf bereit, in der knappen Zeit zwischen zwei entscheidenden Sitzungen die letzten relevanten Informationshappen dem Entscheidungsträger zuzurufen: das Briefing zum Meeting, essenzielle Information in Kürzelform. Das politische Gehen ist im Regelfall Gruppengehen – wer möchte schon den Eindruck erwecken, er sei allein auf weitem Flur? Das Walking'n'Talking ist Zeichen der Entscheidungsträger, der Stop & Chat Signum ihrer Zuträger im Wartestand. Sie halten sich auf Abruf bereit, um sich in den schnellen, zur nächsten Sitzung rauschenden Tross einzugliedern. Natürlich markiert das Gehen in der Gruppe die Hierarchie: Es schreitet der Entscheidungsträger voran, die Zuarbeiter bemühen sich, Schritt zu halten – gesprochen wird von vorne und nach vorne. Dass das Gesprochene auch verstanden wird, fällt in die Verantwortung des Hörers, nicht des Sprechers.

Aber vielleicht ist dies der sinnfälligste Ausdruck der Spannung aus Gleichheit und Ungleichheit, die uns die repräsentative Demokratie präsentiert: bei der demokratischsten aller Tätigkeiten, dem Gehen, etabliert sich dennoch eine uns natürlich erscheinende Ordnung des Voran und des Hinterher, die wir als Bestätigung eben jener Auswahl verstehen sollen, die wir als Wähler zuvor getroffen haben. Womöglich reicht es uns schon, den Kandidaten als bereits gekrönt zu sehen mit jener «schwarze[n] Korona aus Kameras, Galgen, Mikros» und umringt von «Sicherheitsleuten, Offiziellen, Fahrern [...] Journalisten», die von «einem Haltepunkt zum nächsten» ziehen, hinter dem Politiker der Tross, vor ihm «die schwarze Wolke» der Journalisten, «die rückwärts vor ihm einhermarschiert.»[28]

Wenn das «laufend Sprechen & im Laufen Sprechen [...] der

Modus [ist], um eine Fernsehserie, die ganz um Sprechakte herumgebaut ist, visuell zu verflüssigen, 6552 Nettosendeminuten lang attraktiv zu halten», wie in der US-Fernsehserie *West Wing*, dann ist zweifellos diese (Fernseh-)Lösung des Problems, Politik darzustellen, auch eine Antwort auf die brennende Frage, die sich die Politik selbst stellt, nämlich wie sie sich medial plausibel machen kann. Türen sind in dieser Repräsentationsform der Politik bezeichnenderweise nicht mehr Schwellen, Grenzen, Hindernisse, Abschlüsse, sondern Bewegungsbeschleuniger: es erscheint als nicht zufällig, dass die →**Revolving door** zur zentralen Metapher eines durchlässigen, das traditionelle Innen und Außen überwindenden Prozesses politischer Bewegung geworden ist. In der modernen Politik verleihen also sogar die Türen der ständigen Zirkulation seines Personals einen zusätzlichen kinetischen Impuls.

Die gehetzten Läufe entlang der Gänge der Macht im politischen Alltagsgeschäft schaffen sich aber schließlich auch ihren eigenen verlangsamten Kontrapunkt, das Signum des besonderen historischen Moments: zum Beispiel Kohl und Mitterrand, auf ihrem Strandspaziergang von *Latche*, am Sommersitz des französischen Präsidenten, wie sie sich 1990 über die deutsche Einigung verständigen. Zwanzig Jahre später die Kopie: im Herbst 2010, Merkel und Sarkozy am Strand des mondänen Seebades *Deauville*, wie sie ihren Pakt zur Lösung der Eurokrise schließen. Das evoziert ein eigenes Zeichensystem: der Strand und das Meer, die Weite des Horizonts und die Orientierungskraft des einsamen politischen Führungspersonals, das intime *tête-à-tête*, der vertraute und informelle Umgang miteinander, auf weiter Fläche, im Offenen, zwei Personen ganz miteinander ins Gespräch vertieft, die Kamera aus der Ferne unterstreicht die Entschleunigung und Ruhe, die den Moment aus der gedrängten Zeitlichkeit herausnehmen und damit seine historische Singularität beglaubigen.[29]

Am Strand von *Latche*, Kohl neben Mitterrand, Kohls weißer Blouson über schwarzem Anzug, die akkurat gebundene Krawatte unter der Funktionsjacke mit den zu langen Ärmeln – die Phrase vom «Mantel der Geschichte» und der spießigste Freizeitdress, sie gehörten zusammen bei diesem tumben Touristen aus Rheinland-Pfalz. Wer hätte bei dieser Kombination aus Harm- und Stillosigkeit die deutsche Frage nicht für längst gelöst gehalten?[30]

Diese Bilder nähren eine eigene Mythologie, so auch beim sogenannten «Waldspaziergang» von Kohl und Gorbatschow: «zwanzig Jahre ist es nun her, als im Kaukasus zwei Männer in Strickjacke und Pullover mit einem Handschlag die Tür zu einer neuen Zeit öffneten». Dem entspricht der bizarre politische Reliquienkult in der ständigen Ausstellung im Bonner Haus der Geschichte mit den zwei «bruchfesten Baumstumpf-Stühlen», auf denen Kohl und Gorbatschow «im Kaukasus Platz genommen hatten». Das spezifische politische Gehen führt schließlich zu einem spezifischen politischen Sitzen. Wenn man sich also einmal von Thomas Demand ein Kunstwerk wünschen dürfte, dann wäre es also wohl dies: eine Fotografie des nachgebauten Modells dieser Baumstumpfstühle, die uns im Bonner Haus der Geschichte das Ende des sowjetischen Imperiums als Datschenfolklore erzählen wollen – «als im Kaukasus zwei Männer in Strickjacke und Pullover mit einem Handschlag die Tür zu einer neuen Zeit öffneten». Das Foto eines Modells eines Fotos, für dessen Modell von der Politik als einer Ehrensache unter zwei einfachen Männern diese noch einmal Modell gesessen haben – dabei war doch, wie nüchtern angemerkt wurde, bei der Ankunft Kohls am 14. Juni «bereits alles längst geklärt», denn die grundsätzliche Zustimmung zur vollen staatlichen Souveränität und freien Bündniswahl war bereits Ende Mai von Gorbatschow gegenüber dem amerikanischen Präsidenten gegeben worden.

X

Frau XY

Politische Namen? Manchmal ist der Name ja schon das ganze Programm:

> *«Ho, Ho, Ho Chi Minh,*
> *Huckleberry Finn!»*[1]

«Wer ist eigentlich diese Frau XY?» Das war, was Gerhard Schröder als Replik auf Andrea Ypsilantis Kritik an den Hartz-Reformen («sozial unausgewogen») für vollkommen ausreichend hielt. Ja, was macht eigentlich Andrea Ypsilanti? Sie ist Episode, Geschichte, oder wurde, wie Amerikaner es ein wenig lakonischer ausdrücken würden, *road-kill on the highway of politics*. Über sie sind Politik und Zeit hinweggebrettert. Sie hatte ihren

Moment, und dann war der auch schon wieder vorbei. Nun übt sie sich als Landtagsabgeordnete in Unauffälligkeit und bezieht ihre Abgeordnetendiät als Schmerzensgeld dafür, dass der radikal-ökologische und linksrevolutionäre Umbau von Nord-, Mittel- und Südhessen kurz vor knapp dann doch noch abgeblasen werden musste.

Aber ihr Name wird bleiben.[2] Und er diente nicht nur der parteiinternen Auseinandersetzung. Roland Koch ließ 2008 im hessischen Wahlkampf plakatieren: «Ypsilanti, Al Wazir und die Kommunisten stoppen» – der Subtext war klar. Der Spitzenkandidat der hessischen Linken im Jahr 2008 hieß übrigens Peter Metz, was sich wohl nicht so richtig zum Gruseln eignete. Dann also besser: Kommunisten. Die politischen Namensspiele nahmen schließlich eine eher skurrile Wendung, als ausgerechnet Ober-Fundi Jürgen Trittin in Baden-Württemberg ein «Waziristan der Grünen», nämlich einen Rückzugsort fundamentalistischer (!) Radikal-Realos (!) verorten wollte, was den hessischen Grünen-Vorsitzenden, Tarek Al-Wazir, der mittlerweile Koalitionspartner eben jener Hessen-CDU geworden war, die zuvor gegen ihn so grenzwertig plakatiert hatte, twittern ließ: «Trittin zeigt wieder, [...] was ihm fehlt: Stil».

Aber braucht die politische Auseinandersetzung wirklich immer Stil? Es war sicher nicht besonders stil- und auch nicht besonders gehaltvoll, als Herbert Wehner aus den CDU-Abgeordneten Wohlrabe und Todenhöfer die Abgeordneten Übelkrähe und Hodentöter machte, aber effektiv war diese Verhöhnung des politischen Gegners dann wohl doch.[3] Natürlich werden auch Politikernamen sofort Teil des politischen Kampfs, der ja sowieso vor wenig Halt macht, sofort immer die gesamte Person erfasst. Bob Kerrey, demokratischer Senator aus Nebraska, bietet für den Namen seines republikanischen Kollegen Rick Santorum eine knappe Übersetzungshilfe an: «Santorum – which is Latin for asshole». Politiker spielen mit hohem Einsatz. Sie selbst sind dieser Einsatz, also trifft auch die Ablehnung immer gleich die ganze Person.

Für den *Spiegel* ist mit dem Politikernamen sogar eigentlich schon alles entschieden: «Am 19. Oktober 1885 kam er in New York an, ‹Friedrich Trumpf, Bauer› [...] Wie entspannt könnte die Weltgemeinschaft heute sein, hätte der schmächtige Auswanderer [...] damals einen anderen Namen über den Atlantischen Ozean getragen. [...] Aber Friedrichs Enkel Donald Trump [...] heißt Donald Trump, und dieser Name ist Versprechen und Marke. Ein Name wie eine Rockband. Wie eine Leuchtreklame, ein Schrei, eine Sehnsucht. Ein Name wie die Prophezeiung grenzenloser Kraft und ewiger Größe. [...] Kann eine feinsinnige, ernsthafte Frau dagegen ankommen?»[4] Trump – ein menschliches Logo, das man sich ja sowieso nur in Großbuchstaben und mit mehrfachem Ausrufezeichen vorstellen kann: TRUMP!!!!, als *brandname* auf Hochhäusern, Spielcasinos, einer Boeing 757, Golfclubs, Hotels, Beefsteak ... und dann plötzlich auch auf einer Partei, die Opfer seiner feindlichen Übernahme wurde und deren Establishment der Kandidat kaum weniger verachtet als das der Demokraten.

Der Name bietet allerdings Gegnern auch Verballhornungsgelegenheiten: Trump = Chump (= Trottel). Oder auch als *hashtag* #makedonalddrumpfagain, in Anspielung auf sein offizielles Wahlkampfmotto und auf eine in seiner Biographie erwähnte Namensvariante seiner deutschen Vorfahren, also als schon mal sprachlich vollzogene Aus- und Rückbürgerung.[5] Oder schließlich auch als purer Politkitsch: «Love trumps hate» (Hillary Clinton). Aus Sicht der Weit-weit-weg-Ostküste, also aus Sicht von Deutschlands gefühlten Ostküstenintellektuellen ist sowieso klar: Seine Wähler können sich eigentlich nur aus dem US-amerikanischen Trumpenproletariat rekrutiert haben. Der Nazi-Vergleich lässt dann natürlich auch nicht lange auf sich warten: «Mein Trumpf!»[6] Eins scheint zumindest klar: wir leben in trumpulenten Zeiten.

Trump selber revanchiert sich per Tweet: Hillary Rotten Clinton. Dass Hillary Rodham in Arkansas nach ihrer Heirat mit Bill Clinton für längere Zeit noch ihren Mädchennamen behielt, war Mitte der 1970er in der amerikanischen Provinz selbst noch ein Politikum.[7] Die Kandidaten selber scheinen ihren Vor- und Nachnamen ebenfalls unterschiedliche politische Schlagkraft zuzuschreiben – sie führte ihre Wahlkampagne als *Vote for Hillary*, er als *Vote for Trump*. Aber dann, in der zweiten Fernsehdebatte, der angeblich alles entscheidende Wendepunkt: «von dem Moment an, als sie ihn ‹Donald› nannte, war HRC quicklebendig, heiter und entspannt, und griff ihn mit Energie und Selbstvertrauen an.»[8] Wenig später sollte sich das, wie wir mittlerweile wissen, als naive Hoffnung in die Kraft der Namen, in die Bannung durch Benennung erweisen.

Ob national oder international – Beispiele für das Politische an den Politikernamen, d.h. für deren Rolle im politischen Kampf, lassen sich schnell finden. Als unsortierte und unvollständige Liste, zunächst aus dem deutschen Kontext und eher aus der jüngeren Vergangenheit, mal fast liebevoll, mal eher verächtlich: Scholzomat, Genschman, Nie-da Rümelin, Quengelen-Keifer, Ben Wisch, Beule von Ost, Pofallala, der Problem-Peer, Karl Lauterkrach, Jo-Jo Joschka, die Lusche Laschet, Peter Taubernuss, Zensursula (auch bekannt als Flinten-Uschi)[9], R2DEMAIZIER2, Siggi Pop & Lady Gaga (Claudia Roth), Mayer-Dornfelder, Sankt Martin oder Martin Schnulz (der Wünschelrutengänger aus Würselen), Jens, die dünn beschichtete Spahnplatte, Heiko Maaslos (oder auch einfach nur: der schöne Heiko), das Cleverle, das ja bekanntlich für die spezifisch baden-württembergische Variante des Späth-Kapitalismus verantwortlich zeichnete, Häuptling

Crazy Horst usw. usf.[10] Franz Josef Strauß war Idi Alpin. Alliterationen verweisen eher auf die prä-1980er, vom Spießigen der Zeit leicht angeweht: Schüttel-Schorsch, Schmidt-Schnauze, Willy Wolke, auch bekannt als Weinbrand-Willy. Wer sagt, geschweige denn trinkt heutzutage noch Weinbrand (→ **Hard work, Softdrink**)? Bei Brandt bestand für den politischen Gegner aber eigentlich gar kein Alliterationsbedarf, für den Angriff reichte auch ein simples, brutales: Herbert Frahm.

Aus dem mehr oder weniger befreundeten Ausland sind derzeit etwa diese Namensvarianten im Umlauf: Milli-Metternich (Österreichs Außenminister Sebastian Kurz), Theresa Maybe, Brexsack (Nigel Farage), Erdowahn («der Boss vom Bosporus»), No-drama Obama, Tony Bliar oder auch Teflon-Tony, ein Trumpel im politischen Porzellanladen, Arnold ist der Governator, schon etwas älter: tricky Dick für Nixon, Ike, die Eiserne Lady usw. usf. Franz Josef Strauß erreichte als eine die deutsche Nachkriegspolitik besonders polarisierende Gestalt zugleich auch die höchste Stufe des erfolgreichen Namensbrandings, das Buchstabenkürzel – FJS, für das sich auch leicht andere Politiker-Beispiele finden ließen: FDR, LBJ, JFK, DSK, HRC, DJT. Dreiteilige Namen müssen es anscheinend schon sein, aber im Umkehrschluss bekommt nicht jeder mit dreiteiligem Namen ein Kürzel. Bei SLS würde man eher an eine Mercedes-Modellbezeichnung denken als an Sabine Leutheusser-Schnarrenberger, wobei hier der Name eben auch eine bestimmte Kohorten- und Milieuzugehörigkeit anzeigt, damit eine Abgrenzungsgelegenheit bietet und dadurch sofort eine politische Dimension eröffnet: Annegret Kramp-Karrenbauer, Alexandra Dinges-Dierig, Margaretha Hölldobler-Heumüller, Anett Kleine-Döpke-Güse. Das gibt's natürlich auch in männlich: Burkhardt Müller-Sönksen, Wolfgang Kreissl-Dörfler, Bernhard Schulte-Drüggelte, Thorsten Schäfer-Gümbel, Hans-Joachim Deneke-Jöhrens.

In dieser Liste darf dann auch eine andere Frau mit sonderbarem Namen nicht fehlen, die als Agenda-Kritikerin Gerhard Schröder das Leben ebenfalls schwer machte: Sigrid Skarpelis-Sperk – übrigens nicht zu verwechseln mit Marion Caspers-Merck, auch von der SPD. Skarpelis-Sperk wurde vom SPD-Reformerflügel bald nur noch Triple S genannt, was ungefähr anzeigte, wie ihre Aktien partei-intern standen: auf Ramschniveau. Auf der anderen Seite reichte für die Verehrer von Karl-Theodor (Maria Nikolaus Johann Jacob Philipp Franz Joseph Sylvester Freiherr von und) zu Guttenberg auch ein ganz schlichtes KT – für die Verächter allerdings auch nur ein ganz schlichtes «Lügenbaron». ABB lautete nach dem Brexit-Referendum die interne *Tory*-Parole bei der Nachfolgersuche für den zurückgetretenen Premier David Cameron: *Anything but Boris*. Für die Trump-Anhänger hingegen galt im Präsidentschaftswahlkampf von 2016: ABC – *Anything but Clinton*. Wer sich diesem *anything* nicht vorbehaltlos anschließen wollte, ist hingegen ein Verräter an der eigenen Sache, eine Ratte, ein RaT, nämlich ein *Republican against Trump*.[11] Als in den 1980er Jahren Willy («Wolke» oder «Wein-») Brandt als Parteivorsitzender intern immer umstrittener wurde, wechselte auf einem SPD-Parteitag ein Zettel von einem Delegierten zu einem anderen: BMW = Brandt muss weg. Der Zettel kam umgehend zurück: VW = von wegen.

Und dann gibt es natürlich auch noch die politischen Paarbildungen: von Plisch und Plum, über TBGB (Tony Blair / Gordon Brown), *Dick* Cheney und George W. *Bush* gaben Anlass für allerlei Penis- / Vagina-Witze, bis schließlich zu Merkozy und dann Merkollande – und nun also Merkron? Gerade noch einmal verhindert wurde und auch sonst natürlich ganz ungünstig wäre: Le Perkel.

Die Frage nach dem demokratischen Namen lässt sich – wie das mit Fragen dieser Art oft ist – vielleicht am besten negativ beantworten. Was wäre denn ein undemokratischer Name? Eher schlecht, wenn man schon am Namen vierhundert Jahre erfolgreiches Eliten-*In-Breeding* ablesen kann: Lady Victoria Gettehout Bayne Allstrop Wyndbag-Buttingforth Smythe-Scott. Boris Johnson heißt mit vollem Namen: Alexander Boris de Pfeffel Johnson. Er wird wissen, warum er nur unter seiner Kurzform antritt.[12] Ebenfalls eher undemokratisch: Mobutu Sese Seko Kuku Ngbendu wa Za Banga. Übersetzt ungefähr: «der, der von Sieg zu Sieg schreitet und von niemandem aufgehalten werden kann». Für die Demokratie als politisches Herrschaftssystem, das darüber definiert werden kann, dass man in ihm auch mal verlieren kann («Democracy is a system in which parties lose elections», Adam Przeworski), und in dem man die Niederlage dann zu akzeptieren hat, verheißt ein solcher *nom de guerre* schon mal nichts Gutes. Andererseits können einige offensichtlich auch in der Demokratie von Niederlage zu Niederlage schreiten und trotzdem kann sie niemand aufhalten – wie Ralf Stegner oder Heiko Maas beweisen.

Zumindest so viel lässt sich wohl aus diesen Beispielen lernen: Demokratische Namen sollten kurz sein, wenig Distinktionsanlass geben, möglichst Jedermannsnamen, Allerweltsnamen sein: John Doe, Erika Mustermann, Otto Normalverbraucher, Joe Sixpack, Monsieur Tout-le-monde. Eine gewisse Namensunauffälligkeit scheint von Vorteil. Aber andererseits ist es auch nicht gut, wenn am Morgen, nachdem sich die Koalitionsparteien auf den Kandidaten für das Bundespräsidentenamt geeinigt haben, die *Bild* mit der Schlagzeile «Horst wer?» aufmacht.

Y

You stand where you sit

Man steht, wo man sitzt. Wer weit außerhalb steht, muss abseits sitzen – Erika Steinbachs neuer Abgeordnetenplatz

«Die griechische Volksversammlung *saß*, die römische *stand*! Unterschied von Demokratie und Republik! Und jetzt noch: vom Stehen zum Gehen! Vom Status zum Gang! Vom Staatsmann zum Gangster! Unwiderstehlicher Fortschritt!» – so ätzte Carl Schmitt in seinem Glossarium mit Eintrag vom 18. November 1956.[1]

So wie es eine politische Bedeutungsdimension des Gehens gibt (→ **Walks, silly**), gibt es offensichtlich auch eine des Sitzens und eine des Stehens. Deren Unterschied wäre zunächst ein ganz praktischer, denn man kann länger sitzen als stehen. Haben also Versammlungen der freien Bürger unter freiem Himmel, wie in

Schweizer Kantonen, eine Art implizite Rededauerbegrenzung und einen eingebauten Widerwillen gegen absichtliche Entscheidungsverzögerungen (→ **Delaberation**)? Oder ist das politische Stehen demagogie-anfälliger als das Sitzen, weil man stehend ungeduldiger ist? Oder weil man vom Stehen schneller ins Gehen – oder Marschieren – wechseln kann? Verwandelt sich die stehende Menge schneller in die laufende Meute?[2]

Schmitt zog zweifellos das republikanische Stehen dem demokratischen Sitzen vor. Er bevorzugte die *acclamatio* vor den endlosen Diskussionen im sitting parliament. Heute spricht man nicht mehr von *acclamatio*, sondern von *standing ovations*. Sie sind, wie wir wissen, unzuverlässige, äußerst launenhafte Indikatoren der Zustimmung (→ **Applausminuten**). Es geht bei ihnen weniger um Entscheidung als um die demonstrative Selbstbestärkung eines Kollektivs, mit Sichtbarkeit nach außen und innen – als polarer Gegenfall zur politischen Entscheidung in der Wahlkabine, bei der weder von außen nach innen noch von innen nach außen geschaut werden kann, wobei diese Nicht-Sichtbarkeit natürlich für alle sichtbar ist und sein soll, denn die Nicht-Öffentlichkeit der Wahlhandlung wird ja öffentlich zelebriert (→ **Isoloir**).[3]

Die primäre Bedeutung des politischen Stehens ist aber sicherlich keine praktische, sondern eine zeremonielle und symbolische. Als George Washington als erster *president-elect* eine Rede vor den zwei Häusern des Kongresses (damals noch in der Hauptstadt New York City) halten wollte, lautete eine der zentralen Fragen, welches zeremonielle Präzedens dieses Ereignis setzen würde:

> «Wenn der Präsident die Senatskammer betreten würde, sollten sich dann die Senatoren erheben, als Zeichen des Respekts vor einem, der höher steht, oder sollten sie sitzen bleiben, wie vor jemandem Gleichgestellten? Eine Antwort

> auf diese Frage riskierte entweder den Präsidenten zu einer Art König zu machen oder den Senat zu einer Art Oberhaus, und so entspann sich eine ausführliche Debatte. Schließlich wies ein Senator darauf hin, dass die Mitglieder des britischen *House of Lords* bei der *King's Speech* saßen, während die Mitglieder des *House of Commons* standen, eine Beobachtung von anscheinend tiefer politischer Bedeutung – bis ein anderer Senator klug anmerkte, dass die Commoners alleine deswegen standen, weil sie ja keine Sitze hatten, auf denen sie hätten sitzen können, da sie ja schließlich für die Rede extra zum *House of Lords* hinübergekommen seien.»[4]

Dieser Hinweis bot aber ja nur vordergründig eine Erklärung für die Unterschiede des Sitzens und Stehens, denn es stellt sich ja unmittelbar die Anschlussfrage: Warum mussten denn die Commoners für die King's oder Queen's Speech zum *House of Lords* gehen? Es handelte sich doch offensichtlich um eine Art doppelte zeremonielle Degradierung: Erst müssen die Abgeordneten gehen und dann auch noch stehen.

Horst Köhler, der im Bundespräsidentenamt Statur in Konfrontation mit denjenigen Parteien zu gewinnen versuchte, denen er seine politische Karriere verdankte, entwickelte ein besonderes Interesse an Faktoren, die er für autonome Quellen der Amtswürde hielt. Unter ihm etablierte sich eine neue Praxis: der verspätete Einzug in den Saal mit dem bereits vollständig versammelten Publikum, angekündigt von einem «Ausrufer» und seinem feierlichen: «Meine Damen und Herren ...» – Kunstpause – «... der Bundespräsident!», in der Erwartung, das sich nun das Publikum erheben würde.[5] Schaute man in *Bellevue* zu viele US-amerikanische Vorabendserien? Das Aufstehen beim Eintritt des Bundespräsidenten war genau jener zeremonielle Pomp, dem sich Washington wochenlang, aber letztlich erfolglos, widersetzt hatte. Der erste US-amerikanische Präsident, der sich einem *Levée*, einem feierlichen Empfang als monarchische Tradition lange verweigert hatte, wurde schließlich, nachdem er doch eingewilligt hatte, «humiliated by an aide who formally trumpeted his entrance by loudly announcing, ‹The President of the United States›.»[6] Köhlers in aller Unschuld und wiederholt vorgebrachter Vorschlag einer Direktwahl des Bundespräsidenten, der für Deutschland nichts weniger bedeutet hätte als den Wechsel vom parlamentarischen zum präsidentiellen System, gehört wohl in diesen Kontext. Der präsidiale Auftritt mit dem sich erhebenden Publikum erfolgt dabei in der Regel von links – *ex oriente lux*.[7] Abtritt dann nach rechts, westwärts. Für die Abgeordnete der Forza Italia Michaele Biancofoiere ist Berlusconi «Sonnenaufgang und -untergang» zugleich.»[8]

Es konstituiert eine Zeichenordnung, wenn einer hereinkommt und alle aufstehen (und sich erst nach einem Zeichen wieder setzen dürfen), es konstituiert eine andere, wenn alle sitzen, aber eine stehen muss. Exakt dreizehn Minuten (→ **Applausminuten**) stellte Horst Seehofer auf dem CSU-Parteitag 2015 Angela Merkel nach ihrer Rede in den Senkel, stehend durfte sie sich auf offener Bühne von ihm die flüchtlingspolitischen Leviten lesen lassen. Hämische Kommentatoren empfahlen ihr, sich beim nächsten Besuch des CSU-Parteitages doch besser einen Klappstuhl mitzubringen. Ist eine Standpauke keine Standpauke mehr, wenn man sie sitzend über sich ergehen lässt? Nach dem dürftigen Schlussapplaus auf Merkels Rede war Seehofer sofort ans Mikrophon geeilt, und es folgte dann das minutenlange Abkanzeln der Kanzlerin auf offener Bühne: «Wir sind der Auffassung, dass die Zustimmung der Bevölkerung zur Bewältigung der Flüchtlingsthematik nicht auf Dauer zu haben ist, wenn wir nicht zu einer Obergrenze kommen. Du weißt, dass wir hartnäckig an diesem Ziel arbeiten. Wir sehen uns bei diesem Thema wieder», und so weiter und so fort. Mit versteinerter Miene stand Merkel neben dem CSU-Chef, hörte sich die Predigt an und rauschte dann, stehenden Fußes, ohne ein weiteres Wort ab. Der auf der Parteitagsbühne stehen gelassenen Kanzlerin schickte Seehofer einige Tage später – *adding insult to insult* – ein verhöhnendes «Wir stehen zur Kanzlerin» hinterher.[9]

Mehr als ein Jahr später folgte dann die inszenierte Versöhnung – die Nachricht, dass nun auch die CSU Merkels Kanzlerkandidatur unterstütze, wird anlässlich eines Parteitreffens der Öffentlichkeit gemeinsam – und sitzend – mitgeteilt: lag es an der «Sesshaftigkeit der beiden Vorsitzenden[, dass] keine rechte Aufbruchstimmung aufkam»?[10]

Das Symbol funktioniert natürlich auch umgekehrt: nicht stehen bleiben müssen, während alle anderen sitzen, sondern sitzen bleiben, während alle anderen aufstehen. Schimon Peres, der israelische Staatspräsident, war 2010 anlässlich des 65. Jahrestages der Befreiung des Konzentrationslagers Auschwitz zu Gast des Bundestages. Nach seiner Rede erhoben sich die Abgeordneten – nur Sahra Wagenknecht und Christine Buchholz von der Linkspartei nicht; oder auf dem Parteitag der Berliner Grünen darf ihre Spitzenkandidatin Romana Pop die große Rede halten, «aber die Kreisverbände Kreuzberg und Neukölln blieben demonstrativ sitzen, als die anderen zum Applaudieren» aufstehen.[11]

Zu den grundlegenden Wahrheiten der politischen Bewegungslehre gehört: «Wer rausgeht, muss auch wieder reinkommen» (Wehner); oder: Wer auf die Bäume steigt, muss auch irgendwann wieder herabklettern; oder: Wer forsch nach vorne prescht, muss dann vielleicht wieder zurückrudern; und: Man muss die Menschen dort abholen, wo sie stehen (wie auch sonst – sie dort abholen, wo sie nicht stehen?). Dazu gehört daher auch: Wer sitzt, kann sitzen bleiben, ganz in sich ruhend in seiner oder ihrer jeweiligen Dagegenwart. Das sind die sitzenden Verteidiger des Status quo, die wünschen, dass die Zeit stehenbleiben möge, oder dass man sie sogar weit, weit zurückstellen könnte, die sich der Einsicht versperren, dass «alles Ständische und Stehende verdampft». Es sind die, die das Fortschreiten und den Fortschritt quasi per Sitzblockade verhindern wollen.

In den *Divisions* des *House of Commons* blieben beim alten, bis 1834 gültigen Abstimmungsmodus die Befürworter des Status quo sitzen, die Befürworter einer Gesetzesänderung zogen aus dem Plenarsaal aus. Mile's Law *You stand where you sit* gilt also auch im parlamentarischen Kontext. Hinterbänkler sitzen in den hinteren Reihen, was ihren niederen Status anzeigt, aber auch Gelegenheit zur *backbencher rebellion* gibt (→ Parliamentari pianisti), denn die vorderen Reihen, die *frontbencher*, also die Parteiführer, können nicht immer sehen, wie auf den hinteren Reihen abgestimmt wird. Wer vorne sitzt, müsste sich umdrehen, um das Abstimmungsverhalten der Abgeordneten in den Blick zu bekommen, selbst bereits ein Eingeständnis, sich dessen nicht völlig sicher zu sein: Stehen die Abgeordneten hinter dem, der ihnen vorsitzt?

Anders ist es, wenn man im Halbrund von der Regierungsbank seine Fraktionen im Blick und unter Kontrolle hat. Aber auch die Regierungsbank gibt die Gelegenheit, dort zu stehen, wo man sitzt. *Der Spiegel* fragt die SPD-Abgeordnete und Integrationsbeauftragte der Bundesregierung Aydan Özoğuz: «Haben Sie aus Rücksicht auf diese Empfindlichkeit im Bundestag nicht für die [Armenien-]Resolution gestimmt?» Özoğuz: «Nein, ich saß an dem Tag auf der Regierungsbank, in meiner Rolle als Integrationsbeauftragte der Bundesregierung. Und da wäre es völlig unüblich, dass man bei einer Abstimmung extra aufsteht und zu den Abgeordnetenbänken rübergeht, um die Hand zu heben.»[12]

Z

Zehnpunkteplan

«Darf's vielleicht ein Brennpunkt mehr sein?» Wenn die zehn Punkte eines Zehnpunkteplans die Welt nicht wieder ins Lot bringen, schlägt Sigmund Gottliebs Viertelstunde.

Es gibt diese schöne Kinderfrage, wie es denn sein könne, dass sich jeden Tag exakt so viel in der Welt zuträgt, wie in die fünfzehn Minuten Tagesschau passt. Da könnte man noch antworten: zur Not haben wir ja noch den ARD-Brennpunkt mit Sigmund Gottlieb. Oder man bereitet das Kind auf die Härte des wirklichen Lebens vor: die Summe aller Probleme bleibt immer konstant! Aber Anschlussfrage: Warum liegt es offensichtlich in der Natur dieser Probleme, grundsätzlich durch ein Bündel von genau zehn Maßnahmen gelöst werden zu können? In einem eigentlich an Gesetzmäßigkeiten armen Bereich (mal abgesehen von Murphy's und dem weniger bekannten Miles's Law; → You

stand where you sit),[1] gehört dies doch einerseits zu den beruhigenden Erwartungskonstanten, andererseits aber auch zu den besonderen politischen Mysterien: Ob EU-Flüchtlingsproblematik (EU-Kommission), die Energiewende (Bundeswirtschaftsministerium), der Fachkräftemangel in Oberfranken (IHK Oberfranken), der Unterwasserlärm (Oceancare), der Crystal-Meth-Konsum in Sachsen (sächsisches Innenministerium), die Gewalt in den Fussballstadien (DFB), das Engagement bei der Gernsheimer Feuerwehr (Stadtparlament Gernsheim), die deutsche Einigung (Helmut Kohl), die Islamisierung des Abendlandes («die Identitären»), die Geschlechtergerechtigkeit (Arbeitsgruppe «Women up!») oder der «digitale Tiefschlaf deutscher Behörden» (CDU Wirtschaftsrat), um nur mal einige Beispiele wahllos herauszugreifen: es sind jeweils exakt zehn Maßnahmen, die Abhilfe versprechen. «Der neue Bundesumweltminister Peter Altmaier hat einen Plan. Er kennt den Inhalt noch nicht, aber es werden zehn Punkte sein».[2]

Wer dieses Format für bereits weitgehend ausgereizt hielt, muss sich eines Besseren belehren lassen, denn da kommt der Bundesfinanzminister in Reaktion auf die sogenannten Panama-Papers mit einem – na? Ja, mit einem Zehnpunkteplan gegen Steuerhinterziehung.[3] Und die SPD versucht das durch einen – na? Genau, durch einen Zwanzigpunkteplan zu überbieten. Zwei Monate später heißt es von Seiten der CSU hinsichtlich eines möglichen Versöhnungstreffens der über die Flüchtlingspolitik zerstrittenen Union: man sei dazu nur dann bereit, «wenn vorher klar sei, dass etwas dabei herauskomme, etwa ein Zehn-Punkte-Programm.»[4] Fehlt dann mal ein Punkt, fällt die Kritik sogleich verheerend aus. Nach den Anschlägen von Würzburg, Ansbach und München verlangen die Menschen «Antworten, also präsentiert die Kanzlerin einen Neun-Punkte-Plan für mehr Sicherheit, dabei ist ihr Aktionismus meist zuwider.»[5] Es wird wohl am fehlenden Punkt gelegen haben – beim *Spiegel* zumindest fällt er völlig durch: das sei doch bestenfalls «die Simulation eines Maßnahmenpakets».

Der Zehnpunkteplan gehört zu einem Repertoire der politischen Entscheidungssimulation, den der notorisch humorige deutsche Beamtenapparat, der ja dann bekanntlich für den Vollzug verantwortlich ist, auch schon reflektiert hat:

«Und wer partout nicht weiterweiß,
der beruft ’nen Arbeitskreis.»

Oder:

«Wer keine Entscheidung treffen mag,
der erteilt ’nen Prüfauftrag.»

Oder:

«Sind die Bilder wirklich schlimm,
mach erst mal ’nen Ortstermin.»

Oder:

«Wie ich die Öffentlichkeit sedier’?
Mit ’nem Eckpunktepapier.»

Aber welchen Reim soll man sich auf den Zehnpunkteplan machen? Er ist offensichtlich kein Plan B, den man ja als guter Politiker nicht zu haben sowieso immer behaupten muss – als Zeichen der Entschlossenheit.[6] Er ist auch kein Plan A2, was sowieso eher nach einem Unterkapitel des neuen Bundesverkehrswegeplans klingt, nicht aber wie Julia Klöckners abgeschicktes, jedoch nie zugestelltes Bewerbungsschreiben auf das rheinland-pfälzische Ministerpräsidentinnenamt. Er ist auch nicht in Stein gemeißelt, wie damals der «Berg Sinai»-Zehnpunkteplan, oder wie Ed Milibands – allerdings nur sechs – Wahlversprechen für die britische Unterhauswahl 2015.[7]

Damit ist er auch grundsätzlich eskalierungsfähig, er besitzt also so eine Art eingebaute Sigmund-Gottlieb-Option: in der Not könnte man die zehn Punkte immer noch um einige Brennpunkte ergänzen.[8] Aber in echten Krisenzeiten verwandelt sich der Zehnpunkte- nicht notwendigerweise in einen Dreizehn- oder Zwanzigpunkteplan (es sei denn, die SPD zieht in den Krieg gegen Steuervermeider), sondern zum Maßnahmen*katalog*[9] oder, wenn das zu unverbindlich und zu sehr nach Versandhaus klingt, zum Maßnahmen*paket* – obwohl das irgendwie immer noch nach Versandhaus klingt. Kein Wunder, dass das «Sicherheitspaket II» des Innenministers Schily in Reaktion auf die Anschläge vom 11. September schnell als «Otto-Katalog» firmierte. Kommt es aber ganz dicke, wie in der Kölner Silvesternacht, hilft nur noch das «Fünfzehnpunkte-Maßnahmenpaket der NRW-Landesregierung».[10]

Nachsichtiges Lächeln auf naive Kinderfragen lenkt jedoch nur von unserer eigenen Naivität ab, die sich regelmäßig in Fragen der Art: Warum hat niemand rechtzeitig vorhergesehen, dass …? manifestiert. Warum kommt der Plan dem Problem nie zuvor, warum begegnet die Politik dem Problem zunächst immer so planlos? Selbst Ökonomen meinen mittlerweile, der Umstand, dass sie die Finanzkrise 2008/2009 ff. nicht vorhergesehen hätten, habe der Reputation des Fachs nachhaltig geschadet. Bekannt ist und als offensichtlich peinlich empfunden wird die Frage der Queen von 2008: «Why did nobody see it coming?» Das ist aber schon empirisch falsch gefragt, denn natürlich wurde *The Great Recession* korrekt vorhergesagt, beispielsweise. von Nouriel Roubini oder Raghuram Rajan oder John Paulson und einigen anderen. Die einen wurden damit berühmt, die anderen sehr, sehr reich – wo der richtigen Prognose solche Prämien winken, kann es also an den Anreizstrukturen nicht liegen. Nun könnte man einwenden, die Höhe der Prämie mag auch damit etwas zu tun gehabt haben, dass diese wenigen eben etwas sahen, was vielen anderen entging. Das mag so sein, aber es ändert nichts daran, dass die Finanzkrise genauso korrekt prognostiziert wurde wie all die anderen Wirtschaftskrisen des 20. Jahrhunderts ebenfalls. Das Problem sind eher die ungezählten Wirtschaftskrisen, die prognostiziert wurden, aber nie eingetreten sind. Irgendeiner schreit immer Krise, und wenn das zum Grundrauschen der Politik gehört, geht es zunächst «nur» darum, die sehr vielen *false* von den recht wenigen *true positives* zu unterscheiden.

Aber selbst wenn das überhaupt durchgehend gelingen sollte, was es im Regelfall nicht tut (Nouriel Roubini wurde eben erst nach der und durch die Krise zu *dem* Nouriel Roubini; man hört jetzt vermutlich mehr auf ihn, aber das ist genauso hilfreich, wie *nach* einem Anschlag die Sicherheitsvorkehrungen zu erhöhen), so wäre doch damit zunächst kaum etwas gewonnen. Denn zugleich herrscht politisch die «Vordringlichkeit des Befristeten» (Luhmann). Mit anderen Worten, die Politik ist normalerweise damit beschäftigt, gerade irgendeine andere Krise zu lösen – siehe oben: die Summe aller Probleme bleibt immer konstant. Als Queen Elizabeth noch die Erste und nicht die Zweite hieß, als sie also noch selbst regierte und nicht mehr nur repräsentierte, war das schon längst die prägende Einsicht: Das Katholizismusproblem, der Konflikt mit Spanien, die irische Frage, die Wirtschaft – die Probleme verlangen nach einem *quick fix* in der erratischen Reihenfolge ihrer Erscheinung. William Cecil, Elizabeths wichtigster Berater, hielt in den 1560er Jahren fest: «So lange, wie ich schon im Dienst Ihrer Königlichen Majestät bin, hatte Epimetheus, der Nachgedanke, immer mehr zu tun, als Prometheus, die Vorausschau.»[11] Es hat sich seitdem wenig verändert, nur dass Elizabeth II. offensichtlich vergessen hat, wie die Regierungswirklichkeit für Elizabeth I. aussah.

Hätte man in Deutschland im Sommer 2015, d.h. mitten in der Eurokrise, nach vier Jahren Syrienkrieg schon mal prophylaktisch die Hälfte aller Turnhallen beschlagnahmen sollen? Und wer bitte hätte das politisch überlebt? Und was hätte das dann über die Ursachen der Flüchtlingskrise ausgesagt? Man sieht: In einer komplizierten Welt voller selbsterfüllender Prophezeiungen, in der problemlösende Maßnahmen oft zu problemauslösenden werden, gibt es gute Gründe dafür, Schwierigkeiten tatsächlich erst dann lösen zu wollen, wenn sie auftreten, und nicht bereits vorher. Wie hätte man Spanien und Irland zur Einhaltung der Maastricht-Kriterien ermahnen können zu einem Zeitpunkt, nämlich vor der Krise, als sie diese noch gar nicht verletzten? Und hätte man wirklich den ESM (Europäischer Stabilitätsmechanismus) vor der Finanzkrise einführen sollen (mal abgesehen davon, dass die politischen Mehrheiten für den damit verbundenen Bruch mit dem *no-bailout*-Versprechen überhaupt erst in der Krise und alleine durch sie generiert wurden)? Und wäre die Krise so vermieden worden? Es gehört nicht viel Vorstellungskraft dazu, sich auszumalen, wie das Vorhandensein eines länderübergreifenden fiskalischen Auffangmechanismus auf eine der zentralen Krisenursachen, die zu hohe Staatsverschuldung, gewirkt hätte. In der Versicherungsökonomie nennt man so was *moral hazard* (die Wirkung von Turnhallen auf Flüchtlinge gehört ebenfalls in diese Kategorie). Wir können davon ausgehen, dass sich der dahinterliegende Mechanismus mittlerweile bis in die Politik herumgesprochen hat.

So ist es insgesamt nicht überraschend, dass die Zehn Punkte immer erst hinterher auf den Plan treten. Aber warum nun diese zehn? Ganz Clevere vermuten, es liege womöglich gar nicht an den Problemen, sondern eher an denen, die sie bewirtschaften. Die versprechen sich offensichtlich mehr von einem Zehnpunkte- als von einem Neun- oder Elf- oder Siebenundvierzigpunkteplan: mehr Anschein der Professionalität, mehr fragloses Hinnehmen, mehr Journalisten, die ohne kritische Nachfragen die entsprechenden Verlautbarungen in ihre Laptops hacken. Welche Konformität erzeugenden Erwartungen hier schon länger wirken, demonstriert Clemenceaus Kommentar auf Woodrow Wilsons berühmte *14 points speech* vom Januar 1918: *Le bon Dieu n'en avait que dix*! Der liebe Gott ist doch auch mit nur zehn ausgekommen.

Sieht die Politik aufgrund ihrer strukturell festgeschriebenen Ausputzerfunktion immer etwas schlecht aus, dann ist der Zehnpunkteplan ein wichtiges Instrument zur Rückerlangung (des Anscheins) von Souveränität, ein Instrument aus dem reichen Instrumentenkasten politischer Inkompetenzkompensation. Er erinnert auch daran, dass Texte Ordnungsversprechen sind und Ordnungsbehauptungen – um wie viel mehr müssen dies politische Texte sein? Jeder Satz bestätigt die Gültigkeit grammatischer Regeln, jeder Anschlusssatz erfüllt Sinnkriterien, jede Präposition verknüpft auf nachvollziehbare Weise Halbsätze. Politische Verlautbarungen im Stil konkreter Poesie sind selten, obwohl Sarah Palin sich wirklich alle Mühe gibt (→ **Soundbites**).

Die zehn Punkte des Zehnpunkteplans erfüllen die Erwartungen, die sie geweckt haben. Gleichzeitig lässt die starre formale Vorgabe es als aussichtsreich erscheinen, mit den kursierenden Zehnpunkteplanpunkten ein wenig *Bulletpoint-Bullshit*-Bingo zu spielen: Welcher Punkt hat es nur in den Plan geschafft, um die zehn vollzukriegen? Im Falle des Zehnpunkteplans der Europäischen Kommission zur Flüchtlingsproblematik wäre die Nummer 7 sicherlich ein heißer Anwärter: «Angedacht ist ein

EU-weites, freiwilliges Pilotprojekt zur Verteilung von Flüchtlingen». *Die angedachten Pilotprojekte* – Deutschpunk à la *Die abstürzenden Brieftauben*? Als weiterer heißer Anwärter auf den Bulletpoint-Bullshit-Award: Punkt 1 des Zehnpunkteplans für Geschlechtergerechtigkeit der Arbeitsgruppe Women up!, der da lautet «Allgemeine Bewusstseinsschärfung». Ganz dicht gefolgt von dessen Punkt 10: «Anpassung der Maßnahmen (‹Act›), Durchführung von Anpassungen und/oder Veränderungen von Maßnahmen; Aufnahme von weiteren Maßnahmen»! Hier hat ein mehrtausendjähriges Patriarchat offenbar wirklich alles ruiniert – Syntax, Sprachgefühl, Sinn & Verstand.

Nicht immer ist die Politik nur reaktiv, sondern manchmal – wie gesunder Joghurt – auch proaktiv, in den seltenen Momenten, in denen mal gerade keine Krise ist. Seltsamerweise folgt das häufig einem saisonalen Muster. Der Sommer kennt das Sommerloch, das dem Politiker erlaubt, auf → Sommerreise zu gehen, die jetzt neuerdings auch Sommertour heißt. Die Sommerreise oder eben auch Sommertour kann als die moderne Variante jener Visitationen des Herrschergebiets gelten, die der Fürst inkognito in unregelmäßigen Abständen unternahm, um sich unabhängig von den Einflüsterungen seiner Höflinge und Günstlinge ein eigenes Bild über die wahre Lage im Land zu machen. In seiner modernen Variante geht es aber nun um politische Repräsentation für Abwesende: Der begleitende Medientross soll den vertrauten Umgang mit den einfachen Leuten, den Leuten auf der Straße, und die Popularität des Politikers dokumentieren. Alles ist jetzt auf Erkennen, nicht mehr auf Nichterkennen ausgerichtet. In der Fußgängerzone eines Ostseebads: «Ich kenne Sie!» – ein freudiges Lächeln huscht über das Gesicht von Dietmar Bartsch – «Sie sind doch der Bodo Ramelow!»

Die Sommerreise ist der anlasslose Ortstermin, und sie gibt Gelegenheit zum Sommerinterview, dessen Anlass wiederum nur die Sommerreise ist, und das endlich einmal die Möglichkeit eröffnet, anlass-, d.h. krisenlos politische Pläne zu formulieren. Das erschöpfte, krisengebeutelte Publikum aber fragt sich: Wann wird es endlich wieder Sommer?

– Isch over –

Danksagungen

Die Arbeiten am Thema des Buches reichen weiter zurück, auch wenn sich die konkrete Gestalt als ein Wörterbuch demokratischer Nebensächlichkeiten erst relativ spät ergeben hat. Insbesondere mein Fellowjahr am Wissenschaftskolleg zu Berlin 2014/2015 hat mir Gelegenheit gegeben, das Manuskript voranzutreiben. Ich bin allen Kolleg-Mitarbeitern und meinen Co-Fellows, die mich mit Anekdoten und Enthusiasmus und Wertschätzung versorgten, extrem dankbar. Es ist schon unzählige Male gesagt worden, es ist allgemein bekannt, es kann trotzdem nicht oft genug, muss vielmehr immer wieder gesagt werden: das Wissenschaftskolleg zu Berlin ist ein sehr unwahrscheinlicher Ort. Glücklich darf sich schätzen, wer einmal dort war.

Einige der Einträge in dieses Wörterbuch des politischen Betriebs sind bereits an anderer Stelle veröffentlicht worden, auch wenn keiner unüberarbeitet geblieben ist. Dies betrifft insbesondere fünf zuvor im *Merkur* veröffentlichte Artikel. Ich danke dem *Merkur*, insbesondere seinen Herausgebern Christian Demand und Ekkehard Knörer, sehr herzlich für die Erlaubnis des Wiederabdrucks. Darüber hinaus möchte ich danken:

Personen: Meike Borgwardt, Christian Demand, Katrin Finkemeier, Nora Gottschalk, Sebastian Huhnholz, Ekkehard Knörer, Christian Peters, Klaus Schlichte, Susanne K. Schmidt, Valentin Schröder. Mein ganz besonderer Dank gilt Thorsten Wilhelmy und Jan Plamper, die viel Probe gelesen, kommentiert, ergänzt und ermutigt haben, und er gilt Clara Polley, die alles angestoßen und begleitet hat.

Institutionen: dem Wissenschaftskolleg zu Berlin, dem *Merkur*, der Universität Bremen, dem Rowohlt Verlag, dem überwiegend deutschen, manchmal auch britischen, US-amerikanischen, französischen oder italienischen Journalismus – vornehmlich in Gestalt von *FAZ*, *Süddeutscher Zeitung*, *Tagesspiegel*, *taz*, *FR*, *Rheinischer Post*, *Spiegel*, *Zeit*, *Guardian*, *NYT*, *Washington Post* usw. usf., jeweils auch mit ihren Online-Ablegern.

Inspiration: all the right noises …

Abdrucknachweise

Chlorhühnchen: Politisches Essen. In: *Merkur, Deutsche Zeitschrift für europäisches Denken*. 69. Jahrgang (Nr. 799), Heft 12, 83–89, 2015.

Delaberation: Das Parlament, der Filibuster und die Politische Romantik. In: *Merkur, Deutsche Zeitschrift für europäisches Denken*. 70. Jahrgang (Nr. 807), Heft 8, 95–100, 2016.

Flechtslipper: Demokratische Dresscodes und die Ästhetik des Mittelstands. In: *Merkur, Deutsche Zeitschrift für europäisches Denken*. 67. Jahrgang, Heft 9, 838–843, 2013.

Gullydeckel: Staatsbesuch. In: David Mannstein / Kai Uwe Schierz (Hg.), Großer Auftritt – Repräsentation und Politik. Katalog der Kunsthalle Erfurt. Erfurt: Ulenspiegel Verlag, S. 11–20, 2008.

Locken im Wind: «Die Frisur sitzt» – politische Haare. In: *Merkur, Deutsche Zeitschrift für europäisches Denken*. 70. Jahrgang (Nr. 803), Heft 4, 71–77, 2016.

Stamina: Gabriels Bauch und Lindners Anzug. In: *Süddeutsche Zeitung* vom 20. Januar 2017.

Trafalgar Square und **Raute:** Ausschnitte in: Der Politiker als «ephemeres Denkmal» seiner selbst. In: Paula Diehl / Felix Steinen (Hg.), Politische Repräsentation und das Symbolische: Historische, politische und soziologische Perspektiven. Berlin: Springer, 247–266, 2016.

Verlobungsringe: Der Körper des Königs hat überlebt, in: *Süddeutsche Zeitung* vom 31. März 2008.

Walks, silly: Politisches Gehen. In: *Merkur, Deutsche Zeitschrift für europäisches Denken*. 69. Jahrgang (Nr. 796), H. 9, 53–60, 2015.

Bildquellen

Applausminuten: Kim Jong-un und seine Militärs applaudieren dem Nationalchor in einem Theater in Pjöngjang, 27. Juli 2014. *KCNA / picture-alliance / dpa*

bunt: Sven Petke (SPD) und Alexander Gauland (AfD) während einer Sitzung im Brandenburger Landtag am 8. Juni 2016. *Ralf Hirschberger / picture-alliance / AP Photo*

Burg Wulffenstein: Das Wohnhaus der Familie Wulff in Großburgwedel (Region Hannover) am 4. Januar 2012. *Holger Hollemann / picture-alliance / dpa*

Chlorhühnchen: Bundeskanzlerin Angela Merkel isst einen Matjeshering nach der Taufe des Fischerei-Trawlers ROS 777 «Mark» in Sassnitz auf Rügen, 25. Mai 2015. *Jens Büttner / picture-alliance / dpa*

Delaberation: Inkontinenzwindel für Erwachsene. *andriano_cz / iStock.com*

E-Democracy: Computertasten VOTE. *ugurhan / iStock.com*

Flechtslipper: Schwarzer Slipper. *aperturesound / shutterstock.com*

Gullydeckel: Aung San Suu Kyi begrüßt US-Außenministerin Hillary Clinton in ihrem Haus in Yangon in Myanmar, 2. Dezember 2011. *Soe Than Win / AFP / Getty Images*

Hard work, Softdrink: Nicolas Sarkozy. *© DR, Photo –1192/20, http://photo.vsd.fr (19. 4. 2017)*

Isoloir: Menschen in Wahlkabinen während der nationalen Wahlen in Henin-Beaumont, Frankreich, am 6. Dezember 2015. *ullstein bild – Reuters / Pascal Rossignol*

Jornada de Reflexión: Graphische Darstellung der Wahltrends in Großbritannien von 2010 bis zur Parlamentswahl 2015. April 2010 von oben: Labour, Conservative, Liberal Democrats, UKIP, Green Party. *By Impru20 at English Wikipedia, CC BY-SA 3.0, https://commons.wikimedia.org/w/index.php?curid=30969291 (19. 4. 2017)*

Kinsley gaffe: Mikrophone der Journalisten während einer Pressekonferenz der Polizei nach dem Anschlag in Winnenden, 12. März 2009. *Miguel Villagran / Getty Images*

Locken im Wind: Anton Hofreiter, Fraktionsvorsitzender der Grünen im Bundestag, hält auf der Bundesdelegiertenkonferenz der Partei Bündnis 90/Die Grünen im Velodrom in Berlin eine Rede, 19. Oktober 2013. *Michael Kappeler / picture-alliance / dpa*

Mally, Kapuzineräffchen: Der damalige Bundesumweltminister Peter Altmaier (CDU) besucht im Tierheim München-Riem Justin Biebers Kapuzineräffchen Mally, 21. Mai 2013. *Peter Kneffel / picture-alliance / dpa*

Now watch this drive!: Donald Trump posiert für die Fotografen auf der Baustelle seines Menie Estate Golf Resort nahe Aberdeen in Schottland, 27. Mai 2010. *Derek Blair / AFP / Getty Images*

Öltanks: Die Zauberkünstler Siegfried (links) und Roy, 1991. *ullstein bild – Teutopress*

Parlamentari pianisti: Die erste Erfindung von Thomas Alva Edison, ein elektographischer Wahlstimmenzähler von 1869: Mit Hilfe eines Schalters konnte mit «ja» oder «nein» abgestimmt werden. Die Maschine kam jedoch nie zum Einsatz. *Public Domain, https://en.wikipedia.org/w/index.php?curid=11441915 (19.4.2017)*

Quando: Die Griechenlandkrise als spieltheoretischer Entscheidungsbaum. *Philip Manow, inspiriert von David Woodruff, Associate Professor of Comparative Politics, LSE*

Raute: Die Raute Merkels als Emoticon. *Vgl. https://de.wikipedia.org/wiki/Merkel-Raute*

Revolving door: Zwei Mitglieder der Ehrenwache öffnen für den russischen Präsidenten Wladimir Putin die goldenen Türen zu einer Zeremonie im Kreml, 20. Oktober 2015. *Alexei Drushinin / picture-alliance / ZUMA Press*

Revolving door: US-Präsident George W. Bush zieht eine Grimasse, als er nach einer Pressekonferenz in Beijing vergeblich versucht, eine verschlossene Tür zu öffnen, 20. November 2005. *Charles Dharapak / picture-alliance / AP Photo*

Rotunda: Kuppel und Terrasse auf dem Dach des Berliner Reichtstags, 28. Oktober 2012. *ullstein bild – McPhoto / Ingo Schulz*

Sommerreise: Leonid Iljitsch Breschnjew. *Fine Art Images / Heritage Images / Getty Images*

Soundbites: «Wir schaffen das». Google-Trends, Suchinteresse nach ‹Wir schaffen das› im Zeitverlauf, 2015 bis Mai 2017 *Philip Manow*

Stamina: Crowdfunding für Donald Trump, April 2016: «THE TRUMP STAMP is a temporary tattoo for your lower back. Wear it and support The Donald. Let's Make America Great Again!» *https://www.crowdfundinsider.com/2016/04/83779-donald-trump-crowdfunding-campaigns-flourishon-kickstarter/ (19.4.2017)*

Trafalgar Square: Die Statue der früheren britischen Premierministerin Margaret Thatcher mit abgeschlagenem Kopf in der Guildhall Art Gallery in London. Mit der Zerstörung der nagelneuen Marmorstatue wollte der 37 Jahre alte Brite Paul Kelleher gegen den «globalen Kapitalismus» demonstrieren, Anfang Juli 2002. *epa PA CoL / picture-alliance / dpa*

Urne: Wahlurne, um 1948. *FPG / Hulton Archive / Getty Images*

Verlobungsringe: Carla Bruni, Foto von Michel Comte, 1993. Das Bild wurde auf einer Auktion bei Christie's in New York für $ 91 000 verkauft. *epa-Bildfunk / picture-alliance / dpa*

Walks, silly: Bundeskanzlerin Angela Merkel und Bayerns Ministerpräsident Horst Seehofer (6. v. r.) kommen zusammen mit anderen Spitzenvertretern der Union zu Sondierungsgesprächen zwischen CDU/CSU und Bündnis 90/Die Grünen in Berlin, 15. Oktober 2013. *Wolfgang Kumm / picture alliance / dpa*

Frau XY: Hessens Ministerpräsident Roland Koch und die sozialdemokratische Spitzenkandidatin Andrea Ypsilanti am Abend der Landtagswahl im Fernsehstudio, 27. Januar 2008. *Hermann Knippertz / picture-alliance / AP*

You stand where you sit: Ein einzelner Stuhl steht am 19. Januar 2017 hinter den Reihen der Unionsfraktion im Plenarsaal des Deutschen Bundestages in Berlin. Der Sitz wurde für Erika Steinbach montiert, die am vorangegangenen Wochenende ihren Austritt aus der CDU und damit auch aus der CDU/CSU-Bundestagsfraktion erklärt hatte. *Bernd von Jutrczenka / picture-alliance / dpa*

Zehnpunkteplan: Sigmund Gottlieb in der Brennpunkt-Sendung der ARD am 28. Juni 2015: «Euro-Aus für Griechenland?» © Bayerischer Rundfunk / Brennpunkt S. Gottlieb; in Lizenz der BRmedia Service GmbH.

Literaturnachweise

A, B, C, D, mokratie – Vorwort

Barthes, R. (2013 [1961]). Die Fotografie als Botschaft. In: Ders. Der entgegenkommende und der stumpfe Sinn. Frankfurt am Main, Suhrkamp: 11–27.

Geuss, R. (2011). Kritik der Politischen Philosophie. Eine Streitschrift. Hamburg, Hamburger Edition.

Goetz, R. (2008). Klage. Frankfurt am Main, Suhrkamp.

Horn, E. (2007). Der geheime Krieg. Verrat, Spionage und moderne Fiktion. Frankfurt am Main, Fischer.

Kracauer, S. (1963). Das Ornament der Masse, Essays 1920–1931. Frankfurt am Main, Suhrkamp.

Vialon, M. (Hg.) (2001). Erich Auerbachs Briefe an Martin Hellweg. 1939–1950. Edition und historisch-philologischer Kommentar. Marburg, Francke Verlag.

Applausminuten

Baberowski, J. (2012). Verbrannte Erde. Stalins Herrschaft der Gewalt. München, C.H. Beck.

Canetti, E. (2001 [1960]). Masse und Macht. Frankfurt am Main, Fischer.

Flaig, E. (2012). Die Mehrheitsentscheidung. Entstehung und kulturelle Dynamik. Paderborn, Schöningh.

Göttert, K.H. (2004). Geschichte der Stimme. München, Fink.

Guilhaumou, J. (1989). Sprache und Politik in der Französischen Revolution. Vom Ereignis zur Sprache des Volkes (1789 bis 1794). Frankfurt am Main, Suhrkamp.

Klein, F.-L. (1989). § 35 Das Stenographische Protokoll. In: H.-P. Schneider und W. Zeh (Hg.). Parlamentsrecht und Parlamentspraxis in der Bundesrepublik Deutschland. Berlin – New York, de Gruyter: 975–984.

Mouffe, C. (2015). Agonistik. Die Welt politisch denken. Frankfurt am Main, Suhrkamp.

Schwartzberg, M. (2014). Counting the Many. The Origins and Limits of Supermajority Rule. New York, Cambridge University Press.

Vismann, C. (2000). Akten. Medientechnik und Recht. Frankfurt am Main, Fischer.

Zähle, K. (2012). «Klingel oder Gong? Akustische Signale in der parlamentarischen Praxis.» In: *Zeitschrift für Parlamentsfragen* 23(4): 872–886.

bunt

Eppler, E. (1992). Kavalleriepferde beim Hornsignal: Die Krise der Politik im Spiegel der Sprache. Frankfurt am Main, Suhrkamp.

Koselleck, R. (1975 [1989]). Zur historisch-politischen Semantik asymmetrischer Gegenbegriffe. In: Ders. Vergangene Zukunft. Zur Semantik geschichtlicher Zeiten. Frankfurt am Main, Suhrkamp: 211–259.

Thomä, D. (2016). Puer Robustus. Eine Philosophie des Störenfrieds. Frankfurt, Suhrkamp.
Thompson, M. (2016). Enough Said. What's gone wrong with the language of politics? New York, St. Martin's Press.

Burg Wulffenstein

Macho, T. (2011). Vorbilder. München, Fink.
Sudjic, D. (2006). Der Architekturkomplex. Monumente der Macht. Düsseldorf, Artemis & Winkler.
York, P. (2006). Zu Besuch bei Diktatoren. München, Heyne.

Chlorhühnchen

Albert, J.-M. (2009). Aux tables du pouvoir: Des banquets grecs à l'Élysée. Paris, Armand Colin.
Baker, K.M. (1992). Defining the Public Sphere in Eighteenth-Century France: Variations on a Theme by Habermas. In: C. Calhoun (Hg.). Habermas and the Public Sphere. Cambridge, Mass., Cambridge University Press: 181–211.
Barthes, R. (1985 [1967]). Die Sprache der Mode [Système de la Mode]. Frankfurt am Main, Suhrkamp.
Bendix, R.F. und M. Fenske (Hg.) (2014). Politische Mahlzeiten / Political Meals. Marburg, LIT Verlag.
Bizeul, Y. (2013). Gustatorische Symbole in der Politik. L. Lutz-Auras und P. Gottschlich (Hg.). Aus dem politischen Küchenkabinett: Eine kurze Kulturgeschichte der Kulinarik. Baden-Baden, Nomos: 23–49.
Field, C.R., I. Gournay, et al. (Hg.) (2007). Paris on the Potomac: The French Influence on the Architecture and Art of Washington, D.C. Ohio, Ohio University Press.
Habermas, J. (1990 [1962]). Strukturwandel der Öffentlichkeit. Frankfurt am Main, Suhrkamp.
Henscheid, E. (1993). Dummdeutsch. Stuttgart, Reclam.
Lanser, S.S. (2003). Eating Cake: The (Ab)uses of Marie-Antoinette. In: D. Goodman und T.E. Kaiser (Hg.). Marie Antoinette: Writings on the Body of a Queen. London, Routledge: 273–290.
Lutz-Auras, L. und P. Gottschlich (Hg.) (2013). Aus dem politischen Küchenkabinett. Eine kurze Kulturgeschichte der Kulinarik. Baden-Baden, Nomos.
Mennell, S. (1995). All Manners of Food: Eating and Taste in England and France from the Middle Ages. Illinois, University of Illinois Press.
Spang, R.M. (2001). The Invention of the Restaurant: Paris and Modern Gastronomic Culture. Cambridge, Mass., Harvard University Press.
Wright, B. (2016). Order, Order! The rise and fall of political drinking. Duckworth, Overlook.

Delaberation

Besch, J.C. (1989). Rederecht und Redeordnung. In: H.-P. Schneider und W. Zeh (Hg.). Parlamentsrecht und Parlamentspraxis in der Bundesrepublik Deutschland. Ein Handbuch. Berlin u. a., Walter de Gruyter: S. 939–959.

Cox, G. W. (1987). The efficient Secret – the cabinet and the development of political parties in Victorian England. New York, Cambridge University Press.

Cox, G. W. und M. D. McCubbins (2011). Managing Plenary Time: The U. S. Congress in Comparative Perspective. In: G. C. Edwards, F. E. Lee und E. Schickler (Hg.). The Oxford Handbook of the American Congress. Oxford, Oxford University Press: 451–472.

Derrida, J. (2006). Schurken. Zwei Essays über die Vernunft. Frankfurt am Main, Suhrkamp.

Döring, H. (1995). Time as a Scarce Resource: Government Control of the Agenda. In: Ders. Parliaments and Majority Rule in Western Europe. Frankfurt a. M. / New York, Campus / St. Martin' Press: 223–247.

Döring, H. (2005). Worauf gründet sich die Agenda-Setzer-Macht der Regierung? Theoretische und vergleichende Perspektiven auf den deutschen Fall. In: S. Ganghof und P. Manow (Hg.). Mechanismen der Politik. Strategische Interaktion im deutschen Regierungssystem. Frankfurt am Main, Campus: 109–148.

Gaus, D. (2013). «Qualität statt Partizipation und Gleichheit? Eine Bemerkung zum epistemischen Sinn von Demokratie». In: *Leviathan* 41(2): 264–290.

Goetz, R. (2008). Klage. Frankfurt am Main, Suhrkamp.

Habermas, J. (1992 [1988]). Volkssouveränität als Verfahren. In: Ders. Faktizität und Geltung. Beiträge zur Diskurstheorie des Rechts und des demokratischen Rechtsstaats. Frankfurt a. M., Suhrkamp: 600–631.

Koger, G. (2010). Filibustering: A Political History of Obstruction in the House and Senate. Chicago, University of Chicago Press.

Koß, M. (2015). «The Origins of Parliamentary Agenda Control. A Comparative Process-Tracing Analysis.» In: *West European Politics* 38(5): 1062–1085.

Manin, B. (1997). The verdict of the people. In: Ders. Principles of Representative Government. New York, Cambridge University Press. Kapitel 5.

Moe, T. M. (1990). «Political Institutions: The Neglected Side of the Story.» In: *Journal of Law, Economics, & Organization* 6: 213–253.

Möllers, C. (2008). Demokratie – Zumutungen und Versprechen. Berlin, Wagenbach.

Mouffe, C. (2015). Agonistik. Die Welt politisch denken. Frankfurt am Main, Suhrkamp.

Osborne, M. J. und A. Rubinstein (1994). A Course in Game Theory. Boston, MIT Press.

Palonen, K. (2015). Die Zeit als Medium des politischen Spiels. Figuren der parlamentarischen Zeit des Westminster-Typus. In: H. Straßheim und T. Ulbricht (Hg.). Zeit der Politik. Demokratisches Regieren in einer beschleunigten

Welt. Baden-Baden, Nomos. Leviathan-Sonderband: 239–254.
Schmitt, C. (1923). Die geistesgeschichtliche Lage des heutigen Parlamentarismus. München, Duncker & Humblot.
Schmitt, C. (1988 [1932]). Legalität und Legitimität. Berlin, Duncker & Humblot.
Schreiner, H. J. (2005). «Die Berliner Stunde – Funktionsweise und Erfahrungen: Zur Redeordnung des Deutschen Bundestages.» In: *Zeitschrift für Parlamentsfragen* 26: 573–588.
Wawro, G. und E. Schickler (2007). Filibuster: Obstruction and Lawmaking in the U. S. Senate. Princeton, Princeton University Press.
Zeh, W. (1989). § 32 Theorie und Praxis der Parlamentsdebatte. In: H.-P. Schneider und W. Zeh (Hg.). Parlamentsrecht und Parlamentspraxis. Berlin – New York, de Gruyter: 917–937.

E-Democracy

Cartledge, P. (2016). Democracy. A Life. Oxford, Oxford University Press.
Coase, R. H. (1937). «The Nature of the Firm.» In: *Economica* 16(4): 386–405.
Geuss, R. (2015). Republik, Markt, Demokratie. In: J. d. Saint Victor (Hg.). Die Antipolitischen. Hamburg, Hamburger Edition: 97–110.
Kafka, B. (2012). The Demon of Writing. Powers and Failures of Paperwork. New York, Zone Books.
Reybrouck, D. V. (2017). Against Elections. The Case for Democracy. London, Random House UK.

Flechtslipper

Baecque, A. d. (2011). Costume. In: Ders. La France de la Révolution. Dictionnaire de Curiosités. Paris, Tallandier: 75–78.
Barthes, R. (2010 [1957]). Mythen des Alltags. Frankfurt am Main, Suhrkamp.
Dogramaci, B. (2011). Kleidung, politische. In: U. Fleckner, M. Warnke und H. Ziegler (Hg.). Handbuch der politischen Ikonographie. München, C. H. Beck. II: Imperator bis Zwerg: 51–57.
Ellwanger, K. (2002). Kleiderwechsel in der Politik? Zur vestimentären Inszenierung der Geschlechter im Raum des Politischen. In: L. f. K. u. K. Oldenburg (Hg.). Kleider machen Politik. Zur Repräsentation von Nationalstaat und Politik durch Kleidung in Europa vom 18. bis zum 20. Jahrhundert. Oldenburg, Isensee Verlag: 109–124.
Hunt, L. (1998). Freedom of Dress in Revolutionary France. In: S. E. Melzer und K. Norberg (Hg.). From the Royal to the Republican Body. Incorporating the Political in Seventeenth and Eighteenth Century France. Berkeley, University of California Press: 224–249.
Kwass, M. (2006). «Big Hair: A Wig History of Consumption in Eighteenth-Century France.» In: *American Historical Review*: 631–659.

Maase, K. (2001). «Des Kanzlers Scorpions sind des Kaisers weiße Rößl. Über populäre Kultur als repräsentative Kultur.» In: *Merkur – Deutsche Zeitschrift für europäisches Denken* 632: 1138–1143.
Macho, T. (2011). Vorbilder. München, Fink.
Müller, J. von (2011). Von Rollen und Ämtern. Karl-Theodor zu Guttenberg als Indikator eines neuen «ikonographischen Rahmens» der Bundesrepublik. In: O. Lepsius und R. Meyer-Kalkus (Hg.). Inszenierung als Beruf. Der Fall Guttenberg. Frankfurt am Main, Suhrkamp: 155–170.
Paul, G. (2008). Die Kanzlerin. Die vielen Gesichter der Angela Merkel. In: G. Paul (Hg.). Das Jahrhundert der Bilder. Göttingen, Vandenhoek & Ruprecht. Band II: 1949 bis heute: 742–749.
Poschardt, U. (2007). «Stil ist die letzte Rebellion.» In: *Merkur – Deutsche Zeitschrift für europäisches Denken* 61(700): 850–859.
Roche, D. (1994). The Culture of Clothing: Dress and Fashion in the Ancien Regime. New York, Cambridge University Press.
Schneider, M. (2005). Imaginationen des Staates. In: R. Behrens und J. Steigerwald (Hg.). Die Macht und das Imaginäre: Eine kulturelle Verwandtschaft in der Literatur zwischen Früher Neuzeit und Moderne. Würzburg, Königshausen & Neumann: 41–58.
Vinken, B. (2013). Angezogen. Das Geheimnis der Mode. Suttgart, Klett-Cotta.
Warnke, M. (2011). Demokratie. In: U. Fleckner, M. Warnke und H. Ziegler (Hg.). Handbuch der politischen Ikonographie. Band I: Abdankung bis Huldigung. München, C. H. Beck: 226–234.
York, P. (2006). Zu Besuch bei Diktatoren. München, Heyne.

Gullydeckel

Bertelli, S. (2001). The King's Body: Sacred Rituals of Power in Medieval and Early Modern Europe. Pennsylvania, Pennsylvania State University Press.
Bruhn, M. (2011). Bad in der Menge. In: U. Fleckner, M. Warnke und H. Ziegler (Hg.). Handbuch der politischen Ikonographie, Bd. I: Abdankung bis Huldigung. München, C. H. Beck: 112–118.
Daniel, U. (1995). Hoftheater. Zur Geschichte des Theaters und der Höfe im 18. und 19. Jahrhundert. Stuttgart, Klett-Cotta.
Didion, J. (2008 [1988]). Shooters Inc. In: Dies. Im Land Gottes. Wie Amerika wurde, was es heute ist. Berlin, List: 165–170.
Dogramaci, B. (2011). Kleidung, politische. In: U. Fleckner, M. Warnke und H. Ziegler (Hg.). Handbuch der politischen Ikonographie, Bd. II: München, C. H. Beck. Imperator bis Zwerg: 51–57.
Gaehtgens, T. W. (2011). Begegnung von Herrschern. In: U. Fleckner, M. Warnke und H. Ziegler (Hg.). Handbuch der politischen Ikonographie, Bd. I.: Abdankung bis Huldigung: 127–135.

Hartmann, J. (2005). «Zur Choreographie eines Besuchs – George W. Bushs Auftritt in Deutschland.» In: *Politische Meinung* September(430): 38–40.
Kracauer, S. (1963). Das Ornament der Masse, Essays 1920–1931. Frankfurt am Main, Suhrkamp.
Paulmann, J. (2000). Pomp und Politik. Monarchenbegegnungen in Europa zwischen Ancien Régime und Erstem Weltkrieg. Paderborn, Schöningh.
Schmidt, R.F. (2016). «‹Revanche pour Sedan› – Frankreich und der Schlieffenplan. Militärische und bündnispolitische Vorbereitung des Ersten Weltkriegs.» In: *Historische Zeitschrift* 303(2 (Oktober)): 393–425.

Hard work, Softdrink

Bingham, T.H. (2010). The Rule of Law in the International Legal Order. In: R. McCorquodale (Hg.). The Rule of Law in International and Comparative Context. London, British Institute of International and Comparative Law: 1–19.
Lertzman, R.A. und W.J. Birnes (2013). Dr. Feelgood: The Shocking Story of the Doctor Who May Have Changed History by Treating and Drugging JFK, Marilyn, Elvis, and Other Prominent Figures. New York, Skyhorse Publishing.
Lough, D. (2015). No More Champagne: Churchill and his Money. London, Head of Zeus.
Mouffe, C. (2007). Über das Politische. Wider die kosmopolitische Illusion. Frankfurt am Main, Suhrkamp.
Mount, H. (2016). «Souse of Commons.» In: *Times Literary Supplement* (5911): 32.
Mudde, C. und C.R. Kaltwasser (2012). Populism in Europe and the Americas. Threat or Corrective for Democracy? New York, Cambridge University Press.
Oesch, D. (2008). «Explaining Workers' Support for Right-Wing Populist Parties in Western Europe: Evidence from Austria, Belgium, France, Norway, and Switzerland.» In: *International Political Science Review* 29(3): 349–373.
Orr, G. (2015). Ritual and Rhythm in Electoral Systems: A Comparative Legal Account, Ashgate.
Parsons, E.F. (2003). Manhood Lost: Fallen Drunkards and Redeeming Women in the Nineteenth-Century United States. Baltimore, Johns Hopkins University Press.
Reza, Y. (2008). Frühmorgens, abends oder nachts. Frankfurt am Main, Fischer.
Richter, P. (2011). Über das Trinken. München, Goldmann.
Stokes, S.C., T. Dunning, et al. (2013). Brokers, Voters, and Clientelism: The Puzzle of Distributive Politics. New York, Cambridge University Press.
Wright, B. (2016). Order, Order! The rise and fall of political drinking. Duckworth, Overlook.

Isoloir

Bertrand, R., J.-L. Briquet et al. (2006). Towards a historical ethnography of voting. In: R. Bertrand, J.-L. Briquet und P. Pels (Hg.). The Hidden History of the Secret Ballot. Bloomington, Indiana University Press: 1–15.

Brennan, G. und P. Pettit (1990). «Unveiling the Vote.» In: *British Journal of Political Science* 20(3): 311–333.

Buchstein, H. (2000). Öffentliche und geheime Stimmabgabe. Eine wahlrechtshistorische und ideengeschichtliche Studie. Baden-Baden, Nomos.

Déloye, Y. und O. Ihl (2008). L'acte du vote. Paris, SciencesPo Les Presses.

Derrida, J. (2000). Politik der Freundschaft. Frankfurt am Main, Suhrkamp.

Dolar, M. (2006). A Voice and Nothing More. Boston, MIT Press.

Downs, A. (1957). An Economic Theory of Democracy. New York, Harper.

Fach, W. (2008). Das Verschwinden der Politik. Frankfurt am Main, Suhrkamp.

Garrigou, A. (1988). «Le secret de l'isoloir.» In: *Actes de la recherche en sciences sociales* 71–72 (mars 1988): 22–45.

Geisthövel, A. und H. Knoch, (Hg.) (2005). Orte der Moderne. Erfahrungswelten des 19. und 20. Jahrhunderts. Frankfurt am Main, Campus.

Goodin, R. E. (1986). Laundering Preferences. In: J. Elster und A. Hylland (Hg.). Foundations of Social Choice Theory. Cambridge – New York – London, Cambridge University Press: 75–101.

Goodin, R. E. und S. J. Niemeyer (2003). «When does Deliberation begin? Internal Reflection versus Public Discussion in Deliberative Democracy.» In: *Political Studies* 51(4): 627–649.

Göttert, K. H. (2004). Geschichte der Stimme. München, Fink.

Ladha, K. K. (1992). «The Condorcet Jury Theorem, Free Speech and Correlated Votes». In: *American Journal of Political Science* 36(3): 617–634.

Landemore, H. (2012). Democratic Reason. Politics, Collective Intelligence, and the Rule of the Many. Princeton, Princeton University Press.

Larsen, J. A. O. (1949). «The Origin and Significance of the Counting of Votes.» In: *Classical Philology* 44(3): 164–181.

Marchart, O. (2010). Die politische Differenz. Zum Denken des Politischen bei Nancy, Lefort, Badiou, Laclau und Agamben. Frankfurt am Main, Suhrkamp.

Mares, I. (2015). From Open Secrets to Secret Voting. Democratic Electoral Reforms and Voter Autonomy. New York, Cambridge University Press.

Mergel, T. (2005). Die Wahlkabine. In: A. Geisthövel und H. Knoch (Hg.). Orte der Moderne. Erfahrungswelten des 19. und 20. Jahrhunderts.

Frankfurt am Main, Campus: 335–343.
O'Gorman, F. (2006). The secret ballot in nineteenth-century Britain. In: R. Bertrand, J.-L. Briquet und P. Pels (Hg.). The Hidden History of the Secret Ballot. Bloomington, Indiana University Press: 16–42.
Offe, C. und U. K. Preuß (1991). Democratic Institutions and Moral Resources. In: D. Held (Hg.). Political Theory today. Stanford, Stanford University Press: 143–171.
Preuß, U. K. (1990). Verfassungstheoretische Überlegungen zur normativen Begründung des Wohlfahrtsstaates. In: C. Sachße und H. T. Engelhardt (Hg.). Sicherheit und Freiheit. Zur Ethik des Wohlfahrtstaates. Frankfurt am Main, Suhrkamp: 106–132.
Przeworski, A. (2010). Democracy and the Limits of Self-Government. New York, Cambridge University Press.
Przeworski, A. (2015). Suffrage and Voting Secrecy in General Elections. In: J. Elster (Hg.). Secrecy and Publicity in Votes and Debates. New York, Cambridge University Press: 97–107.
Ritter, H. (2010). Notizhefte. Berlin, Berlin Verlag.
Schmitt, C. (1928 [1989]). Verfassungslehre. Berlin, Duncker & Humblot.
Schmitt, C. (1929 [1988]). Wesen und Werden des faschistischen Staates. In: Ders. Positionen und Begriff im Kampf mit Weimar – Genf – Versailles, 1923–1939. Berlin, Duncker & Humblot: 109–115.
Schreiber, W. (1994). Handbuch des Wahlrechts zum Deutschen Bundestag. Kommentar zum Bundeswahlgesetz. Köln – Berlin – Bonn – München, Heymanns.
Schwartzberg, M. (2014). Counting the Many. The Origins and Limits of Supermajority Rule. New York, Cambridge University Press.
Supiot, A. (2015). Gouvernance par les Nombres. Paris, Fayard.
Vismann, C. (2011). Medien der Rechtsprechung. Frankfurt, S. Fischer.

Jornada de Reflexión

Buchstein, H. (2000). Öffentliche und geheime Stimmabgabe. Eine wahlrechtshistorische und ideengeschichtliche Studie. Baden-Baden, Nomos.
Cole, D. (2016). «What James Comey did.» In: *New York Review of Books* 63(19): 4.
Déloye, Y. und O. Ihl (2008). L'acte du vote. Paris, SciencesPo Les Presses.
Elster, J. (Hg.) (2015). Secrecy and Publicity in Votes and Debates. New York, Cambridge University Press.
Epstein, L. K. und G. Strom (1981). «Election night projections and West Coast turnout.» In: *American Politics Quarterly* 9(4): 479–491.
Goodin, R. E. und S. J. Niemeyer (2003). «When does Deliberation begin? Internal Reflection versus Public Discussion in Deliberative Democracy.» In: *Political Studies* 51(4): 627–649.
Lahda, K. (1992). «The Condorcet

Jury Theorem, Free Speech, and Correlated Votes.» In: *American Journal of Political Science* 36(3): 617–634.
Manin, B. (1997). Principles of Representative Government. New York, Cambridge University Press.
Mares, I. (2015). From Open Secrets to Secret Voting. Democratic Electoral Reforms and Voter Autonomy. New York, Cambridge University Press.
Ogle, V. (2015). The Global Transformation of Time, 1870–1950. Cambridge, Mass., Harvard University Press.
Przeworski, A. (1998). Deliberation and Ideological Domination. In: J. Elster (Hg.). Deliberative Democracy. New York, Cambridge University Press: 140–160.
Schwartzberg, M. (2014). Counting the Many. The Origins and Limits of Supermajority Rule. New York, Cambridge University Press.
Sternberger, D. und B. Vogel (1969). Die Wahl der Parlamente und anderer Staatsorgane. Ein Handbuch. Berlin, de Gruyter.
Stille, A. (2006). Citizen Berlusconi. München, C. H. Beck.
Thompson, D. F. (2004). «Election Time: Normative Implications of Temporal Properties of the Electoral Process in the United States.» In: *American Policial Science Review* 98(1): 51–64.
White, I. und M. Durkin (2007) General Election Dates, 1832–2005. House of Commons Library.

Kinsley gaffe

Fender, S. (2015). The Great American Speech. London, Reaktion.
Goetz, R. (2008). Klage. Frankfurt am Main, Suhrkamp.
Guilhaumou, J. (1989). Sprache und Politik in der Französischen Revolution. Vom Ereignis zur Sprache des Volkes (1789 bis 1794). Frankfurt am Main, Suhrkamp.
Luhmann, N. (2008). Die Politik der Gesellschaft. Frankfurt am Main, Suhrkamp.
Willke, H. (2014). Demokratie in Zeiten der Konfusion. Frankfurt am Main, Suhrkamp.

Locken im Wind

Bard, C. (2010). Une histoire politique de pantalon. Paris, Seuil.
Breward, C. (2016). The Suit. Form, Function & Style. London, Reaktion Book.
Deloire, C. und C. Dubois (2006). Sexus Politicus. Paris, Éditions Albin Michel
Hunt, L. (1998). Freedom of Dress in Revolutionary France. In: S. E. Melzer und K. Norberg (Hg.). From the Royal to the Republican Body. Incorporating the Political in Seventeenth and Eighteenth Century France. Berkeley, University of California Press: 224–249.
Jones, J. M. (2004). Sexing La Mode: Gender, Fashion and Commercial Culture in Old Regime France. Oxford, Oxford University Press.
Manow, P. (2015). Der Politiker als

«ephemeres Denkmal» seiner selbst. In: P. Diehl (Hg.). Die Repräsentation und das Symbolische. Berlin, Springer.

Reza, Y. (2008). Frühmorgens, abends oder nachts. Frankfurt am Main, Fischer.

Schmitt, C. (1988 [1927]). Der Begriff des Politischen. In: Ders. Positionen und Begriffe im Kampf mit Weimar – Genf – Versailles, 1923–1939. Berlin, Duncker & Humblot: 67–74.

Vinken, B. (2013). Angezogen. Das Geheimnis der Mode. Stuttgart, Klett-Cotta.

Willemsen, R. (2015). Das Hohe Haus. Ein Jahr im Parlament. Frankfurt am Main, Fischer.

Mally, Kapuzineräffchen

Allen, D. W. (2011). The Institutional Revolution. Measurement and the Economic Emergence of the modern World. Chicago, Chicago University Press.

Barletta, J. R. (2006). Riding with Reagan. From the White House to the Ranch. New York, Citadel.

Benton-Short, L. (2016). The National Mall: No Ordinary Public Space. Toronto, University of Toronto Press.

Brückle, W. (2011). Tiervergleich. In: U. Fleckner, M. Warnke und H. Ziegler (Hg.). Handbuch der politischen Ikonographie, Band II.: Imperator bis Zwerg. München, C. H. Beck: 430–439.

Derrida, J. (2008). Séminaire: La Bête et le Souverain, Tome I (2001–2002). Paris, Galilée.

Derrida, J. (2009). The Beast & the Sovereign, Volume I. Chicago, The University of Chicago Press.

Derrida, J. (2011). The Beast & the Sovereign, Volume II. Chicago, The University of Chicago Press.

Derrida, J. (2012). Séminaire: La Bête et le Souverain. Tome II (2002–2003). Paris, Galilée.

Doll, M. und J. Griem (Hg.) (2017). Politische Tiere: Zoologie des Kollektiven. München, Fink.

Greenblatt, S. (1991). Grundzüge einer Poetik der Kultur. In: Ders. Schmutzige Riten. Betrachtungen zwischen Weltbildern. Berlin, Klaus Wagenbach: 107–122.

Huhnholz, S. (2014). Krisenimperialität. Romreferenz im US-amerikanischen Empire-Diskurs. Frankfurt am Main, Campus.

Keller, U. (2011). Reiterstandbild. In: U. Fleckner, M. Warnke und H. Ziegler (Hg.).Handbuch der politischen Ikonographie, Band II: Von Imperator bis Zwerg. München, C. H. Beck: 3003–3309.

Kittler, F. A. (2013 [1996]). Il fiore delle truppe scelte. In: Ders. Die Wahrheit der technischen Welt. Essays zur Genealogie der Gegenwart. Frankfurt am Main, Suhrkamp: 300–326.

Klenner, J. P. (2007). «Mussolini und der Löwe. Aby Warburg und die Anfänge der politischen Ikonographie.» In: *Zeitschrift für Ideengeschichte* I(1): 83–98.

Kojève, A. (2007). Überlebensformen. Berlin, Merve.

Koselleck, R. (2003). Der Unbekannte Soldat als Nationalsymbol im Blick

auf Reiterdenkmale. In: W. Kemp, G. Mattenklott, M. Wagner und M. Warnke (Hg.). Vorträge aus dem Warburg-Haus. Berlin, Akademie Verlag. 7: 137–166.
Leibovich, M. (2013). This Town. Two Parties and a Funeral – plus plenty of valet parking! – in America's Gilded Capital. New York, Penguin.
Lewis, B. (1988). The Poetical Language of Islam. Chicago, University of Chicago Press.
Murat, L. (2013). L'homme qui se prenait pour Napoléon: Pour une histoire politique de la folie. Paris, Folio.
Raulff, U. (2015). Das letzte Jahrhundert der Pferde: Geschichte einer Trennung. München, C. H. Beck.
Senior, M. (2004). The Ménagerie and the Labyrinthe: Animals at Versailles, 1662–1792. In: E. Fudge (Hg.). Renaissance Beasts: Of Animals, Humans, and Other Wonderful Creatures. Illinois, University of Illinois Press: 208–232.
Serna, P. (2014). «The republican menagerie: animal politics in the French Revolution.» In: *French History* 28(2): 188–206.

Now watch this drive

Bredekamp, H. (2014). Der schwimmende Souverän – Karl der Große und die Bildpolitik des Körpers. Berlin, Klaus Wagenbach.
Crouch, C. (2008). Postdemokratie. Frankfurt am Main, Suhrkamp.
Fischer, J. (2001). Mein langer Lauf zu mir selbst. München, Knaur.
Graham, J. W. (2014). Victura: The Kennedys, a Sailboat, and the Sea. Lebanon, NH, ForEdge.
Markovits, A. S. und T. Schmid (1987). «Why Is There No Soccer in the United States? Variationen zu Werner Sombarts großer Frage.» In: *Leviathan* 15(4): 486–525.
Müllender, B. und J. Nendza, (Hg.) (1993). Gib mich die Kirsche, Deutschland! Bunte Liga und Alternativfussball Essen, Klartext Verlag.
Richter, P. (2011). Über das Trinken. München, Goldmann.
Stille, A. (2006). Citizen Berlusconi. München, C. H. Beck.

Parlamentari pianisti

Carey, J. M. (2007). «Competing Principals, Political Institutions, and Party Unity in Legislative Voting.» In: *American Journal of Political Science* 51(1): 92–107.
Carey, J. M. (2009). Legislative Voting and Accountability. New York, Cambridge University Press.
Cox, G. W. (1987). The Efficient Secret – the Cabinet and the Development of Political Parties in Victorian England. New York, Cambridge University Press.
Edwards, G. (1965). «The Emergence of Majority Rule in the Procedure of the House of Commons.» In: *Transactions of the Royal Historical Society*, Fifth Series, Vol. 15 (1965): 165–187.
Elster, J. (Hg.) (2015). Secrecy and Publicity in Votes and Debates. New York, Cambridge University Press.

Flaig, E. (2012). Die Mehrheitsentscheidung. Entstehung und kulturelle Dynamik. Paderborn, Schöningh.

Gianetti, D. (2015). Secret Voting in the Italian Parliament. In: J. Elster (Hg.). Secrecy and Publicity in Votes and Debates. New York, Cambridge University Press: 108–130.

Hood, C. (2006). Transparency in historical perspective. In: C. Hood und D. Heald (Hg.). Transparency, The Key to better Governance? Oxford, Oxford University Press: 3–23.

House of Commons Information Office (2010) Division. Factsheet, Procedure Series P9.

Kam, C. J. (2011). Party Discipline and Parliamentary Politics. New York, Cambridge University Press.

Lijphart, A. (1969). «Consociational Democracy.» In: *World Politics* 21: 207–225.

Lijphart, A. (1996). Electoral Systems and Party Systems: A Study of Twenty-Seven Democracies, 1945–90. New York, Oxford University Press.

Neale, J. E. (1949 [1976]). The Elizabethian House of Commons. Glasgow, Fontana / Collins.

O'Gorman, F. (2006). The secret ballot in nineteenth-century Britain. In: R. Bertrand, J.-L. Briquet und P. Pels (Hg.). The Hidden History of the Secret Ballot. Bloomington, Indiana University Press: 16–42.

Pasquino, P. (1998). Sieyes et l'Invention de la Constitution en France. Paris, Odile Jacob.

Powell, G. B. (2000). Elections as Instruments of Democracy. Majoritarian and Proportional Visions. New Haven – London, Yale University Press.

Schneider, H.-P. und W. Zeh (1989). § 48 Koalition, Kanzlerwahl und Kabinettsbildung. In: Dies. Parlamentsrecht und Parlamentspraxis. Berlin, de Gruyter: 1297–1324.

Wilding, N. und P. Laundy (1972). An Encyclopedia of Parliament. London, Cassell.

Quando

Geuss, R. (2011). Kritik der Politischen Philosophie. Eine Streitschrift. Hamburg, Hamburger Edition.

Macchiavelli, N. (1990). Der Fürst. Frankfurt am Main, Insel.

Raute

Bauman, Z. (2003). Flüchtige Moderne. Frankfurt am Main, Suhrkamp.

Belting, H. (2013). Faces. Eine Geschichte des Gesichts. München, C. H. Beck.

Bollmann, R. (2013). Die Deutsche. Angela Merkel und wir. Stuttgart, Klett-Cotta.

Gärtner, S. (2013). Angéla. Lehrjahre einer Liebeshungrigen. München, Knaus.

Henaff, M. (2014). «Die Bühne der Macht. Die Inszenierung der Politik – über sichtbare Figuren der Souveränität.» In: *Lettre International* (105): 88–95.

Macho, T. (2011). Vorbilder. München, Fink.

Manow, P. (2013). «Demokratische Dresscodes und die Ästhetik des Mittelstands.» In: *Merkur – Deutsche Zeitschrift für europäisches Denken* 67 (9 (Nr. 772)): 838–843.
Paul, G. (2008). Die Kanzlerin. Die vielen Gesichter der Angela Merkel. In: G. Paul (Hg.). Das Jahrhundert der Bilder. Göttingen, Vandenhoek & Ruprecht. Band II: 1949 bis heute: 742–749.
Raulff, U. (1984). Image oder das öffentliche Gesicht. In: D. Kamper und C. Wulff (Hg.). Das Schwinden der Sinne. Frankfurt am Main, Suhrkamp: 46–58.
Vismann, C. (2000). Akten. Medientechnik und Recht. Frankfurt am Main, Fischer.

Revolving door

Goetz, R. (2008). Klage. Frankfurt am Main, Suhrkamp.
Schlögel, K. (2014). Archäologie des Kommunismus. München, Carl Friedrich von Siemens Stiftung.

Rotunda

Bredekamp, H. (2008). Die Reichstagskuppel – Symbol der Demokratie wider Willen. In: G. Paul (Hg.). Das Jahrhundert der Bilder, Band II: 1949 bis heute. Göttingen, Vandenhoek & Ruprecht: 670–677.
Damler, D. (2012). Der Staat der Klassischen Moderne. Berlin, Duncker & Humblot.
Furet, F. (1978 (2009)). Penser la Révolution française. Paris, Gallimard.
Hénaff, M. (2014). «Die Bühne der Macht. Die Inszenierung der Politik – über sichtbare Figuren der Souveränität.» In: *Lettre International* (105): 88–95.
Horn, E. (2007). Der geheime Krieg. Verrat, Spionage und moderne Fiktion. Frankfurt am Main, Fischer.
Krasmann, S. (2016). «‹A Taste for the Secret›: Moment-Aufnahmen einer Soziologie des politischen Geheimnisses.» In: *Leviathan* 44(4): 491–514.
Rzepka, V. (2013). Die Ordnung der Transparenz. Jeremy Bentham und die Genealogie einer demokratischen Norm. Münster, Lit-Verlag.
Saint Victor, J. d. (2015). Die Antipolitischen. Hamburg, Hamburger Edition.
Schmitt, C. (1923). Die geistesgeschichtliche Lage des heutigen Parlamentarismus. München, Duncker & Humblot.

Soundbites

Barthes, R. (2002 [1974]). Von der Rede zum Schreiben. In: Ders. Die Körnung der Stimme. Frankfurt am Main, Suhrkamp: 9–13.
Green, J. E. (2010). The Eyes of the People. Democracy in an Age of Spectatorship, Oxford.
Moretti, F. (2013). Distant Reading. London, Verso.
Orzessek, A. (2002). Einleitung: Öffentliche Zerstreuung als demo-

kratische Tugend. In: J. Fohrmann und A. Orzessek (Hg.). Zerstreute Öffentlichkeiten. Zur Programmierung des Gemeinsinns. München, Fink: 7–11.
Rinke, A. (2016). Das Merkel-Lexikon. Die Kanzlerin von A–Z. Springe, zu Klampen.

Stamina

Loos, A. (2000 [1910]). Ornament und Verbrechen: Ausgewählte Schriften und Originaltexte. Wien, Prachner.

Trafalgar Square

Belting, H. (2013). Faces. Eine Geschichte des Gesichts. München, C. H. Beck.
Derrida, J. (2000). Politik der Freundschaft. Frankfurt am Main, Suhrkamp.
Johnson, B. (2008). Persons and Things. Cambridge, Mass., Harvard University Press.
Luzzatto, S. (2005). The Body of Il Duce. New York, Metropolitan Books.

Urne

Becker, P. und W. Clark (2001). Introduction. In: Dies. Little Tools of Knowledge. Historical Essays on Academic and Bureaucratic Practices. Ann Arbor, The University of Michigan Press: 1–34.
Brown, B. (2015). Other Things. Chicago, University of Chicago Press.
Gumbel, A. (2005). Steal that Vote. Dirty Elections and the Rotten History of Democracy in America. New York, Nation Books.
Möllers, C. (2008). Demokratie – Zumutungen und Versprechen. Berlin, Wagenbach.
Przeworski, A. (2015). Suffrage and Voting Secrecy in General Elections. In: J. Elster (Hg.). Secrecy and Publicity in Votes and Debates. New York, Cambridge University Press: 97–107.
Zastrow, V. (2009). Die Vier. Eine Intrige. Berlin, Rowohlt.

Walks, silly

Baecque, A. de (2016). Une Histoire de la Marche. Paris, Librairie Académique Perrin.
Barthes, R. (2010 [1957]). Mythen des Alltags. Frankfurt am Main, Suhrkamp.
Barthes, R. (2013 [1961]). Die Fotografie als Botschaft. In: Ders. Der entgegenkommende und der stumpfe Sinn. Frankfurt am Main, Suhrkamp: 11–27.
Kafka, B. (2012). The Demon of Writing. Powers and Failures of Paperwork. New York, Zone Books.
König, J.-G. (2013). Zu Fuß: Eine Geschichte des Gehens. Stuttgart, Reclam.
Mayer, A. (2013). «Wissenschaft vom Gehen». Die Erforschung der Bewegung im 19. Jahrhundert. Frankfurt am Main, Fischer.

Minkmar, N. (2013). Der Zirkus. Ein Jahr im Innersten der Politik. Frankfurt am Main, Fischer.
Neumann, I. B. (2011). At Home with the Diplomats. Inside a European Foreign Ministry. Ithaca, N.Y., Cornell University Press.
Reza, Y. (2008). Frühmorgens, abends oder nachts. Frankfurt am Main, Fischer.
Rothöhler, S. (2012). The West Wing. Berlin, diaphanes.
Schmitt, C. (1954). Gespräche über die Macht und den Zugang zum Machthaber. Pfullingen, Neske.
Solnit, R. (2014). Wanderlust. A History of Walking. New York, Penguin.
Sudjic, D. (2006). Der Architekturkomplex. Monumente der Macht. Düsseldorf, Artemis & Winkler.
Vismann, C. (2000). Akten. Medientechnik und Recht. Frankfurt am Main, Fischer.

Frau XY

Showalter, E. (2016). «Pilloried Clinton. Why the misogyny of this election campaign means that American girls would rather go into accounting than become President of the United States.» In: *Times Literary Supplement* October (No. 5926): 3–4.

You stand where you sit

Canetti, E. (2001 [1960]). Masse und Macht. Frankfurt am Main, Fischer.
Freeman, J. B. (2002). Affairs of Honor. National Politics in the New Republic. New Haven, Yale University Press.
Kantorowicz, E. (1963). «Oriens Augusti – Lever du Roi.» In: *Dumbarton Oaks Papers* 17.
Miles, R. E. J. (1978). «The Origin and Meaning of Miles' Law.» In: *Public Administration Review* 38(5): 399–403.
Schmitt, C. (2015 [1991]). Glossarium. Aufzeichnungen aus den Jahren 1947 bis 1958. Berlin, Duncker & Humblot.

Zehnpunkteplan

Henscheid, E. (1993). Dummdeutsch. Stuttgart, Reclam.
Lake, P. (2016). Bad Queen Bess? Libels, Secret Histories, and the Politics of Publicity in the Reign of Queen Elizabeth I. Oxford, Oxford University Press.

Anmerkungen

A, B, C, D, mokratie – Vorwort

1 Horn 2007: 35.

2 Geuss 2011.

3 Entsprechend Malinowski: «study ritual, not belief».

4 Von der Erkenntnisabsicht her fühlt das durchaus Verwandtschaft zu: «Die wirklichen Situationen des politischen Betriebs selbst in Augenschein zu nehmen, um davon verwirrt zu werden und dadurch besser über Politik nachdenken zu können. Die mediale Repräsentation zeigt eigentlich auch alles, aber es irritiert einen nicht, man kennt es, man sieht über die Wahrheit hinweg» (Goetz 2008: 26). Meiner Meinung nach muss man sich jedoch genau durch die mediale Repräsentation der Politik irritieren lassen. Dass allein Nähe zu ihren *wirklichen* Situationen (was immer das sein soll) die *Wahrheit* der Politik zu enthüllen vermag, halte ich für naiv.

5 Erich Auerbach, zitiert nach Vialon 2001: 57–58. Es gibt ähnlich lautende Einschätzungen, etwa von Kracauer: «Der Ort, den eine Epoche im Geschichtsprozeß einnimmt, ist aus der Analyse ihrer unscheinbaren Oberflächenäußerungen schlagender zu bestimmen, als aus den Urteilen der Epoche über sich selbst» (Kracauer 1963: 50). Oder von Barthes, hier bereits etwas hochgestochener: dass «… sich eine Gesellschaft vielleicht durch die Analyse der Codes historisch leichter und zuverlässiger definieren [läßt] als durch Analyse ihrer Signifikate … [Deswegen] haben wir wohl besseres zu tun, als direkt die ideologischen Inhalte unserer Zeit zu erfassen» (Barthes 2013 [1961]: 26).

Applausminuten

1 *FAZ* vom 14. Januar 2016, «CDU-Mitglieder gegen Merkel: Unerhörtes aus Berlin».

2 Schwartzberg 2014.

3 Hier zitiert nach Baberowski 2012: 13–14.

4 *FAZ* vom 20. Juli 2016, «Amerikas größtes Fettnäpfchenbuffet». Auf der CDU-Auftaktveranstaltung für den Wahlkampf zur NRW-Landtagswahl 2017 riefen die Delegierten nach der Rede des Spitzenkandidaten Laschet im Sprechchor «Armin, Armin!» – und das hörte sich auf den hinteren Rängen des Saales wie «Martin, Martin!»-Rufe an.

5 Für diese und die folgenden Zitate siehe Flaig 2012: 38–39 und 65.

6 Bei alter Bestuhlung – wie im Reichstag – war auch das Klappen mit den Pultdeckeln ein Zeichen der Akklamation (zähle 2012).

7 Canetti 2001 [1960]: 220.

8 Mouffe 2015.

9 «… the voice of the greater number, must be considered as the voice of them all. For if the lesser number pronounces (for example) in the affirmative, and the greater in the negative, there will be negatives more than enough to destroy the affirmatives; and thereby the excess of negatives, standing uncontradicted, are the only voice the representative hath» (Hobbes, Leviathan Kapitel 16).

10 Siehe Vismann 2000.
11 Flaig 2012: 65.
12 Flaig 2012: 198 und 207.
13 *FAZ* vom 27. Juli 2016, «Buh, wie Bernie».
14 Guilhaumou 1989; Göttert 2004. Schreien die Parlamentarier durcheinander, wird es notwendig, parlamentarische Ruhe herzustellen. Diese wurde wiederum akustisch hergestellt: Der Präsident ruft mit der Glocke «zur Ordnung» (Zähle 2012: 873 und passim). Ertönt die Glocke, hat der Redner seine Ausführungen zu unterbrechen. Mit dem Gebrauch der Glocke übt der Präsident das Hausrecht im Parlament aus, «verschafft er sich Gehör, unterbindet Wortgefechte oder erteilt nonverbale Ordnungsrufe» (ebenda: 875). Die Verwendung der Glocke wird im Plenarprotokoll notiert (als Regiebemerkung «Glocke» oder «Glocke des Präsidenten»). Kommt das Plenum trotzdem nicht zur Ruhe, so ist der Glockeneinsatz zumindest für die Stenographen verbindlich: «Zwischenrufe und Ausführungen des Redners [sollen] in den Protokollen nicht stenographiert werden, während die Glocke des Präsidenten erklingt» (ebenda: 877). Zumindest in der Schrift schweigt die Stimme, wird eine Ordnung behauptet, auch wenn sie in der Sprache nicht verwirklicht wird.
15 *FAZ* vom 16. Oktober 2015, «Im Land der begrenzten Möglichkeiten».
16 Klein 1989: 982.

bunt

1 Jacques Ranciere, zitiert nach Thomä 2016: 52, siehe Eppler 1992.
2 Thompson 2016.
3 http://www.spiegel.de/kultur/gesellschaft/gleichstellung-von-maennern-mittelalter-weisser-mann-kolumne-a-1122496.html
4 Koselleck 1975 [1989].

Burg Wulffenstein

1 Siehe: *Burg Wulffenstein – die Gaube des Grauens*. In: *taz* vom 20. Dezember 2011.
2 *Die Welt* vom 18. September 2005, «Resignation vor dem Reihenhaus».
3 Deswegen geht auch die Stilkritik Moritz von Uslars (*Die Zeit* vom 10. Juni 2010: 46) an Christian Wulff eher ins Leere: Er trage «Hemden aus Baumwollpopeline und Krawatten von Eterna». Seine Schuhe kämen «fast ausschließlich von der Firma Lloyd aus dem niedersächsischen Sullingen (den Herrenschuh Denver mit Vollgummisohle in der modischen Karreeform gibt es dort für 99,95 Euro»). Vgl. Macho 2011.
4 *Burg Wulffenstein – die Gaube des Grauens*. In: *taz* vom 20. Dezember 2011.
5 York 2006; Sudjic 2006. Nehmen wir den neuen, 2014 fertiggestellten türkischen Präsidentenpalast: «1000 Zimmer hat der umgerechnet 270 Millionen Euro teure Palast. Er heißt Ak Saray, Weißer Palast – oder im übertragenen Sinn Reiner Palast» (*Spiegel Online* vom 29. Oktober 2014, «Türkischer Präsidentenpalast: 1000 illegale Zimmer für Erdogan»), ein Kalauer angesichts des Umstands, dass der Palast ein Schwarzbau ist, der – trotz mehrfacher gerichtlicher Untersagung – in einem Naturschutzgebiet errichtet wurde. «Das Grundstück umfasst

Berichten zufolge 210 000 Quadratmeter, das Gebäude selbst etwa 40 000. Erdogans neues Domizil ist damit größer als der Buckingham Palace, der Élysée in Paris und das Weiße Haus in Washington sowieso» (ebenda). Anlässlich des Besuchs von Palästinenser-Präsident Abbas inszenierte sich der türkische Präsident beim Empfang im Palast bizarr mit einer Trachtengruppe, bestehend aus 16 Schauspielern, die in pseudohistorischen Gewändern für jene 16 Reiche stehen sollen, in deren Nachfolge die Türkei angeblich stehe (*Spiegel Online* vom 13. Januar 2015, «Spott im Netz: Erdogans Ausflug nach Mittelerde»).

6 Das Folgende ist ein Zitatpotpourri aus der *FAZ* vom 21. Juli 2016, «Ein goldener Mittelfinger für das Weiße Haus», http://www.spiegel.de/politik/ausland/donald-trump-in-palm-beach-louis-xiv-auf-einem-acid-trip-a-1118935.html und *Frankfurter Allgemeine Magazin*, Wohnen Spezial, Oktober 2016, «Trump l'œil».

7 *FAZ* vom 21. Juli 2016, «Ein goldener Mittelfinger für das Weiße Haus».

8 *FAZ* vom 21. Juli 2016, »Ein goldener Mittelfinger für das Weiße Haus».

9 *FAS* vom 20. November 2016, «Ganz unten».

Chlorhühnchen

1 Und dann hätten wir da noch den *ritzy Robespierre* oder den *lounge-lizard Lenin*; vgl. Wright 2016: 74.

2 http://www.focus.de/politik/deutschland/klaus-ernst-mit-porsche-und-plateauschuhen_aid_542083.html vom 17.8.2010.

3 Der stellvertretende Vorsitzende des Front National, Florian Philippot, will Emmanuel Macron nach der ersten Runde der französischen Präsidentschaftswahlen 2017 als elitären Schnösel erscheinen lassen. Macron hatte für Mitarbeiter und Unterstützer eine Wahlparty in einer Montparnasse-Brasserie organisiert. Philippot: «Vielleicht war das Fouquet's ja schon geschlossen»; siehe *FAZ* vom 25. April 2017, «Feindseligkeiten beim Marktbummel».

4 Albert 2009: 243.

5 Qu'ils mangent de la brioche. Das Zitat selbst scheint Marie Antoinette falsch zugeschrieben worden zu sein (Lanser 2003). Eine erste Fassung des Spruchs findet sich in Rousseaus *Confessions* mit pauschalem Verweis auf eine *grande princesse* (die aber 1769, zur Zeit der Niederschrift der *Confessions*, schwerlich Marie Antoinette gewesen sein kann).

6 *The Independent*, 20. Mai 2014: Ed Miliband criticised over «£70-a-week» shopping bill. http://www.independent.co.uk/news/ed-miliband-has-no-idea-how-much-he-spends-on-his-own-weekly-shop-9402068.html. Siehe auch: Should politicians know the price of a pint of milk? *BBC News Magazine,* 24. April 2012.

7 Jean-François Copé, französischer Präsidentschaftskandidat der konservativen Republikaner, schätzte in einem Interview mit dem Sender Europe 1 den Preis eines Croissants auf zehn bis fünfzehn Cent (vgl. http://www.spiegel.de/politik/ausland/frankreich-jean-françois cope-weiss-nicht-was-ein-croissant-kostet-a-1118159.html).

8 Ist Boris Johnson das Gegenbeispiel? Nicht wirklich. Dass ein Volk von Exzentrikern einen Exzentriker zur repräsentativen Figur erhebt,

erscheint dann doch nicht so überraschend. Zum Zusammenhang von exzentrischer Politik und exzentrischem Erscheinungsbild (→ Flechtslipper; → Burg Wulffenstein).

9 Beim Staatsbesuch ist politisch die Balance zu halten zwischen rustikal und raffiniert. War Chirac Gast im privaten Oggersheimer Rahmen (→ Gullydeckel; → Flechtslipper), wurde der Saumagen von den Sterneköchen im Deidesheimer Schwarzen Hahn zubereitet.

10 «Das Gegenmittel: Schlange stehen bei Konnopke, Flaschenbier und Currywurst-Exzesse» (*Süddeutsche Zeitung*; → Flechtslipper). Das Anbiedern einer Mittelschichten-SPD beim vorgestellten echten Proletarier seligen Angedenkens fand dann seinen vorläufigen Höhepunkt im Wahlkampfslogan *Currywurst ist SPD* der NRW-SPD im Jahre 2012.

11 http://www.ilmattino.it/articolo.php?id=1277043&amp%3Bsez=LANCIO_NOTTE. Helmut Schmidt fehlt in dieser Auflistung, vielleicht weil seine ganz besondere Tagesdiät dem Wähler nicht viel Gelegenheit zur Identifikation gab: Coca-Cola, Eiscreme und 80 Mentholzigaretten.

12 Das kollektiv Imaginäre hat hier offensichtlich *keine* kommerzielle, sondern eine rein politische Funktion; Barthes 1985 [1967].

13 http://peoplebitingintobratwurst.tumblr.com/

14 *taz* vom 19. Juni 2013.

15 *Spiegel* 5/2017: 26.

16 Arbeitsessen, «bei welchem Staatsmänner, Fernsehkulturarbeiter und sonstige Schnarchsäcke gewaltig an ihren Schnitzeln herumarbeiten» (Henscheid 1993: 27).

17 Dabei hat sich die Einsicht in die demokratische Zierde der Bescheidenheit noch nicht überall herumgesprochen. Mitglieder des italienischen Senats zumindest assoziieren mit Selbstbedienungsmentalität nicht das Schlangestehen in Behördenkantinen, sondern im senatseigenen Restaurant Rinder-Carpaccio für 2,67 € (bei einem monatlichen Grundgehalt italienischer Abgeordneter von über 9000 €). Der Besuch beim Parlamentsfriseur ist gänzlich kostenfrei (→ Locken im Wind; vgl. *FAZ* vom 12. August 2011, «Das süße Leben der Abgeordneten»).

18 In diese Rubrik fallen auch die *freedom fries*. Und diese haben wiederum eine längere, diesmal deutsche Vorgeschichte. Im Ersten Weltkrieg wurde in den USA das Sauerkraut zum *liberty cabbage*, die Frankfurter wurde zum *Hot Dog* (Bizeul 2013: 35). Auch gut 100 Jahre später ist das Verhältnis von Politik und Essen nicht wesentlich entwickelter: Neuerdings gilt es als unpatriotisch, in Russland einen Kaffee als einen *Americano* zu bestellen, einige Cafés haben bereits auf der Karte auf *Russiano* umgestellt.

19 Lutz-Auras und Gottschlich 2013; Bendix und Fenske 2014.

20 http://www.lefigaro.fr/mon-figaro/2012/05/14/10001-20120514ARTFIG00655-merkel-hollande-les-secrets-d-un-premier-rendez-vous.php. Doch das Essen kann natürlich auch zum innenpolitischen Politikum werden: Unter Premier Raymond Barre verschwindet der *bar grillé* von der Speisekarte des hôtel Matignon, und nach dem gescheiterten Attentat von Petit-Clamart auf de Gaulle verbot es sich, im Élysée

weiterhin «petits pois à la Clamart» zu servieren (Albert 2009: 253).

21 Mennell 1995.

22 Es ist der Wegfall der einen, alten Nachfrage, die der adeligen Auftraggeber, die erst die Entstehung der anderen, neuen Nachfrage, die des bürgerlichen Publikums, generiert (Spang 2001). Dies sind die *politischen* Determinanten der nun im Entstehen begriffenen Reputationsmärkte für Kunst, Essen, Wein etc.

23 Field, Gournay et al. 2007.

24 Mennell 1995: 139.

25 Baker 1992; Habermas 1990 [1962].

26 *FAZ* vom 3. Februar 2015.

27 Gastronodiplomatie – das klänge doch wie ein neuer Magen-Darm-Virus, lästerte *Le Monde*.

Delaberation

1 «Welche geschichtliche Leistung bewundern Sie am meisten? Die totale Normalität der parlamentarischen Regulation der staatlichen Macht» (Goetz 2008: 155).

2 Vgl. etwa § 81, Abs. 1 und § 84 Geschäftsordnung des Deutschen Bundestags. Es gibt natürlich auch die Aussprache ohne Abstimmung (Zeh 1989: 929, Rdnr. 31), aber auch dann ist der Zusammenhang mit der Entscheidung immer gegeben: «*Jede* parlamentarische Debatte bereitet … Entscheidungen vor und führt sie mit herbei» (ebenda: 930; meine Hervorhebung).

3 Wawro und Schickler 2007; Koger 2010.

4 Schmitt 1923: 22 und Habermas 1992 [1988]: 626.

5 Schmitt 1923: 24; Schmitt 1988 [1932]: 13.

6 Manin 1997.

7 Moe 1990.

8 Palonen 2015.

9 Deswegen ist auch der gängige Politologenjargon von der Output-Legitimität problematisch. Man möchte Talleyrand paraphrasieren: Output-Legitimität ist ein recht komplexer Begriff, er meint ungefähr dasselbe wie – Input-Legitimität. Ob eine politische Entscheidung «richtig» war, misst sich an der Zustimmung, auf die sie trifft. Ohne Zweifel ist diese Zustimmung wiederum (auch) abhängig von den Effekten einer Entscheidung – und dabei trifft z. B. höheres Wirtschaftswachstum im Regelfall (aber eben auch nicht immer) auf höhere Zustimmung als niedriges. Das aber macht eine Entscheidung nicht ausschließlich aufgrund ihrer Effekte und unabhängig von der faktischen Zustimmung zu ihr legitim. Diese Zustimmung ist eine der Mehrheit, die sich erst bei der Verabschiedung eines Gesetzes und dann gegebenenfalls in seiner nachträglichen Bewertung bei Wahlen materialisiert – oder eben auch nicht. Falls nicht, würde es dann eben neue Mehrheiten und neue Entscheidungen geben. Für die Output-Legitimität gilt daher schlicht: *ca n'existe pas*.

10 Das ist nach Schmitt, und Habermas folgt ihm hierin, die Essenz der Rationalität des Gesetzgebers in der Demokratie; vgl. Schmitt 1923: 24, 26 und passim.

11 Möllers 2008; Gaus 2013; Mouffe 2015.

12 Osborne und Rubinstein 1994.

13 Bei Schmitt findet sich auch die Vorstellung einer Gewaltenteilung: das Gesetz sei *Veritas*, die Verwaltung *Autoritas*, Gesetzgebung meine

daher *deliberare*, Exekutive *agere* (Schmitt 1923: 33).

14 Döring 1995; Döring 2005; Cox und McCubbins 2011. Nach dem Standing Order No. 22 des Britischen House of Commons ist das Filibustering, wie es etwa im US-amerikanischen Senat praktiziert werden kann, untersagt. Es besagt: «Mr. Speaker or the chairman, after having called the attention of the House, or of the committee, to the conduct of a member, who persists in irrelevance, or tedious repetition either of his own arguments, or of the arguments used by other members in the debate, may direct him to discontinue his speech».

15 Mouffe 2015: 38–39. Und mit dieser Frage, wie wird die Debatte beendet?, muss die politische Theorie nach den «entscheidenden Implikationen jener seltsamen Notwendigkeit fragen, die einer Diskussion, einem Austausch von Worten oder Argumenten, einer Debatte oder Beratung in der begrenzten Zeit und im endlichen Raum einer demokratischen Politik eine Grenze aufzwingt. … Wenn der richtige Zeitpunkt für einen anstehende Entscheidung gekommen ist, kann und muß der Akt einer Souveränität mit abrupter Gewalt einer endlosen Argumentation ein Ende setzen» (Derrida 2006: 25–26).

16 Besch 1989; Schreiner 2005; Palonen 2015. Vgl. *Hinds Rules of Procedure* 1907, 5: 49.

17 Wawro und Schickler 2007; Koger 2010: 17; Cox und McCubbins 2011.

18 Siehe https://urogyn.coloradowomenshealth.com/blog/dont-fill-up-filibuster/. Die politische Blasenkontrolle spielt auch in einem anderen Kontext, bei dem die Entscheidung wesentlich durch körperliche Erschöpfung herbeigeführt wird, eine wichtige Rolle. In EU-Spitzentreffen nutzt der britische Premier Cameron eine volle Blase, um wach und konzentriert zu bleiben. «Cameron, it is said, used his tried-and-tested ‹full-bladder technique› to achieve maximum focus and clarity of thought throughout the gruelling nine-hour session in Brussels. During the formal dinner and subsequent horse-trading into the early hours, the prime minister remained intentionally ‹desperate for a pee› (*The Guardian*, 12. Dezember 2011: Does David Cameron's «full-bladder technique» work?).

19 Ich folge hier Koß 2015.

20 Cox 1987.

21 Koß 2015.

22 Im Fluchtpunkt des Schweigens befand sich auch die französische Debatte in den Revolutionsjahren. Sie stand aber weiterhin unter der Vorstellung der konsensualen Wahrheitssuche: Da der Meinungsstreit ja lediglich als Ausdruck eines kognitiven und temporären Problems beim Erkennen des *volonté generale* verstanden werden könne, bedürfe die ideale Demokratie eigentlich der Aussprache nicht – das allgemein als richtig Erkannte würde von allen eingesehen und einstimmig verabschiedet. Dies ist das bekannte Rousseau'sche Argument: «Wenn also die Ansicht siegt, die meiner entgegengesetzt ist, dann beweist das nichts anders, als daß ich mich geirrt hatte, und daß was ich für den allgemeinen Willen hielt, es nicht war». Bei Irrtumsfreiheit erübrigt sich die Aussprache, das Idealbild des Rousseau'schen Parlaments sind die schweigend, einmütig beieinander

stehenden Deputierten. Die Gesetze sollten idealerweise *sans discussion* zustande kommen (Gesellschaftsvertrag, Buch II, Kap. 4, Abs. 7). Der Konsens zeigt sich auch hier als einmütige *conspiracy of silence*. Die Rede ist auch bei Rousseau nicht der Fluchtpunkt der Demokratie: Für den Contrat social gilt – «universal *silence* is taken to imply the *consent* of the people». Dahinter steht eine Hierarchie: das Schweigen ist der Rede überlegen, die Rede der Schrift, und ein Ableitungsverhältnis: die Rede leitet sich aus dem Schweigen ab, die Schrift aus der Rede. Carl Schmitt folgt dieser Interpretation: «Die Methode der Willensbildung durch einfache Mehrheitsfeststellung ist sinnvoll und erträglich, wenn eine substanzielle Gleichheit des ganzen Volkes vorausgesetzt werden kann. In diesem Fall liegt nämlich keine Überstimmung der Minderheit vor, sondern die Abstimmung soll nur eine latent vorhandene und vorausgesetzte Übereinstimmung und Einmütigkeit zutage treten lassen. Da, wie schon erwähnt, jede Demokratie auf der Voraussetzung des unteilbar gleichartigen, ganzen, einheitlichen Volkes beruht, so gibt es für sie in der Sache und im Wesentlichen überhaupt keine Minderheit und noch weniger eine Mehrzahl fester, konstanter Minderheiten. Man läßt sich auf das Verfahren der Mehrheitsfeststellung ein, nicht etwa, weil man aus Relativismus oder Agnostizismus darauf verzichtete, das Wahre und Richtige zu finden ... Sondern man setzt voraus, daß kraft der gleichen Zugehörigkeit zum gleichen Volk alle in gleicher Weise im Wesentlichen das Gleiche wollen» (Schmitt 1988 [1932]: 31; siehe ebenso Schmitt 1923: 14–15).

E-Democracy

1 So fasste Carl Schmitt diese Position 1923 in «Die geistesgeschichtliche Lage des heutigen Parlamentarismus» zusammen. Vgl. auch: «The happiest societies, Rousseau maintained, were those in which all members could congregate beneath an oak tree to regulate collective affairs in person, unmediated. This was a seductive image, especially in the warmer months, but of little help to the hundreds of [French] provincial administrators, lawyers, and businessmen who were struggling to justify their roles to themselves and the nation they were suddenly claiming to represent» (Kafka 2012: 35).

2 Wie noch bei Rousseau: «Alles, was bei den Griechen das Volk zu tun hatte, tat es selbst: es war fortwährend auf öffentlichen Plätzen versammelt. Ein mildes Klima war seine Heimat.»

3 In der französischen Verfassung von 1791 ist zum ersten Mal das Repräsentativprinzip niedergelegt. Titre III: *Des pouvoirs publics.* Articles 2: *La Constitution française est représentative: les représentants sont le Corps législatif et le roi.*

4 Geuss 2015: 107.

5 Geuss 2015: 109.

6 Reybrouck 2017.

7 Wenn man fragt, warum Parteien überhaupt diese suizidalen Strategien verfolgen, dann wird man auf interne Konflikte verweisen müssen, und da gibt es dann immer eine Fraktion, die von einem Bündnis mit der – digital mobilisierten – Basis

profitiert. Auf diese Weise die ihm feindlich gesinnte Funktionärsebene zu umgehen, beabsichtigte etwa auch der abgesetzte PSOE-Vorsitzende Pedro Sánchez.

8 Coase 1937.

9 Cartledge 2016.

Flechtslipper

1 *FAS* vom 7. August 2016, «Und schon haben Sie einen Skandal».

2 Poschardt 2007.

3 Ellwanger 2002; Dogramaci 2011; Vinken 2013.

4 Natürlich trifft das politische Identifikationsangebot auch immer wieder auf Imitationswillige, insbesondere, wenn sich Politiker als Anti-Politiker inszenieren: «Am Rande des Platzes ein Kernfamilienvater, dem die Natur die kantige Schädelform geschenkt hat, die ihm die vollendete Imitatio seines Idols erlaubt. … Nadelstreifenanzug mit Weste, rosa-weiß gestreifte Krawatte mit passendem Einstecktuch. Randlose Brille. Beim Warten ein Bild der Nonchalance: Mit der einen Hand raucht er einen dünnen Zigarillo, mit der anderen krault er das Haar seines zappeligen Sohnes. Die blonde Gattin im rosa Pullover mit rosa Handtasche. Jeans der Marke ‹Victoria Beckham – Rock and Republic›. Heute ist Rock und Nobility angesagt» (*FAZ* vom 12. September 2009, zu einem Wahlkampfauftritt von Karl-Theodor zu Guttenberg). Weitere Beispiele für politisches Trendsetting: Sarah Palin und rote Peeptoe-Pumps der Marke «Naughty Monkey» (*taz* vom 19. September 2008), oder: François Hollande. Der Motorradhelm, den der französische Präsident auf dem nächtlichen Weg zu seiner Affäre mit der Schauspielerin Julie Gayet trug, ist «zum Kassenschlager geworden. ‹Das Modell war plötzlich ausverkauft›, sagte Thomas Thumerelle, Chef des Vertreibers. Innerhalb von 24 Stunden sind mit 1000 Exemplaren zehnmal so viel verkauft worden wie üblich. Der 199 Euro teure Helm der Marke Dexter trägt nun den Zusatznamen ‹Président›. Der Hersteller wandte sich per Zeitungsanzeige an Hollande: ‹Danke, Herr Präsident›» (*Tagesspiegel* 2014, 25. Januar, S. 32).

5 Das war eine individuelle Willensgeste, vergleichbar dem «Ich will hier rein»-Rütteln am Zaun des Kanzleramtes, die der Partei, die Schröder repräsentierte, aber schon nicht mehr zu vermitteln war.

6 *FAZ* vom 3. Juni 2013.

7 *Handelsblatt* vom 17. August 2013. «In den Bundesländern gehen Regierungen verloren, Bundespräsidenten treten zurück, Europa türmt Gipfel um Gipfel Bürgschaften aufeinander … Immer wieder heißt es, nun entscheide sich das Schicksal der Kanzlerin. Aber dann ist der Moment vorbei, und alles, was sich geändert hat, ist die Farbe ihres Blazers» (*FAZ* vom 17. März 2012, «Die Pädagogik der Angela Merkel»). Vgl. Paul 2008.

8 *Spiegel*, 12/2017, «Im Kartenhaus», S. 18.

9 Hunt 1998. Vielleicht auch viel älter. In Cesare Ripas *Iconologia* von 1645 ist die Demokratie mit «einem bescheidenen Gewand» ausgestattet, weil «in der Demokratie unbedingt der Eindruck einer angestrebten Nähe zu den höheren Ständen vermieden werden muß» (Warnke 2011: 229).

10 *FAZ* vom 6. Februar 2013.

11 «simplicité populaire» (Baecque 2011).

12 Vinken 2013: 119; Roche 1994. Die Formulierung folgt Daniel Roche: «Apparences révolutionnaires ou révolution des apparences».

13 Vinken 2013: 84–85.

14 Kwass 2006.

15 Kaspar Maase, «Des Kanzlers Scorpions sind des Kaisers weiße Rößl. Über populäre Kultur als repräsentative Kultur.» In: *Merkur*, Nr. 632, Dezember 2001.

16 Zitiert nach Macho 2011: 292. Eine Einschätzung, die sich etwa durch Gabriele Paulis Karriere beendendes Posieren mit Latex-Handschuhen bestätigt sehen kann.

17 *Sunday Times* vom 15. September 2013 «In the Shadow of Giants», hier zitiert nach *FAZ* vom 18. September 2013 «Auflauf der Internatsschüler.

18 von Müller 2011.

19 Neben Kurt Beck würden in der erst noch zu schreibenden «Kulturgeschichte des politischen Schuhs» Nikita Chruschtschow (UN-Rede), Joschka Fischer (Vereidigung als hessischer Umweltminister), Guido Westerwelle (mit den auf seinen Schuhsohlen geschriebenen 18 % bei Big Brother), sowie Julia Klöckner (laut rheinland-pfälzischem SPD-Landesvorsitzenden Roger Lewentz ein «shitstorm auf Pumps»; siehe *FAZ* vom 15. November 2014) Erwähnung finden müssen, wie auch Kanzler Schröders Gummistiefel beim Elbhochwasser 2002. Zudem auch der Schuhwurf *(shoeing)* des irakischen Journalisten Muntadhar al-Zaidi auf George W. Bush während einer Pressekonferenz am 14. Dezember 2008 – inklusive des diesen Wurf heute ehrenden Denkmals in Tikrit. Im Wikipedia-Eintrag «shoe throwing incidents» finden sich für den Zeitraum 2008 bis 2015 70 einzelne Vorkommnisse aufgezeichnet: http://en.wikipedia.org/wiki/List_of_shoe-throwing_incidents.

20 Von hier spannt sich eine Entwicklung bis zur «Wahlphotographie». Sie unterstellt «ein stilles Einverständnis: Das Photo ist ein Spiegel, es zeigt Vertrautes, Bekanntes, es bietet dem Wähler sein eigenes Abbild dar, geläutert, vergrößert, glanzvoll in einen Typus überführt. Übrigens ist es genau diese Erhöhung, die eine Person photogen macht: Der Wähler findet sich darin ausgedrückt und zugleich heroisiert, er ist eingeladen, sich selbst zu wählen, das Mandat, das er erteilen wird, buchstäblich als physische Übertragung zu vollziehen: Was er delegiert, ist sein ‹Typus›» (Barthes 2010 [1957]: 210).

21 *Bild.de* vom 21. Mai 2013.

22 Maase 2001.

23 Vgl. www.youtube.com/watch?feature=player_detailpage&v=uiItuY0FXqA

24 John Q. Public, John Doe oder Joe Sixpack, Monsieur Tout-le-monde, Erika Mustermann, Otto Normalverbraucher – die Referenz auf den imaginären Durchschnittsbürger in der Massendemokratie wäre einmal gesondert zu untersuchen (→ Frau XY).

25 Schneider 2005.

26 *FAZ* vom 10. Juni 2013. «Das Gipfeltreffen zwischen den beiden mächtigsten Männern der Welt hat eine klare Verliererin zurückgelassen: die Krawatte». In: *Süddeutsche Zeitung* vom 10. Juni 2013. Für die

im Januar 2015 neu ins Amt gekommene griechische Syriza-Regierung ist der Verzicht auf die Krawatte ein wichtiges Anti-Establishment-Signal – gerichtet sowohl gegen das heimische wie auch gegen das europäische «Establishment». «Ihren antieuropäischen Elan unterfüttert die neue Regierung … durch den Verzicht auf gängige Statussymbole wie Anzug, Krawatte, Einstecktuch und schmale Schuhe. Das hat Tradition. Vom Trainingsanzug des früheren venezolanischen Staatspräsidenten Hugo Chávez bis zu den Streifenpullovern des bolivianischen Präsidenten Evo Morales: Politiker haben schon immer durch unkonventionellen Habitus ihre revolutionären Ambitionen gezeigt» (*FAZ* vom 5. Februar 2015). Zu ergänzen wäre der *combat dress* von Che Guevara oder Fidel Castro. Der italienische Premier Renzi überreichte dem griechischen Ministerpräsidenten Tsipras bei seinem Antrittsbesuch einen italienischen Seidenschlips.

27 «Bundeskanzlerin Merkel und der britische Premierminister David Cameron sind am Freitagabend in privatem Rahmen im Gästehaus der Bundesregierung, dem Barockschloss Meseberg nördlich von Berlin, zusammengetroffen. Ausnahmsweise waren bei der Begegnung … Familienangehörige mit dabei – der Ehemann Frau Merkels sowie Frau und Kinder des britischen Gastes. Der deutsche Regierungssprecher nannte die privaten Umstände einen Beleg für die ‹sehr intensive Beziehung› der beiden Regierungschefs, die den freundschaftlichen Beziehungen der beiden Länder entsprächen» (*FAZ* vom 13. April 2013).

28 *FAZ* vom 19. Juni 2013, S. 3.

29 Der vor der Presse verweigerte Handschlag ist dann schon recht nahe am oberen Ende der Affront-Skala. Siehe etwa https://www.theguardian.com/us-news/video/2017/mar/17/donald-trump-angela-merkel-no-handshake-video.

Gullydeckel

1 Bertelli 2001: 80.

2 Paulmann 2000, 220, 236–237. Ein Beispiel für diese Zurschaustellung der Verbrüderung zweier Staaten ist das Porträt von Kaiser Wilhelm II. in osmanischer Militäruniform von 1916: Der «deutsche Monarch trug statt einer Krone die orientalische Kopfbedeckung und formulierte auf diese Weise die Bündnistreue, die den Ersten Weltkrieg noch überdauerte. … Gedacht als Geschenk an Sultan Mehmet V. verhinderten die Kriegsgeschehnisse und die Niederlage im Jahr 1918 die Übergabe. So verblieb das Bildnis bis heute im Generalkonsulat Istanbul» (Dogramaci 2011: 55–56). «In der Kaiserlich-Deutschen Botschaft in Paris hing ein Ölgemälde, das Wilhelm II. in der Uniform der Garde du Corps des Gastlandes zeigte» (ebenda: 57).

3 *Spiegel* 25/2016: 137.

4 http://www.sueddeutsche.de/stil/stil-von-michelle-obama-jedes-kleid-ein-statement-1.3212256. Beim Besuch des indischen Premiers – ein Kleid des indischen Designers Naeem Khan; beim chinesischen Präsidenten ein schwarzes Vera-Wang-Kleid im Mermaid-Stil; die Queen – ein Kleid von Tom Ford usw. usf. Außerdem:

«Es sei ihr gelungen, teure Designerware zu tragen, ohne dass dies angesichts der für viele Amerikaner spürbaren Wirtschaftskrise zu einem politischen Problem geworden wäre. Das hat sicher auch damit zu tun, dass Obama Kleider häufig mehrmals trägt. In einer *Vogue*-Titelstory über ihre Modevorlieben inszenierte sich die frühere Anwältin glaubhaft als Mutter zweier Töchter, die im Alltag preisbewusst einkaufe. Immer wieder sah man die Präsidentengattin in Kleidung von Modeketten wie H&M, J. Crew und Zara.» (*Süddeutsche Zeitung*, ebenda; → **Flechtslipper**).

5 Bertelli 2001: 83–86.

6 Bertelli 2001: 86.

7 *FAZ* vom 3. November 2010.

8 Paulmann 2000: 45; Gaehtgens 2011.

9 Hartmann 2005: 38.

10 Hartmann 2005; Bruhn 2011.

11 Daniel 1995.

12 Paulmann 2000: 229–231.

13 Trump hingegen besteht darauf, bei seinem London-Besuch im Oktober 2017 in der goldenen Kutsche auf dem Weg zum Staatsbankett im Buckingham-Palast die Mall hinunterzufahren. Nach Bush jr. hatte auch Obama auf die Kutschfahrt verzichtet.

14 Kracauer 1963: 33.

15 Didion 2008 [1988]: 166.

16 Aber die Wahrheit dieses Moments lernen wir ja auch erst so langsam, mehr als hundert Jahre später (siehe Schmidt 2016).

Hard work, Softdrink

1 Der Titel kommt von hier: www.hardworksoftdrink.com. Siehe (bzw. höre) auch: https://soundcloud.com/hard-work-soft-drink.

2 Auf einer Wahlkampftour 2000 geäußert. Vgl. http://www.spiegel.de/panorama/hanf-song-raab-rappt-stroebele-zu-neuer-popularitaet-a-226803.html. «Nordwestdeutsche Sozialdemokraten sind geradezu von Amts wegen verpflichtet, nach der Art des Gerhard Schröder gelegentlich das Sakko auszuziehen und in Hemdsärmeln nach Bier zu schreien, damit es auch jeder hört in den Kleingartensparten. Das sind sie den Gewerkschaften schuldig. Barolo trinken können sie dann mit den Bossen» (Richter 2011: 102).

3 Vgl. Mouffe 2007: 98.

4 Siehe etwa Oesch 2008.

5 http://www.telegraph.co.uk/news/politics/ukip/11325486/Nigel-Farage-a-pint-Ukip.-Thats-the-problem.html

6 Frank Schulz, «Darauf ein gutes Glas Habermas», *FAZ* vom 15. Juli 2016.

7 Mudde and Kaltwasser 2012.

8 *Libération* vom 19. Dezember 2007.

9 *Spiegel Online* vom 6. Januar 2008, «Am Nil mit der Männerfresserin».

10 Reza 2008: 9.

11 http://www.spiegel.de/politik/ausland/alkohol-geruechte-sarkozys-bizarrer-g-8-auftritt-a-488388.html

12 http://www.zeit.de/2008/19/Geistesgenossen

13 *Süddeutsche Zeitung*, «Unter Druck und an der Flasche», 15. Juli 2011. http://www.tagesspiegel.de/politik/alkoholsucht-in-der-politikes-muss-viel-passieren-bis-etwas-passiert/4376606.html

14 Das mit dem Kamillentee bestreitet Stoiber natürlich, was soll er auch anderes sagen? So müssen wir uns wohl drauf einigen: Selbst falls

unwahr, wäre es doch so gut erfunden, dass es auch schon wieder wahr wäre. Postfaktische Politik, galore!

15 http://www.welt.de/politik/article2451770/Beckstein-findet-Autofahren-nach-zwei-Mass-Bier-ok.html.

16 http://www.tagesspiegel.de/politik/drogen-im-parlament-kokainspuren-beschaeftigen-bundestag/175514.html.

17 http://www.welt.de/politik/deutschland/article136484794/Ermittlungen-gegen-Oezdemir-wegen-Hanf-Anbaus.html.

18 «Warum trinkt Özdemir Özdebier?» (*FAS* vom 17. April 2016). Özdebier wird gebraut vom Berliner Brauhaus Lemke nach dem «anatolisch-schwäbischen Reinheitsgebot».

19 *Süddeutsche Zeitung* vom 9. März 2016, «Der Einflüsterer».

20 Lertzman und Birnes 2013.

21 Lertzman und Birnes 2013: 18 und 85.

22 Lertzman and Birnes 2013.

23 Hierzu siehe Bingham 2010.

24 Wright 2016.

25 «If they'd been allowed to refer to each other's drunkenness, there wouldn't have been much time for anything else» (Mount 2016: 32).

26 Lough 2015.

27 Zu Soames weiß der *Independent* darüber hinaus zu berichten: «An anonymous woman said that making love to him was ‹like having a wardrobe fall on top of you with the key sticking out›.» Wissen wir das jetzt also auch (vgl. *The Independent*, In the news: Nicholas Soames: Happy eater with little appetite for humility or political correctness, vom 3. April 1998).

28 Parsons 2003.

29 Orr 2015, Kapitel 8.

30 Stokes, Dunning et al. 2013.

Isoloir

1 «but … once they get to the polling station, self-interest once again seizes them» (Goodin 1986: 89). Vgl. Downs 1957.

2 Krüger, zitiert nach Buchstein 2000: 16.

3 Vgl. Mares 2015: 136.

4 Goodin spricht vom «laundering of preferences through public debate» (Goodin 1986).

5 O'Gorman 2006: 19. Ein simpler Fakt, der in der Debatte über das doch eigentlich «Undemokratische» der geheimen Wahl kaum einmal Erwähnung findet: «We know the results of 2,386 elections in which incumbents presented themselves, where the ‹incumbent› can be a person, a party, or a hand-picked successor. Incumbents won 92 percent of the 449 elections in which voting was public and 76 percent of the 1,937 in which it was secret» (Przeworski 2015) M.a.W., die geheime Wahl hat erheblich dazu beigetragen, dass Wahlen ein effektives Machtzuteilungs- und Machtentzugsinstrument geworden sind.

6 Mergel 2005: 337–338.

7 Brennan und Pettit 1990. Rousseaus Haltung zur offenen vs. geheimen Wahl ist insgesamt komplexer, als hier dargelegt werden kann, als normativer Referenzpunkt fungiert bei ihm allerdings immer die offene Wahl. Siehe Buchstein 2000: 235–244.

8 Geisthövel und Knoch 2005; Mergel 2005. Heißt es nicht im § 31 Satz 1

des Bundeswahlgesetzes «Die Wahlhandlung ist öffentlich»?

9 Schmitt 1928 [1989]: 246; ebda., 207.

10 Schmitt 1929 [1988]: 111.

11 Siehe auch: «Es gehört zu den undemokratischen, im 19. Jahrhundert aus der Vermengung mit liberalen Grundsätzen entstandenen Vorstellungen, das Volk könne seinen Willen nur in der Weise äußern, daß jeder einzelne Bürger, in tiefstem Geheimnis und völliger Isoliertheit … seine Stimme abgibt, dann jede einzelne Stimme registriert und eine arithmetische Mehrheit berechnet wird. Ganz elementare Wahrheiten sind dadurch in Vergessenheit geraten» (Schmitt, Geistesgeschichtliche Lage des Parlamentarismus 1926).

12 Claude Lefort, zitiert nach Fach 2008: 119. «Arithmetisch errechnete Mehrheiten privat notierter ‹Kreuzchen› eignen sich selbstredend nie und nimmer dazu, politische Substanz darzustellen» (ebenda: 128). «Das Volk ist – um in bürgerlich-rechtlichen Kategorien zu sprechen – geschäftsunfähig. Es kann nur bei Wahlen und Abstimmungen Kreuzchen malen» (Roellecke, zitiert nach Fach: 108). Selbstredend ist nichts davon «selbstredend».

13 Über die Demokratie, die Zahl und die Zählbarkeit vgl. Larsen 1949; Derrida 2000, Kapitel 4, insbesondere 149–157; Schwartzberg 2014.

14 Zitiert nach Przeworski 2010: 79.

15 Landemore 2012; Supiot 2015. Das hat Tradition: Für Kierkegaard war angesichts der 1848er Revolution völlig klar, dass die hergebrachte Kabinettspolitik «den Regierungskünsten, die sich auf Abstimmungen und Abzählen an den Köpfen gründen, unbedingt vorzuziehen sei» (zitiert nach Ritter 2010: 337).

16 Zitate: «socially validated and justifiable preferences» (Offe und Preuß 1991: 167) bzw. «in a discursively defensible manner» (Brennan und Pettit 1990: 324).

17 Preuß 1990: 127.

18 Irgendwann muss es dann auch mal eine Abgabe auf journalistische Formulierungsoriginalität geben.

19 Göttert 2004; Dolar 2006 (→ **Soundbites**).

20 Dieser Begriff wird ursprünglich als ein Euphemismus für die Toten gebraucht, ist aber seit Nixon assoziiert mit einer ressentimentgeladenen Menge.

21 Brennan und Pettit 1990: 315 und 316.

22 Buchstein 2000: 24. Der Wähler, so Claus Offe und Ulrich K. Preuß, befände sich in der Wahlkabine in einer «monological seclusion» (zitiert nach Buchstein 2000: 26), so dass «die Fähigkeit des Wählers, bei seiner Wahlentscheidung moralische Gesichtspunkte zu beachten, individuell unterfordert und deswegen kollektiv entmutigt» wird (Claus Offe, zitiert nach ebenda).

23 Marchart 2010. Wobei uns die eloquenten Theoretiker «des Politischen» auch immer ganz schnell versichern, dass sie – selbstredend – nur mit der Straßenpolitik der einen, nicht aber mit der der anderen Seite sympathisieren. Man möchte ihnen ohnehin empfehlen, gelegentlich doch noch einmal in Hobbes' *De Cive* hineinzuschauen, wo schon vor sehr langer Zeit ein paar unbequeme Begriffsklärungen vorgenommen wurden: «Das Volk ist eine Einheit (unum quid) mit einem Willen und ist einer Handlung fähig; all das kann von einer Menge nicht gesagt werden. […] Gemeine Leute

und andere, die den Sachverhalt nicht erfassen, sprechen von einer großen Zahl Menschen immer als vom Volke. […] Allein sie wiegeln dabei unter dem Vorwand, dass es das Volk sei, die Bürger gegen den Staat, d.h. die Menge gegen das Volk auf» (Hobbes, *De Cive*, Kapitel 12, Abschnitt 8).

24 Vismann 2011: 115.

25 Schreiber 1994.

26 Garrigou 1988.

27 Déloye und Ihl 2008: 43.

28 Déloye und Ihl 2008: 65.

29 Przeworski 2010: 13.

30 Przeworski 2010: 71.

31 Przeworski 2010: 67.

32 Montesquieu, zitiert nach Ritter 2010: 123.

33 Zu den Standardbildern, die uns von den Wahlen ins Haus geliefert werden, gehört der Besuch des Wahllokals durch die selbst zur Wahl stehenden Kandidaten. Der Amtsinhaber und der Herausforderer, zumeist in Begleitung ihrer Partner, besuchen das Wahllokal: der Kandidat wählt selbst, sinnfällig für die Gleichheit, die gilt und erst mit der Wahl aufgehoben wird: «In der öffentlichen Darstellung wurde die geheime Wahl geradezu ein Fetisch demokratischer Repräsentation. Ungezählt sind die Bilder, auf denen man einen Politiker aus der Wahlkabine kommen und lächelnd einen Umschlag in die Urne stecken sieht» (Mergel 2005: 342).

34 Bertrand, Briquet et al. 2006: 5.

35 *FAZ* vom 20. Oktober 2014, «Die Vermessung des Wählers».

36 Goodin und Niemeyer 2003: 636.

37 Déloye und Ihl 2008: 49

38 Ladha 1992.

Jornada de Reflexión

1 Den einen Wahltag gibt es in England seit dem Representation of the People oder Fourth Reform Act von 1918 (White und Durkin 2007). Zuvor konnten Wahlen bis zu vier Wochen dauern, damit Wähler mit pluralen Stimmrechten die Gelegenheit hatten, in verschiedenen Wahlkreisen abzustimmen (Sternberger und Vogel 1969: 621). Vor 1918 waren Wahlkreise darin frei, das Wahldatum innerhalb eines Zeitraums von vier Wochen festzulegen.

2 Wahlen waren lange Zeit sowieso keine staatliche, sondern eine private und dabei sehr kostspielige Angelegenheit. Zu den mit erheblichen Ausgaben verbundenen Pflichten der Kandidaten gehörte es, die Wählerlisten aktuell zu halten, das Wahllokal zu errichten, die offiziellen Wahlleiter zu bezahlen, die Wähler zu den Urnen zu transportieren und sie dort zu unterhalten und zu bewirten.

3 Österreichischer Verfassungsgerichtshof, Presseinformation zur Verkündung der Entscheidung W I 6/2016 vom 1. Juli 2016.

4 Epstein und Strom 1981.

5 Siehe aber Déloye und Ihl 2008: 63, 119 und 366–375; *physionomie(s) d'une journée electorale*. Ogle etwa, als die derzeit avancierteste Darstellung der historischen Herausbildung moderner Zeit, behandelt die Zeiten der Wahlen, etwa deren nationale Standardisierung im 19. und 20. Jahrhundert, überhaupt nicht (vgl. Ogle 2015).

6 Thompson 2004.

7 https://es.wikipedia.org/wiki/Veda_electoral.

8 Goodin and Niemeyer 2003.

9 Przeworski 1998: 142; Manin 1997. In den USA gibt es auch eine Regelung, die das Zusenden von Wahlkampfmaterialien 90 Tage vor Vorwahlen oder den allgemeinen Wahlen verbietet. Das bezieht sich vor allem auf das *free frank*-Privileg der amerikanischen Kongressmitglieder, also die ihnen offenstehende Möglichkeit, Post an ihren Wahlkreis kostenlos zu versenden. Vgl. https://cha.house.gov/franking-commission/what-frank.

10 In diesem Zusammenhang steht eine weitere (Gewohnheits-)Regel, deren Bruch im US-amerikanischen Präsidentschaftswahlkampf 2016 eine wichtige Rolle gespielt hat (bei den Ermittlungen des FBI in Clintons E-Mail-Affäre). Es gibt eine Übereinkunft der leitenden Bundesanwälte, dass 60 Tage vor einer Wahl keine Anklage erhoben wird gegen Politiker, die für ein Amt kandidieren, weil dies riskiert, «den politischen Prozess zu unterminieren» (Cole 2016). Man vergleiche das mit den politischen Staatsanwaltschaften Frankreichs, die pünktlich zum Wahlkampf Ermittlungen gegen Kandidaten initiieren.

11 Thompson 2004: 57.

12 Lahda 1992.

13 Buchstein 2000; Elster 2015.

14 Mares 2015.

15 Schwartzberg 2014. Ursprünglich zielten Blackout-Regeln sicherlich nicht auf Versuche, Umfrageergebnisse manipulativ einzusetzen – ob sie heute solche Versuche abmildern, sei dahingestellt. Im Berlusconi-Italien liegen politische Macht und Medienmacht bekanntlich eng beieinander, und Wahlumfragen, veröffentlicht in einer seiner Zeitungen oder in einem seiner Fernsehsender, zudem erstellt vom ebenfalls in seinem Besitz befindlichen Umfrage-Institut *Datamedia*, fielen immer wieder günstig aus, und einige scheinen wie sich selbst erfüllende Phrophezeiungen gewirkt zu haben (vgl. Stille 2006: 248, 249).

Kinsley gaffe

1 *FAZ* vom 30. September 2015, «Klassenkampf im Grand Hotel».

2 *FAZ* vom 28. Dezember 2015, «Hundert Tage als Oppositionsführer überlebt».

3 Siehe unter anderem http://www.theguardian.com/us-news/2016/jan/20/sarah-palin-donald-trump-endorsement-speech-quotes und http://www.theguardian.com/us-news/2016/jan/20/sarah-palin-endorses-donald-trump-translating-her-speech.

4 Bill Clinton musste im September 1993 eine wichtige Rede zur Gesundheitsreform halten, aber der Teleprompter war falsch programmiert, nämlich mit der Rede zur Lage der Nation vom Vorjahr. Dreizehn Minuten lang musste Clinton frei sprechen, während der Teleprompter vor seinen Augen die falsche Rede abspulte. Seit diesem Vorfall haben Präsidenten bei wichtigen Anlässen immer einen Ausdruck ihrer Rede dabei.

5 Fender 2015.

6 Was natürlich auch dazu führt, dass in periodischen Abständen irgendjemand eine Politik des «jenseits von …» propagiert, was aber meistens nur eine irgendwie mittige, konturlose oder sonst wie unentschiedene Politik meint.

7 Vgl. Luhmann 2008; Willke 2014.
8 Guilhaumou 1989: 71.
9 Guilhaumou 1989: 75.
10 Dann gibt es auch noch die Variante, «was gesagt werden muß» (G. Grass), für das Grass immerhin vom israelischen Innenminister mit einem Einreiseverbot belegt wurde und für das die bundesdeutsche Öffentlichkeit dem Schriftsteller am liebsten sein komplettes Altlinken-Nachdenkerkostüm – Strickjacke, Pfeife, Walross-Schnurrbart, gelegentlich Baskenmütze – rückwirkend aberkannt hätte.
11 Zitate aus *ORF News* vom 28. Oktober 2015, «Faymann widerspricht Mikl-Leitner» und aus *FAZ* vom 3. November 2015, «Gabriels Hammer und de Maizières zarter Hinweis».
12 Merkel, am 30. November 2016.
13 In der *Financial Times*, 2014: https://www.ft.com/content/bd0b95c4-3477-11e4-b81c00144feabdc0.
14 Goetz 2008: 160 und 172
15 «Schreiben ... ist ja Rücknahme des Gesagten, Korrektur am Gedachten, Widerspruch zu sich selbst. Man kann fast sagen: das Gegenteil zum Reden im Gespräch» (Goetz 2008: 160).
16 Musil, Der Mann ohne Eigenschaften, Kapitel 24 [hier: 97].
17 Benannt nach dem amerikanischen Journalisten Michael Kinsley. Als Definition siehe: «The term often refers to a politician inadvertently saying something publicly that they privately believe is true, but would ordinarily not say because it is politically damaging», zitiert nach Taegan Goddards Political Dictionary: http://politicaldictionary.com/words/gaffe/.
18 Siehe Stephen Greenblatt, «That's America», In: *London Review of Books*, Vol. 10, No. 17, 29. September 1988, 6–8).
19 Sarkozy zu Obama auf dem G20-Treffen in Cannes, November 2011; BBC News vom 8. November 2011. Siehe http://www.bbc.com/news/world-europe-15635476.

Locken im Wind

1 «Locken im Wind» vom 30. September 2013.
2 *Der Spiegel*: «Seine Haare sind blond, sie liegen am Kopf an und werden dann wellig. [...] Er sagt, die Grünen müssten vom Image wegkommen, dass sie Dinge vorschreiben wollten. Sein Beispiel ist die Fahrradhelmpflicht. Die Grünen gälten als Partei der Fahrradhelmpflicht, aber das sei gar nicht so. Seinetwegen solle jeder selbst entscheiden, ob er einen Helm trägt oder nicht. Die Grünen seien auch nicht die Partei der Skihelmpflicht. Er selbst trägt beim Skifahren keinen Helm, auch nicht beim Fahrradfahren. Bestimmt wehen seine Haare sehr schön» (*Spiegel* vom 30. September 2013). Siehe http://www.spiegel.de/spiegel/print/d-114948718.html.
Zu Gerhard Schröders gefärbten / ungefärbten Haaren siehe → **Verlobungsringe**.
3 *Die Welt* vom 28. März 2015 «Hofreiters beinahe rührender Auftritt in der *Bunten*».
4 Donald Trump mit seiner gelben Föhnfrisur ist kein Gegenbeispiel, denn die Kategorisierung als Frisur bleibt umstritten. Woran erinnert sie: «Meerschweinchen, Wischmopp, Hamster», Kreuzung aus «Otter-

schwanz und explodierendem Maiskolben», oder «eine Art Zuckerwatte mit Vordach und Heckspoiler»? (siehe u. a. *FAS* vom 23. August 2015, «Mr. Trump, bleiben Sie sich treu!»). Trump ist der erste US-Präsident, der seinen Friseur selbst gejagt und erlegt hat. Weinberg fragt in der *London Review of Books:* «Anyone for Trump?», «who will vote for Donald Trump. Not the hairdressers, since his hair is an insult to the profession». Die Anti-Trump-Bewegung formiert sich in den USA hinter einer neuen Protesthymne: «We shall overcomb». Wichtig in diesem Zusammenhang auch die *platinum-blonde* «Mozart-Mähne» von Rechtspopulist Geert Wilders. Wilders, teils mit indonesischen Vorfahren, hat eigentlich braune Haare, die er sich extrem hell färbt. Die Verbindung zu seinen politischen Ansichten zieht auch er selber. Die zwei Ratschläge seiner politischen Förderer seien gewesen: «First, you have to moderate your voice about Islam [...] Second, change your stupid hair.» Wilders: «Wenn mich Leute bedrängen, mache ich das genaue Gegenteil.» Siehe *NYT* vom 22. März 2008 (http://www.nytimes.com/2008/03/22/world/europe/22wilders.html). Auf dem Treffen europäischer Rechtspopulisten in Koblenz im Januar 2017 sagt Wilders, europäische Frauen hätten wegen des muslimischen Einflusses Angst, ihr blondes Haar zu zeigen.

5 *Süddeutsche Zeitung* vom 19. April 2007.

6 *taz* vom 15. April 2010.

7 *FAS* vom 6. Oktober 2013.

8 Willemsen 2015: 62.

9 Läuterung ist natürlich immer möglich. Theodor («Du hast die Haare schön») zu Guttenberg, laut *Bunte*: «Ich hatte auch zu viel Gel in meinen Haaren. Auch mein Gesichtsausdruck machte einen sehr eitlen Eindruck. Aber das ist Teil meiner Vergangenheit.» Nun «gepflegter Drei-Tage Bart ... ‹auch die Haare sind deutlich länger und wuscheliger, die Brille ist wesentlich moderner›» (http://www.faz.net/aktuell/politik/bayern-warten-auf-guttenberg-13695985/der-freiherr-nun-recht-leger-13562712.html). Dem politischen Comeback steht eigentlich nichts mehr entgegen.

10 «Der politische Feind braucht nicht moralisch böse, er braucht nicht ästhetisch hässlich zu sein; [...] In der psychologischen Wirklichkeit wird der Feind leicht als böse und häßlich behandelt, weile jede, am meisten natürlich die politische als die stärkste und intensivste Unterscheidung und Gruppierung, alle verwertbaren anderen Unterscheidungen zur Unterstützung heranzieht» (Schmitt 1988 [1927]: 27–28).

11 *Die Welt* vom 19. September 2011.

12 *Spiegel* vom 30. September 2013.

13 *Süddeutsche Zeitung*, 10. April 2010 «Vom Topf- zum Topschnitt».

14 Vgl. «Gutti, Du hast die Haare schön!»; → Flechtslipper.

15 Zitiert nach *FAZ* vom 22. November 2005, «Daß ich eine Frau bin, ist ja nicht zu übersehen».

16 Manow 2015.

17 Auf der männlichen Seite das Analogon: Vollbart (und lange Haare), nicht der 68er Look, sondern der 89er-DDR-Bürgerrechtsbewegungs-Look. Siehe etwa auch «Drei Bärte für Pankow», *Tagesspiegel* vom 11. September 2002. Eine politische Geschichte der Bärte müsste dann auch irgendwann noch

einmal geschrieben werden, aber hier nun gerade mal nicht. Für die Türkei etwa gilt: «Der fromme Türke [trägt] einen schmalen und dünnen Schnurrbart wie Erdogan. Den Nationalisten wiederum ziert oft ein Oberlippenbart, der sich in der Form einer Mondsichel nach unten fortsetzt – so sollen ihn bereits die Vorfahren in Zentralasien getragen haben. Die Linken wiederum bevorzugen massive und wuchtige Oberlippenbärte, genannt ‹Walross›, etwa wie ihn einst Stalin gepflegt hat …» (*FAS* vom 19. März 2017, «Autoritäre Gebärdensprache»).

18 Seitdem ist auch auf Reisen immer eine Visagistin dabei. «Petra Keller firmiert offiziell als Assistentin und sorgt dafür, dass die Kanzlerin bei ihren öffentlichen Auftritten gut gestylt ist. Das ist nicht zuletzt ein Resultat der öffentlichen Debatten über ihre Frisur in den Anfangsjahren ihrer politischen Arbeit» (*Focus* vom 10. Februar 2015, «Ihre Konzentrationsfähigkeit steigt mit den Herausforderungen»).

19 Reza 2008: 54.

20 *Spiegel*, 12/2017, «Im Kartenhaus», S. 18.

21 Zitiert nach Hunt 1998: 231; vgl. Jones 2004.

22 Vinken 2013: 36.

23 Bard 2010.

24 Hunt 1998: 235.

25 Breward 2016.

26 Dies die Beschreibung der neuen Frisur von Ursula von der Leyen in der *Brigitte* «Wie die Karriere Frisuren verändert»; http://www.brigitte.de/beauty/frisuren/frisuren-karriere-1076291/).

27 *FAZ* vom 7. September 2009, «Ikonographie eines Präsidenten – Obama sitzt». http://www.faz.net/aktuell/stil/mode-design/mode-in-der-politik-merkel-von-der-leyen-und-co-tragen-rote-blazer-13985405.html. Auch Thatchers Kleider, so heißt es, mussten «eine kämpferische Funktion erfüllen. Ihre Kleider mussten alle Blicke anziehen und alle Angriffe abwehren» (*FAZ* vom 4. November 2015, «Thatchers Kleider»).

28 Vgl. Vinken 2013: 139; Deloire und Dubois 2006.

29 Vinken 2013, ebenda.

30 Vinken 2013: 77.

31 Oder Heiko Maas, von *GQ* zum bestangezogenen Mann Deutschlands gewählt. In der Tat, «mit so schönen blauen Anzügen zu blauen Hemden hat noch nie jemand vergeblich gegen Facebook und Vorratsdatenspeicherung gekämpft […] Selbst wenn politisch schon lange nichts mehr geht, Hauptsache, es sieht gut aus» (*FAZ* vom 15. Januar 2016, «Heiko Maas verzückt halb Berlin»).

Mally, Kapuzineräffchen

1 *FAZ* vom 28. April 2007, «Wer führt den Hund vom Chef Gassi?».

2 *FAZ* vom 23. August 2008, «Vier Pfoten fürs Weiße Haus»; vgl. → **Locken im Wind.**

3 Mehr, als man je über presidential pets wissen wollte, erfährt man auch bei einem (Online-)Besuch des (Online) Presidential Pets Museums, http://presidentialpetmuseum.com/.

4 Raulff 2015. Und mit dem Pferd, so scheint es, ist dann irgendwann auch der Steigbügelhalter aus der Politik verschwunden – nur die abgehalfterten Politiker, die sind uns erhalten geblieben.

5 Murat 2013. Politische Männer auf Pferden haben im 19. Jahrhundert aber natürlich nicht nur diesen feudalen Hintergrund: Toussain Louverture, Giuseppe Garibaldi, Tadeusz Kościuszko, Simon Bolivar …

6 Koselleck 2003; Keller 2011.

7 Putin mit nacktem Oberkörper auf einem Pferd reitend evoziert – bewusst? – dieses Gleichheitsbild. Siehe hierzu auch: *Der Postillon* vom 27. August 2013: «Oben ohne auf Pferd: Putin von Jugendlichen verprügelt, weil sie ihn für schwul hielten».

8 Kittler 2013 [1996]. Die Entwicklung ist eine etwas komplexere, und sie ist ebenfalls bei Raulff konzise zusammengefasst. Das Pferd verschwindet nicht aus dem Krieg, noch im Zweiten Weltkrieg werden mehr Pferde eingesetzt als im Ersten, aber es verschwindet aus unserer Aufmerksamkeit, weil es a) nicht mehr an vorderster Front, sondern hinter der Front eingesetzt wird («Im Ersten Weltkrieg hörten die Pferde auf, auf dem Schlachtfeld zu fallen, um künftig auf den Verbindungslinien zu sterben»; Raulff 2015: 129), und b) weil es nun zunehmend nur noch an der Ostfront, nicht mehr an der Westfront eingesetzt wurde. Das östliche Theater aber hat die Erinnerung an den Ersten und Zweiten Weltkrieg wenig geprägt.

9 Kojève 2007.

10 *FAS* vom 18. Oktober 2015, «Fehlschuss».

11 Dieses war ursprünglich als Washington-Monument im Kreuzpunkt aus Ost- / West-Achse zwischen Capitol und Lincoln Memorial und Nord- / Süd-Achse zwischen Weißem Haus und The Mall vorgesehen (Benton-Short 2016), also an der Stelle, an der heute der Obelisk steht. Das 1848 fertiggestellte Gemälde *Washington rallying the troups* zitiert ganz offensichtlich Jacques Louis Davids *Napoleon überquert den Großen Sankt Bernhard* (siehe hierzu detaillierter Raulff 2015: 251–268, mit Bildnachweisen Tafel 20–22).

12 Siehe etwa: http://presidentialpetmuseum.com/pets/ofelia/. Für den Grünen-Politiker, der sich im Bereich Landwirtschaft und Ernährung profilieren möchte, ist das Bild mit Kuh natürlich obligatorisch. Siehe Robert Habeck & Milchkuh «Mausi» (*FAZ* vom 8. Mai 2015, «Abschied vom Zeigefinger»), wie natürlich auch das obligatorische Foto mit Kuh anlässlich des jährlichen Rundgangs über die Landwirtschaftsmesse der deutschen Landwirtschaftsminister oder des französischen Präsidenten (→ **Verlobungsringe**).

13 Zu Bushs inszeniertem Farmerimage siehe Will Ferrells Parodien, etwa https://www.youtube.com/watch?v=wM2yPz6ax74.

14 Greenblatt 1991: 113.

15 Hierzu: Barletta 2006.

16 Siyasa, Politik im Arabischen, leitet sich von einem Verb ab, das «ein Pferd striegeln oder zähmen» bedeutet (Lewis 1988: 11).

17 Das Tier wird auch als Instrument der Völkerverständigung politisch, etwa wenn Nikita Chruschtschow Präsident Kennedy zwischen Sputnik-Schock und Kuba-Krise Pushinka, einen Welpen der Weltraumhündin Strelka (Sputnik 5), schenkt. Die Chinesen verteilen weltweit Pandas, Australier drücken Staatsgästen grundsätzliche Koalas auf den

Arm. Ja, und auch Pferde binden die Nationen aneinander: 1981 schenkt der mexikanische Präsident José López Portillo y Pacheco Ronald Reagan den grauen Araberhengst El Alamein.

18 «One thing our founding father could not foresee was a nation governed by professional politicians who had a vested interest in getting reelected. They probably envisioned a fellow serving a couple of hitches and then looking forward to getting back to the farm» (zitiert nach Leibovich 2013: 45).

19 Huhnholz 2014.

20 Kiffende, sexuell freizügige Großstadthippies werden in der Provinz grausig hingemetzelt von grenzdebilen Hinterwäldlern mit – höchste Horrorstufe in den USA – schlechtem Zahnstatus, von Hillbillies, die das Produkt aus fortgesetztem Inzest und der Intoxikation mit Selbstgebranntem sind. Das Thema ist paradigmatisch abgehandelt etwa in *Cabin Fever* (2002), oder *The Hills have eyes* (2006); Remake eines Wes-Craven-Klassikers von 1977 [*Hügel der blutenden Augen*], oder *Wrong turn* (2002). Als australische Outback-Variante desselben Themas: *Wolf creek* (2005).

21 Bemerkenswerterweise wurde der Hunting Act von 2004 mit Rückgriff auf jene Parliament Acts 1911 and 1949 in Kraft gesetzt, die das Überstimmen eines Widerspruchs des *House of Lords* ermöglichen. Zu den sozialen und politischen Funktionen exklusiver Adelspraktiken wie der Fuchsjagd bis in die frühmoderne Gesellschaft hinein siehe (Allen 2011). Der Begriff des *whips*, des parlamentarischen Geschäftsführers im *House of Commons*, kommt von dem Ausdruck *whipping in*, wenn bei der Jagd Hunde wieder zurück in die Meute gepeitscht werden. So viel zu den feudalen Wurzeln der englischen Demokratie.

22 http://www.spiegel.de/politik/ausland/weisskopfseeadler-attackiert-donald-trump-a-1067030.html

23 Klenner 2007.

24 Hier wäre schließlich das große Thema des politischen Bestiariums aufgerufen, dem wir an dieser Stelle allerdings auch nicht im Entferntesten gerecht werden können. Siehe vor allem Derrida 2008; Derrida 2012. Als englische Übersetzungen siehe Derrida 2009; Derrida 2011, oder jetzt auch Doll und Griem 2017.

25 Siehe *FAS* vom 10. Januar 2016, «Die Gleichheit der Löwen»; Senior 2004; Serna 2014.

26 Brückle 2011.

27 *FAZ* vom 21. März 2009, «Die Politik der Pose».

28 *Guardian* vom 21. April 2006, «The Iceman cometh».

29 *FAS* vom 22. März 2015, «Putin und die Tiere».

Now watch this drive!

1 *FAS* vom 31. Mai 2015, «Götterdämmerung».

2 Es ist 1961, dass die *Professional Golfers' Association of America* ihre *Caucasian-only*-Klausel abschafft und damit professionelle Golfturniere für Spieler jeder Hautfarbe öffnet.

3 «Obama is going to be out playing golf. He might be on one of my courses. I would invite him. I actually would say. I have the best courses in the world …»

4 Markovits und Schmid 1987.
5 Zitiert nach http://www.sueddeutsche.de/politik/kanzlerin-bei-der-fussball-wm-merkels-jungs-1.2002926
6 So die *FAS* über Frank-Walter Steinmeier.
7 Siehe http://www.11freunde.de/artikel/wenn-politiker-den-fussball-ausnutzen/page/.
8 Den Schlachtruf der Tifosi «Forza Italia» als Parteibezeichnung zu wählen, verweist überdeutlich auf diesen Nexus – und auf das postdemokratische Syndrom aus Fußball (AS Milano), Medienmacht (Mediaset) und Politik (Forza Italia), für das das Berlusconi-Italien prototypisch geworden ist (Stille 2006; Crouch 2008).
9 Müllender und Nendza 1993.
10 Fischer 2001: 23.
11 festschrift_25_jahre_gruene_tulpe_als_pd_01.pdf.
12 Richter 2011: 98.
13 Graham 2014.
14 Bredekamp 2014.
15 http://www.faz.net/aktuell/politik/fluechtlingskrise/wolfgang-schaeuble-warnt-vor-lawine-in-fluechtlingskrise-13907768.html; http://www.spiegel.de/gesundheit/diagnose/angela-merkel-behandlung-nach-beckenbruch-a-942018.html

Öltanks

1 *Spiegel* vom 18. Oktober 2016, «Gabriel beim rot-rot-grünen Trialog».
2 R2G: Berliner Journalisten-Sprech für Rot-Rot-Grün.
3 *New York Times*, «Leaked Speech Excerpts Show a Hillary Clinton at Ease With Wall Street», vom 6. Oktober 2016.
4 *FAZ* vom 2. Dezember 2016, «Ein Mann, zwei Ansichten».
5 Siehe die Phoenix-Runde «Die zwei Gesichter des Donald Trump» vom 1. März 2017.

Parlamentari pianisti

1 Siehe aber Garey 2009.
2 Teilweise sind, wie beispielsweise im «override», dem Überstimmen eines Filibusters oder eines präsidentiellen Vetos, supermajoritäre Quoren erforderlich. Dies gilt auch für Verfassungsänderungen.
3 Lijphart 1969; Lijphart 1996.
4 Powell 2000.
5 Flaig 2012.
6 Christopher Kam meint, die britische *division* sei eine namentliche Abstimmung, weil Abgeordnete von Namenslisten gestrichen werden, während der deutsche Hammelsprung eine nichtnamentliche Abstimmung sei, weil nur gezählt würde (Kam 2011). Auch im *House of Representatives* der USA ist die *division* nur ein Zählvorgang. Es wäre aber sicherlich notwendig, hier zu unterscheiden: Für wen ist das jeweilige Wahlverhalten sichtbar? Auch wenn die Namen später nicht im stenographischen Protokoll auftauchen, so wissen die Parteiführungen doch recht genau, wer von ihren Abgeordneten durch welche Tür gegangen ist.
7 Die Praxis geheimer Abstimmungen bei normalen Gesetzesentwürfen in der italienischen *Camera dei Deputati* muss zu den Pathologien des italienischen Parlamentarismus gezählt werden (Gianetti 2015).
8 Geheime Kanzlerwahl nach § 4

Satz 1 GOBT Geschäftsordnung des Bundestags.

9 Schneider und Zeh 1989: 1299; kursiv im Original.

10 *FAZ* vom 10. März 2015, «Bis ein Hammel springt».

11 O'Gorman 2006: 19.

12 Edwards 1965; House of Commons 2010; Flaig 2012: 207.

13 Laut einer Beschreibung dieser Prozedur von 1690: «they vote by yeas and nos, and if it be doubtful which is the greater Number, then the Yeas are to go forth, and the Nos sit still, because these are content with their present condition, without any addition or alteration of Laws as the other desire» (House of Commons 2010).

14 Flaig 2012: 213.

15 Wilding und Laundy 1972: 46.

16 Neale 1949 [1976].

17 Cox 1987.

18 House of Commons 2010.

19 Wilding and Laundy 1972: 276.

20 House of Commons 2010.

21 Die elektronische Abstimmung im US-amerikanischen *House of Representatives* dauert 15 Minuten. Zeitgewinn kann also nicht unbedingt das Motiv für ihre Einführung gewesen sein. «Under the system implemented in the 1970 s, members of the House may vote at any one of a number of stations located throughout the chamber. Each member has a small plastic card, punched identically on either end. To cast a vote, the representative inserts into the station in any direction and presses one of three buttons: «Yea,» «Nay,» or «Present.» The representative's vote is then displayed in two summary panels above the press gallery seats and to the right and left of the speaker's dais. The panel shows the member's name and a light corresponding to how that member voted (green for yea, red for nay, and amber for present), keeps a running count of vote casts, and displays time remaining for a vote (most votes are held open for at least fifteen minutes). The system as used today is much the same as that used in the 1970 s, although today, member's voting cards are magnetic stripe cards that contain identification information. Once a representative has voted, he or she may check the vote by reinserting the card and seeing which light is illuminated at the voting station. For the first ten minutes of a vote, a representative may also change his or her vote by reinsert the card to change the vote. If a representative wants to change his or her vote in the last five minutes of a fifteen-minute vote, the representative must use as teller card in the well of the House. A tally clerk then manually enters the vote into the electronic voting system.»

22 Carey 2009.

23 «Nel migliore dei casi si tratta di un voto doppio. Ma non è raro trovare parlamentari acrobati che, con scatti felini, riescono a votare anche in tre o quattro postazioni deserte» (http://www.ilfattoquotidiano.it/2013/11/07/camera-passa-odg-di-sel-anti-pianisti-i-deputati-dovranno-depositare-impronte-digitali/769210/).

24 *Spiegel Online* vom 29. Oktober 2015, «Betrugsvorwurf in Straßburg»: Nebenbei erfahren wir also, dass das elektronische Abstimmungssystem es im EP ermöglicht, 8 namentliche Abstimmungen in 3 Minuten durchzuführen.

25 Hierauf antworten neuere elektronische Abstimmungssysteme, die vor

der Abstimmung eine Identifizierung per Fingerabdruck oder mit den biometrischen Daten von Handflächen erfordern. Sie sollen den Pianisten im italienischen Parlament das Handwerk legen, so etwa die 2009 beschlossene, aber bis heute nicht vollkommen durchgesetzte Identifizierung per Daumenabdruck. Siehe: http://www.ilgiornale.it/news/camera-stop-ai-pianisti-arriva-voto-digitale.html.
Diese Abstimmungssysteme erweisen sich allerdings als technisch anfällig, insbesondere wenn Abgeordnete im Parlament essen und fettige Finger haben – politische «fat finger errors».

26 Hood 2006: 3.

27 Elster 2015.

28 «[Die Abgeordneten] sind Vertreter des ganzen Volkes, an Aufträge und Weisungen nicht gebunden und nur ihrem Gewissen unterworfen».

29 Beispielhaft zwei von insgesamt 25 Tagesordnungspunkten der 133. Bundestagssitzung der 18. Legislaturperiode vom 5.11.2015.

30 Pasquino 1998.

Quando

1 Nicolas Sarkozy, vgl. Reza 2008: 69–70.

2 Geuss 2011: 38–52.

3 Macchiavelli 1990: 53.

Raute

1 Und ja, geschätzte Mathelehrer, nimmt man es genau, was man ja immer machen sollte, so ist es keine Raute, sondern ein Parallelogramm, genauer ein konkaves Drachenviereck.

2 *Hamburger Abendblatt* vom 31. Oktober 2009, «Die geheimen Zeichen der Kanzlerin».

3 *Spiegel-Online* vom 2. September 2013, «Maxima Merkel»: Das Berliner Plakat mit seinen Verballhornungen hat eine eigene merkelraute.tumblr.com-Adresse.

4 *N-TV* vom 16. September 2013, «Madame Tussauds erneuert Kanzlerin».

5 Bollmann 2013; Gärtner 2013.

6 Die Raute ist mittlerweile auch zum Thema Hamburger Diskurspops geworden, siehe *Rocko Schamoni und L'Orchestre Mirage*: Die Raute, mit der Textzeile, «Angela, was hat die Macht aus dir gemacht?» Was die eher anzüglichen Assoziationen angeht, steht auch die Vermutung im Raum, Merkels Raute sei «eindeutig vom Erkennungszeichen der italienischen Feministinnen der 1970er abgekupfert. Die haben es allerdings nicht als Raute, sondern als vaginaähnliches Zeichen verstanden. Immer, wenn ich Fr. Merkel ihre Raute machen sehe, warte ich darauf, dass sie aufspringt und ‹Tremate, tremate, le streghe son tornate› brüllend durch die Männerreihen rennt» (*Spiegel Online*-Kommentar vom 26. April 2016). http://www.spiegel.de/forum/politik/physiognomien-der-macht-das-prinzip-maas-thread-450437-11.html.

7 Belting 2013: 64. «*Verbannt seien Täuschung und Verschleierung aus der menschlichen Existenz.* Im Privatleben gewiss, aber gerade nicht im öffentlichen Leben, denn dies ist selbst für jenen unmöglich, der die ganze Republik in Händen hält» – so heißt es 1641 bei Justus Lipsius, zitiert nach ebenda. Wir würden

heute umformulieren: dies ist *gerade* jener unmöglich, die die ganze Republik in Händen hält.

8 Belting 2013: 40. «Der Kult der faces, der die Masse beherrscht und sie vereint, wird [...] so mächtig, dass es sich nicht um die echten Gesichter ihrer Träger handelt, sondern um Masken, die diese in die Medien tragen. Gegen die Macht solcher Masken haben die natürlichen Gesichter keine Chance» (Raulff 1984; Macho 2011; Belting 2013: 227). Die Rolle des Paparazzi ist es dann, einen Moment des Kontrollverlusts über das Bild vom eigenen Gesicht oder Körper zu dokumentieren – also etwa Merkel im Badeanzug (*Spiegel Online* vom 6. April 2013: «Paparazzi-Fotos der Kanzlerin: Angelina in Sant'Angelo»). «Das Ungeschminkte ist nur eine andere Form der gesellschaftlichen Maske. Vielleicht ist die Forderung nach dem wahren Gesicht auch eine Obsession, die immer dann ausbricht, wenn Leute Probleme mit ihren Eliten haben. Die bleiweiß gepuderte höfische Gesellschaft konnte davon am Ende ein Lied singen» (*FAZ* vom 20. März 2012, «Fake Face»).

9 Paul 2008; Manow 2013.

10 In der Arte-Sendung «Die Unerwartete» vom 6. Dezember 2016.

11 Bauman 2003; Henaff 2014.

12 Zitate: Belting 2013: 221 und Vismann 2000: 207 und 210f.

Revolving door

1 Goetz 2008: 366–367

2 *Spiegel* 3/2017.

3 Schlögel 2014: 69–70.

Rotunda

1 Schmitt 1923: 26.

2 Walther Rathenau, zitiert nach Damler 2012: 106.

3 Horn 2007: 84.

4 Horn 2007: 105.

5 Krasmann 2016: 495.

6 Saint Victor 2015: 60.

7 Die französische Verfassung von 1791 bezeichnet sich erstmals als «respräsentativ».

8 Saint Victor 2015: 60.

9 Saint Victor 2015: 67.

10 Furet 1978 (2009).

11 Krasmann 2016.

12 Bredekamp 2008.

Soundbites

1 Barthes 2002 [1974]: 10.

2 Wie wir seit November 2016 wissen: «Ein Erdbeben kann auch ein Weckruf sein» (Frank-Walter Steinmeier zur US-Präsidentschaftswahl) – und ein tiefer Griff in die Metaphernkiste kann auch ein Fehlgriff sein.

3 Rinke 2016: 393. Die NRW-Grünen gehen mit dem Slogan «Herz statt Hetze» in den Landtagswahlkampf 2017.

4 Moretti 2013.

5 *FAZ* vom 17. Februar 2017.

6 *FAZ* vom 9. Januar 2013.

7 «A day like today is not a day for soundbites, really. But I feel the hand of history upon our shoulders. I really do» (Tony Blair, Belfast 1998; zitiert nach Thompson 2016: 79).

8 Für Merkels «Wir schaffen das» gibt es mittlerweile einen eigenständigen Wikipedia-Eintrag (https://de.wikipedia.org/wiki/Wir_schaffen_das). Einige der folgenden Zitate und

Fundquellen sind von dort.
(1) Bundespressekonferenz vom 31. August 2015. (2) *FAZ* vom 9. Oktober 2015, «Voller Schaffensdrang». http://www.faz.net/aktuell/politik/fluechtlingskrise/merkel-in-der-fluechtlingskrise-voller-schaffensdrang-13846273.html.
(3) siehe https://de.wikipedia.org/wiki/Wir_schaffen_das
(4) siehe (3); (5) http://www.faz.net/aktuell/politik/angela-merkels-sommerpressekonferenz-13778484.html; http://www.zeit.de/news/2015-10/15/deutschland-oppermann-muessen-zum-wir-machen-das-uebergehen-15105402; (6) siehe (3). Das Zitat ist auch erhältlich in den Geschmacksrichtungen: «ich habe überhaupt keine Zweifel, dass wir das schaffen; «meine innere Gewissheit sagt mir, dass wir das schaffen»; «ich bin ganz fest davon überzeugt, dass wir das schaffen»; siehe *FAZ* vom 29. Oktober 2015: «Klare Linie? Nun wissen wir, wer unsere Kanzlerin ist». http://www.faz.net/aktuell/feuilleton/debatten/die-gespensterstunden-mit-angela-merkel-haeufen-sich-13846299.html. (7) siehe (3). (8) *FAZ* vom 4. November 2015, «Koalition bekundet Willen zur Einigung in der Flüchtlingsfrage». (9) http://www.zeit.de/news/2015-10/15/deutschland-oppermann-muessen-zum-wir-machen-das-uebergehen-15105402; (10) *Die Welt* vom 21. Oktober 2015. (11) Graffiti auf einer Mauer. (12) *Der Stern*. Ausgabe 5/2016, 28. Januar 2016. (13) *Wiener Zeitung* vom 24. Februar 2016; (14) siehe (3). (15) siehe (3). (16) Interview mit dem EU-Ratspräsidenten Donald Tusk: «Man kann und man sollte Migranten so lange aufhalten, bis die Überprüfung abgeschlossen ist», verlangte Tusk. Die Abnahme von Fingerabdrücken genüge nicht. Auf die Frage, ob dies überhaupt zu bewältigen sei, antwortete Tusk auf Deutsch mit dem bekannten Ausspruch von Kanzlerin Merkel: «Wir schaffen das.» http://www.sueddeutsche.de/politik/eu-ratspraesident-donald-tusk-diese-fluechtlingswelle-ist-zu-gross-1.2764047; (17) http://www.faz.net/aktuell/politik/fluechtlingskrise/fluechtlingskrise-wir-schaffen-das-ich-kann-nicht-anders-13846402.html, (18) n-tv vom 19. Januar 2016 (19) http://community.zeit.de/user/wir-schaffen-euch (20) https://deutschelobbyinfo.com/2015/09/18/merkels-zynische-botschaft-an-die-deutschen-wir-schaffen-euch-ab/. (21) Buchtitel Pfitzenmaier / Diringhof. (22) http://www.rp-online.de/politik/deutschland/altkanzler-gerhardschroeder-ich-haette-nicht-gesagt-wir-schaffen-das-aid-1.5744405. (23) http://www.faz.net/aktuell/gesellschaft/ueber-die-quelle-von-angela-merkels-wir-schaffen-das-13852723.html. (24) siehe (3). (25) Hans Peter Uhl (CSU). (26) http://www.focus.de/politik/deutschland/migration-schaeuble-will-dramatische-senkung-der-fluechtlingszahlen_id_5312059.html. (27) http://www.faz.net/aktuell/politik/volksabstimmung-in-der-schweiz-wir-ausschaffen-das-14092864.html; (28) «Ich finde es sehr humanistisch und gut gemeint, dass Frau Merkel sagt: ‹Wir schaffen das.› Besser hätte ich es gefunden, sie hätte gesagt: ‹Schaun wir mal, wie viel wir schaffen›.» Interview mit Heinz Rudolf Kunze in der *FAS*, 26. Februar 2016, «Ich

bin als Kleinbürger geboren». Siehe http://www.faz.net/aktuell/gesellschaft/menschen/der-musiker-heinz-rudolf-kunze-im-interview-14094614-p2.html?printPagedArticle=true#pageIndex_3.
(29) Bundesvorsitzender Deutsche Polizeigewerkschaft; zitiert nach Martin Walser, Die Sprache entscheidet alles. In: *Der Spiegel*, 9/2016 vom 27. Februar 2016, 126–130.
(30) Bezirksbürgermeisterin Neukölln, zitiert nach siehe (29).
(31) http://www.stern.de/noch-fragen/ist-aus-dem-wir-schaffen-das-ein-die-tuerkei-darf-das-geworden-3000052165.html. (32) http://www.faz.net/aktuell/feuilleton/medien/tv-kritik/tv-kritik-maischberger-da-brat-mir-einer-eine-partei-14116083.html. (33) https://www.bundeskanzlerin.de/Content/DE/Artikel/2016/02/201602–29-merkel-annewill.html. (34) *FAZ* vom 15. März 2016, «Hüterin des Ladens». (35) http://www.faz.net/aktuell/feuilleton/merkel-hat-gewonnen-trotz-schlechtem-wahlergebnis-14124753.html. (36) In *Hart aber Fair* vom 14. März 2016. (37) *FAZ* vom 15. März 2016, «Das Fernsehen zeigt, die Kanzlerin kann nur gewinnen». (38) *FAS* vom 18. Oktober 2015, «Ohne Erdogan ist es nicht zu schaffen». (39) *zeit online* vom 26. Januar 2016. (40) Pressekonferenz nach dem EU-Türkei-Gipfel vom 17. März 2016. (41) Interview mit dem CDU-Innenpolitiker Clemens Binninger in der *FAZ* vom 22. März 2016. (42) Slogan in einem Werbespot der deutschen Wirtschaft zum Thema Integration, März 2016. (43) Plakatslogan der Partei *Die Partei*, gesehen in Freiburg am 9. April 2016. (44) Formel, die Joachim Gauck in Variation und Abgrenzung zum Merkel'schen «Wir schaffen das»-Mantra in seinen Reden bemüht. *Der Spiegel*, 14/2016, «Präsident Jedermann». (45) *Spiegel* vom 4. Juni 2016. «Amt und Würde», Bericht über das BAMF, Bundesamt für Migration und Flüchtlinge. (46) CDU-Generalsekretär Peter Tauber in einem Interview mit dpa, veröffentlicht am 25. Juli 2016. (47) Die Linke-Fraktionsvorsitzende am 25. Juli 2016 in einer Pressemitteilung. http://www.linksfraktion.de/pressemitteilungen/menschen-muessen-sich-wieder-sicher-fuehlen-koennen/. (48) Angela Merkel, Bundespressekonferenz am 28. Juli 2016, ein Jahr nachdem sie auf der Pressekonferenz vom 31. August 2015 den «Wir schaffen das»-Satz erstmals geprägt hatte.
(49) http://www.spiegel.de/politik/deutschland/markus-soeder-zu-angela-merkel-wir-schaffen-das-ist-mir-einfach-zu-wenig-a-1105384.html.
(50) ZDF-Sommerinterview vom 31. Juli 2016 und Interview in der Bild am Sonntag vom gleichen Tag.
(51) Vgl. *FAZ*, «Weiter Streit in der Union», vom 2. August 2016. (52) Vgl. *FAZ*, «Was wir schaffen müssen», vom 2. August 2016. (53) siehe (49).
(54) http://www.faz.net/aktuell/politik/fluechtlingskrise/fluechtlinge-soeder-will-hunderttausende-zurueckschicken-14408148.html. (55) Joachim Gauck, ZDF-Sommerinterview vom 14. August 2016. (56) *FAZ* vom 31. August 2016. (57) http://www.faz.net/aktuell/politik/ein-jahr-fluechtlingskrise-angela-merkels-fluechtlingspolitik-14413171.html. (58) Angela Merkel, Stellungnahme vom G-20-Gipfel in Hangzhou, vom 5. September

2016, zu den Landtagswahlen in Mecklenburg-Vorpommern. (59) siehe (2). (60) http://www.finanznachrichten.de/nachrichten-2016–09/38481457-bdi-chef-grillo-fordert-mehr-mut-in-der-fluechtlingspolitik-003.htm. (61) Interview mit der *Wirtschaftswoche* am 17. September 2016. «Das ist die konkrete Stelle, an der Merkel zurückrudert, sie distanziert sich von ihrem eigenen Satz, der wie kein anderer für ihre Flüchtlingspolitik stand. Bis jetzt. Bereits am Wochenende hatte sie diese Distanzierung getestet, hatte die Passage fast wortgleich in einem Interview verwendet. Ein Testballon. ‹Wir schaffen das› – insbesondere in der CSU haben sie das als Provokation empfunden. Und genau diese Empfindung ist es, die Merkel nun explizit anspricht» (*Spiegel Online*, 19. September 2016). (62) Jürgen Kaube in der *FAZ* vom 19. September 2016. (63) https://www.welt.de/politik/deutschland/article158211662/Merkel-sieht-Wir-schaffen-das-kritisch.html. (64) Wer schafft was? Deutschland und die Flüchtlinge» – phoenix-Runde vom 09. 03. 2016. (65) http://www.faz.net/aktuell/politik/fluechtlingskrise/fluechtlingskrise-szenarien-zur-fluechtlingskrise-deutschland-2025-haben-wir-es-dann-geschafft-14357914.html. (66) *Bild*-Schlagzeile nach der Wahl Trumps zum US-Präsidenten. (67) http://www.spiegel.de/politik/deutschland/angela-merkel-und-die-cdu-hinter-dem-zenit-a-1124772.html. (68) http://diepresse.com/home/ausland/aussenpolitik/5121414/Merkel-will-es-noch-einmal-schaffen. (69) Arte-Sendung «Die Unerwartete» vom 6. Dezember 2016.

9 Weil italienische Zeitungen im italienischen Parlament Lippenleser einsetzen, wird nur noch hinter vorgehaltener Hand gesprochen.

10 Kanzlerin Merkel in der Arte-Sendung «Die Unerwartete» vom 6. Dezember 2016.

11 *Washington Post*, vgl. *FAS* vom 2. Oktober 2016, «Politik auf Autopilot».

12 Green 2010.

13 Orzessek 2002: 8.

Stamina

1 Ulf Poschardt, «Die Spießigkeit auf der Haut der Bettina Wulff»: *Die Welt* vom 13. September 2012.

2 Loos 2000 [1910].

Trafalgar Square

1 Bernhard Heimrich, *FAZ* vom 9. April 2013.

2 Luzzatto 2005.

3 Siehe «Die Reizfigur» (*FAZ* vom 8. April 2013). Der Regisseur Jonathan Miller verglich Thatcher in Antwort auf die Frage, was ihn denn an ihr so störe, mit dem Typhuserreger, «für den doch wohl auch ein Großteil der Menschheit keine Sympathien hege» (ebenda). Dieses Zitat reiht sich ein in die sehr lange Geschichte einer Interpretation, die den Zerfall der Gesellschaft mit der Infektion durch eine Seuche, üblicherweise die Pest, assoziiert bzw. gleichsetzt.

4 *FAZ* vom 14. September 2015, «Kriegserklärung über den linken Flügel».

5 Platons *Menexenos*, zitiert nach Derrida 2000: 139. Vgl. «Wie einst

nur Churchill», *FAZ* vom 8. April 2013; «Zwei Salutschüsse weniger als Churchill», *FAZ* vom 11. April 2013.
6 Belting 2013: 215 und 229.
7 Johnson 2008: 40.

Urne

1 Es ist natürlich genau umgekehrt: «Kein demokratischer Wille [...] ohne Regeln, die bestimmen, wie dieser Wille entstehen soll. [...] Ein demokratischer Wille besteht [...] niemals allein aus einer formlosen Zusammensetzung individueller Beiträge wie bei einer Demonstration [...], weil [...] nicht sichergestellt ist, dass alle die freie und gleiche Möglichkeit der Mitentscheidung haben» (Möllers 2008: 28).
2 Przeworski 2015.
3 «Foucault saw the canonical juridical model of power as embodied in the arrangement of the courtroom. ‹What is this arrangement? A table, and behind this table, which distances them from the two litigants, the ‹third party›, that is, the judges.» [...] The table he took as a large symbol and little tool of juridical neutrality, universality of rule, and authority: ‹It is these three characteristics of the courts which are represented in an anecdotal fashion by the table in our society›» (Becker und Clark 2001: 11).
4 Gumbel 2005: 136.
5 http://aceproject.org/, unter anderem getragen vom *International Institute for Democracy and Electoral Assistance (IDEA)*, dem *Electoral Institute for Sustainable Democracy in Africa (EISA)*, der *United Nations Electoral Assistance Division (UNEAD)*, dem *United Nations Development Programme (UNDP)*, und dem *Carter Center*.
6 *FAZ* vom 24. Januar 2017, «Hoffen auf das Volk».
7 *FAZ* vom 7. Dezember 2008.
8 Ob Selfies in der Wahlkabine zulässig sind oder einen Bruch des Wahlgeheimnisses darstellen, ist juristisch umstritten. In den USA verbieten die Wahlgesetze von 18 Bundesstaaten solche Handyfotos, 17 erlauben sie, in den restlichen ist die Rechtslage unklar (https://www.nytimes.com/2016/11/03/us/politics/voting-selfie.html?_r=0). In Deutschland soll es hierzu noch vor der Bundestagswahl 2017 ein gesetzliches Verbot geben.
9 Zastrow 2009: 384.

Verlobungsringe

1 *Spiegel Online* vom 6. Januar 2008.
2 Zwölf Jahre später sollte Donald Trump per Re-tweet diese Frage umdrehen: «If Hillary Clinton can't satisfy her husband, what makes her think she can satisfy America?»

Walks, silly

1 Barthes 2010 [1957]: 30.
2 König 2013; Mayer 2013; Solnit 2014; Baecque 2016. Der politische Marsch, die politische Demonstration, sind hier im Weiteren nicht Thema. Wenn ich vom politischen Gehen spreche, steht hier nur das Gehen von Politikern im Mittelpunkt.
3 Nach einer seiner berüchtigt langen Reden stürzt Fidel Castro 2004

auf dem Weg vom Rednerpult eine Treppe hinunter und bricht sich Arm und Knie. Die USA, die sich seinen politischen Sturz seit langem herbeisehnen, sprechen ausdrücklich keine Genesungswünsche aus. EU-Verkehrskommissarin Loyola de Palacio äußert stattdessen sogar einen Todeswunsch (vgl. *Süddeutsche Zeitung* vom 26. Februar 2015). Siehe auch: http://www.spiegel.de/politik/ausland/eu-kommissarin-ueber-castro-wir-hoffen-dass-er-bald-stirbt-a-324384.html

4 *FAS* vom 16. August 2015: 7.

5 Von Fall zu Fall mag die erstrebte Signalwirkung des Gehens allerdings auch eine andere sein: «Jetzt ist der Druck auf ihn gewaltig. Aber derlei darf man im Berliner Betrieb nicht zeigen. Und so schlendert Pofalla die Treppe zum Untergeschoss des Bundestags demonstrativ lässig herunter, federnder Schritt, die rechte Hand in der Hosentasche, in der Linken eingerollt die Unterlagen für die anstehende Sitzung» (*Süddeutsche Zeitung* vom 25. Oktober 2013, S. 3).

6 Minkmar 2013: 26.

7 Eine zweite Person, die mit den Unterlagen, steigt auf der den Kameras abgewandten Seite aus.

8 Roland Barthes, 1985 [1967], Die Sprache der Mode. Frankfurt: Suhrkamp. Vgl. S. 2 und 25–27.

9 Barthes 2013 [1961]: 24.

10 *Spiegel-Online* vom 6. Februar 2015.

11 http://www.spiegel.de/kultur/gesellschaft/griechenland-giannis-varoufakis-in-der-stilkritik-a-1017026.html. Varoufakis lernte jedoch, wie wir wissen, extrem schnell, wie man sich erfolgreich inszeniert. Sein Nachfolger, Euclid Tsakalotos, dann jedoch wieder mit einem groben Anfängerfehler: den Sprechzettel so gehalten, dass ihn die Journalisten auf dem Weg in den Verhandlungsraum abfotografieren konnten!

12 Rothöhler 2012: 47.

13 Paul Ingendaay, «Es zählt das gesprochene Wort.» *FAZ* vom 21. Januar 2009.

14 Rothöhler 2012: 48–49.

15 Werner Mussler, «Meine Gipfel», *FAZ* vom 17. Dezember 2011.

16 Ibid.

17 Je umstrittener der Kompromiss, desto höher der Druck. Um keinen Anlass für Fehldeutungen zu geben, werden die Entscheidungen nicht frei erläutert, sondern auf Englisch vorgelesen: «Langweiligkeit [wird zum] Zeichen für die Dramatik der Lage» (Mussler, Meine Gipfel).

18 Barthes 2013 [1961]: 26.

19 Minkmar 2013: 202.

20 Rothöhler 2012: 66.

21 Zum *chambre de roi* siehe Michelle Perrot, 2009: Histoire de Chambres. Paris, Seuil. Norbert Elias, 1983: Die höfische Gesellschaft: Untersuchungen zur Soziologie des Königtums und der höfischen Aristokratie. Frankfurt, Suhrkamp. Zur politischen Funktion der Audienz und des Audienzzimmers siehe Wolfgang Schieder, 2013: Mythos Mussolini. Deutsche in Audienz beim Duce. München, Oldenbourg.

22 Schmitt 1954.

23 «Von Saal zu Saal stehn aber Türhüter, einer mächtiger als der andere»; Franz Kafka, Vor dem Gesetz.

24 Siehe hierzu die detaillierte Schilderung des mühseligen Canossa-Gangs des tschechischen Ministerpräsidenten Emil Hácha am 15. März 1939 in Hitlers Reichskanzlei in Sudjic 2006: 20–26.

25 Kafka 2012: 9.

26 Vismann 2000: 36.
27 Neumann 2011.
28 Reza 2008: 25 und 64.
29 Auch das will natürlich gelernt sein. Yasmina Reza zu Sarkozys Besuch in *Colombes les-Deux-Églises*, dem Landsitz Charles de Gaulles: «er hat den nachdenklichen Gang im Schatten großer Bäume noch nicht im Repertoire» (Reza 2008: 139).
30 http://www.spiegel.de/spiegel/print/d-13507272.html. Auch Reagan beschreibt in seiner Biographie einen angeblich alles entscheidenden Zweier-Spaziergang mit Gorbatschow während der Genfer Abrüstungsverhandlungen – eine Anekdote, die schon angesichts mangelnder Sprachkenntnisse der beiden äußerst unwahrscheinlich ist.

Frau XY

1 So der Refrain im Otto-Waalkes-Lied *Dubček*.
2 Der im Zuge des Konflikts um ihren – zuvor als ausgeschlossen erklärten – Koalitionsversuch mit der hessischen Linken auch in Frau Tricksilanti geändert wurde. Wenig später diagnostizierte Roland Koch bei der hessischen SPD ein «Ypsilanti-Gen» – wobei es irgendwie lustiger gewesen wäre, hätte er von einem Ypsilanti-Chromosom gesprochen.
3 Legendär auch das Interview von Ernst-Dieter Lueg (WDR) mit Herbert Wehner, an dessen Schluss sich die beiden nur noch als «Herr Lüg» und «Herr Wöhner» anredeten.
4 *Spiegel* 38/2016: 15.
5 Was natürlich nichts gegen die Aggressivität der sogenannten *Birther*-Bewegung war, die Präsident Obama die Legitimität absprach, weil er angeblich gar kein amerikanischer Staatsbürger sei.
6 Aufschrift auf einem Plakat bei einer der vielen Anti-Trump-Demonstrationen nach der US-Präsidentenwahl.
7 Schließlich tat sie «Bill den Gefallen, ihren Look zu verändern und sich Clinton zu nennen. […] Hatte sie sich als prinzipienlose Karrieristin erwiesen, gar Verrat am Feminismus begangen?» (*FAZ* vom 7. November 2016, «Durch die höchste gläserne Decke»).
8 Showalter 2016: 4.
9 Eine Sixt-Anzeige fragt: «Würden Sie sich etwas von der Leyen?»
10 Oder die Steigerungsform, Häuptling Crazy Vollhorst. Zuvor gab es auch den Häuptling Silberzunge (Kurt Georg Kiesinger), wiederum nicht zu verwechseln mit Häuptling Silberlocke (Jupp Derwall).
11 *To rat on someone* = jemanden verpfeifen, jemanden verraten.
12 Adelstitel sind nach der Bundeswahlordnung gesetzlicher Namensbestandteil, ebenso wie akademische Titel, und daher zwingend auf dem Wahlzettel aufzuführen. Siehe Bundeswahlordnung in der Fassung der Bekanntmachung vom 19. April 2002 (BGBl. I S. 1376), zuletzt geändert durch Art. 1 der Zweiten Verordnung zur Änderung der Bundeswahlordnung und der Europawahlordnung vom 3. Dezember 2008 (BGBl. I S. 2378), § 45 Abs. 1 und 2.

You stand where you sit

1 Schmitt 2015 [1991]: 353; Unterstreichungen im Original.
2 Canetti 2001 [1960].
3 Der Parteitagsapplaus: Ich sehe die anderen, die anderen sehen mich,

und ich kann sehen, wie die anderen mich sehen, und jeder kann sehen, wie wir einander sehen (→ Applausminuten). Die Wahlkabine: Ich sehe die anderen nicht, und sie mich nicht, aber jeder kann sehen, wie sich die Beteiligten gegenseitig nicht sehen können: Der *civic privatism* (Bruce Ackerman / Fishkin) der Wahl ist ein öffentlicher (→ Isoloir). Die Öffentlichkeit der geheimen Wahl dient gerade als Beweis, man *muss* sehen können, dass keiner etwas sehen kann, weil wir sonst nicht sicher sein können, ob das Wahlgeheimnis eingehalten wird. Das ist das Problem der Briefwahl: Niemand sieht, ob keiner etwas sieht.

4 Freeman 2002: 14.

5 *FAZ* vom 13. Oktober 2008, «Zeichen und (kleine) Wunder».

6 Freeman 2002: 74–75.

7 Kantorowicz 1963.

8 *FAZ* vom 23. August 2013.

9 *Spiegel* vom 12. Februar 2016.

10 *FAZ* vom 7. Februar 2017.

11 *FAZ* vom 10. September 2016.

12 *Spiegel* 25/2016: 44.

Zehnpunkteplan

1 Und dann gibt es noch Godwin's Law: «Mit zunehmender Länge einer Online-Diskussion nähert sich die Wahrscheinlichkeit für einen Nazi-Vergleich dem Wert eins.»

2 *Badische Zeitung* vom 2. Juni 2012, «Unterm Strich: Zehn Punkte machen keinen Plan».

3 *Die Welt* vom 10. April 2016. http://www.welt.de/wirtschaft/article154192043/Schaeubles-Zehn Punkte-Plan-gegen-Steuerhinterzieher.html

4 *FAS* vom 5. Juni 2016, «Verkrachte Geschwister». Auch die Krise der EU könnte, wenn man Martin Schulz und Sigmar Gabriel nur machen ließe, mit zehn Punkten überwunden werden (*FAZ* vom 27. Juni 2016).

5 *Spiegel Online* vom 28. Juli 2016, «Mit Ruhe gegen den Sturm».

6 Die EU-Kommission und der Rat versichern während der ganzen Brexit-Debatte permanent und unisono: nein, man habe keinen Plan B – man setze völlig darauf, dass die Briten für einen Verbleib in der EU votieren. Am Morgen nach dem Referendum, Freitag, den 24. Juni, erklärt dann der Präsident des Europäischen Rats, Donald Tusk, in einem Pressestatement, er möchte jedem versichern, «that we are prepared also for this negative scenario.» https://www.euractiv.com/section/uk-europe/video/tusk-we-are-prepared-for-this-negative-scenario/

7 *The Independent*, 3. Mai 2015: «Ed Miliband unveils stone carved with Labour pledges to be placed at Downing St. if he wins».

8 Nicht zu verwechseln mit den sogenannten Knackpunkten, siehe Henscheid 1993: 131–132.

9 Vgl. Henscheid 1993: 155.

10 Vgl. *Spiegel* vom 14. Dezember 2001, «Otto-Katalog versandfertig» und *Kölner Stadtanzeiger* vom 14. Januar 2016; http://www.ksta.de/politik/sote-massnahmen-nach-silvesteruebergriffen-koeln,15187246,33522562.html. Maßnahme*bündel* klingt vielleicht zu unaufgeräumt: Der Polit-Messie hat einmal in die Schublade gegriffen und die ersten zehn Maßnahmen unsortiert rausgeschaufelt.

11 Lake 2016.

FSC
www.fsc.org
MIX
Papier aus verantwortungsvollen Quellen
FSC® C083411

Das für dieses Buch verwendete Papier ist FSC®-zertifiziert.